MILLENNIALS, GENERATION Z AND THE FUTURE OF TOURISM

Fabio Corbisiero, Salvatore Monaco and Elisabetta Ruspini ［著］

Ｚ世代が変える観光の未来

国枝よしみ［監訳］

坂井純子／樫本英之／デイヴィス恵美／尾崎文則［翻訳］

千倉書房

MILLENNIALS, GENERATION Z AND THE FUTURE OF TOURISM

Copyright©2022 by Fabio Corbisiero, Salvatore Monaco and Elisabetta Ruspini
Japanese translation rights arranged with Cannel View Publications Ltd/Multilingual
Matters through Japan UNI Agency, Inc., Tokyo

i

●●●目　　次●●●

はじめに───────────────────────── 1
　　岐路に立つ観光：過去・現在・未来の間で

第1部　新たな世代と旅をする

第1章　世代、イベント、体験、観光 ───────── 9
　はじめに…9
　世代理論…10
　Karl Mannheim の業績…13
　最近の理論…16
　世代と観光の選択…21
　まとめ…31

第2章　未来の旅行者を理解する ─────────── 37
　はじめに…37
　今「若い」ということ：社会的同一性（アイデンティティ理論）…38
　新たな世代の主な消費者選択…41
　ソーシャルメディアとインフルエンサーの役割…46
　旅行者の選択とインスタ映え…50
　持続可能性を求めて…53
　まとめ…56

第2部　観光におけるテクノロジーと　　シェアリングエコノミー

第3章　ネット世代と観光 71
はじめに…71

観光における技術の進歩…76

過剰につながり合う（ハイパーコネクテッド）世代…79

まとめ…88

第4章　シェアリングの世代に向けて 93
はじめに…93

自動車と住宅の共有…95

節約のための共有…104

持続可能な消費へのアプローチ…107

人生経験としての観光…109

共有の影…114

まとめ…116

第3部　世代、ジェンダーと観光における　　LGBT問題

第5章　ジェンダー、世代と観光（ツーリズム） 123
はじめに…123

過去…126

そして現代へ…129

現在と未来の間で　ミレニアル世代とZ世代…133

過去、現在、未来の展望…138

目　次　**iii**

第**6**章　LGBTQ+ と次世代観光 ·······························147

はじめに…147

グランドツアーから現在まで：レインボートラベル…150

LGBTQ+ の人たちはどんな旅行者なのか？…155

LGBTQ+ 観光を観察する世代の視点…158

まとめ…165

まとめ ·······························169

今を知り（観光の）未来に備える

参考文献…177

主要索引…219

はじめに

岐路に立つ観光：
過去・現在・未来の間で

　本書は、観光産業への世代交代がもたらす現在および将来の課題を明らかにすることを目的としています。世代は、社会の変化を解釈するための最も重要な社会学的レンズの一つであり（Ariès, 1979）、継続性と社会変容、過去、現在、未来の間の緊張関係を理解するための重要な概念です。

　Mannheim（1928）が述べているように、世代は個人の特定の行動や感情を限定する要因となります。同じ時代に生まれた人々は、一次的、二次的社会化[1]にさらされ、同じ歴史的出来事の影響下で成長します。

　各世代は、固有のニーズ、期待、社会性の形態、文化やコミュニケーションの慣行、消費の選択を発展させます。この意味で、各世代は、独自の特性、価値観、人生観で、前後の世代とは異なります。社会変化（経済、政治、文化の変容、科学技術の進歩、価値の伝達、社会的流動性、家族の選択、雇用動向、ライフスタイル）の研究は、すべての世代の特異性と関係性に対応する必要があります（Kertzer, 1983）。観光と世代の関係もダイナミックであるため、慎重に検討、観察すべきです。Yeoman and McMahon-Beattie（2020）が主張するように、観光産業の現在および将来の可能性は、過去と現在のつながりに左右されます。したがって、観光にとって強固で、包括的かつ持続可能な未来を確保するために、観光産業は世代交代と若い世代の特殊性に特に注意を払う必要があります。世代の視点に着目した観光の文献研究はまだ限られていますが、近年、世代間の観光客の行動の顕著な違いを強調する世代分析に注目が集まっています。

本書の目的は、若い世代（ミレニアル世代以降）のライフスタイル、期待や計画、そしてこの世代がどのように観光を再定義するかに着目することです。若い旅行者を科学的考察の中心に据えることは、現在の観光客のトレンドを特定するだけでなく、観光の未来を形作る最も重要な特徴を捉えるうえでも役立つアプローチです。若者は過去、現在、未来を結び付け、社会のトレンドを先んじて取り込みます。一方、前の世代から価値観や習慣を受け継いでいます。彼らの文化は上の世代の文化とは異なり、明日の世界を形作る力を持っています。私たちの考え方の一つ、観光行動における世代交代を理解することは、将来の観光トレンドの特定に役立つということです（Corbisiero and Ruspini, 2018）。これは、未来社会学の理論的仮説と一致し、予測は現在の傾向を拡張、増幅することで達成が可能です（例：Bell, 2009; Jacobsen and Tester, 2012; Wagar, 1983）。観光の予測は、将来の傾向を特定し、複数の利害関係者と観光の専門家を巻き込み、国または世界レベルで観光産業に影響を与える観光のシナリオの可能性を検証する主要なツールです。しかし、観光の未来についてはまだ十分に研究されていないのです（Yeoman, 2008; 2012）。

本書の各章では、複数の質問が取り上げられています。世代交代は観光の選択にどのように影響するのか？ 新たなテクノロジーとソーシャルネットワークの観光体験における役割は何か？ 近い将来の観光産業の課題は何か？ 世代の視点からその課題を特定できるのか？ 世代の視点は、観光業界が新型コロナ危機から回復するのに役立つのか？

検討対象となる旅行者の世代は、主にミレニアル世代とZ世代です。ただしさらに若いアルファ世代[2]も考察に入れています。

理論的観点からは、世代のダイナミクスと変化を長年研究してきたHowe and Strauss（1991）が提唱した理論といった、Mannheimの独創的な研究に触発されたさまざまな世代理論を参照します。この2人は、米国の歴史の中でさまざまな世代を特定し、それぞれ明確な特徴を挙げてきました。世代を区別する明確な境界線はありませんが、Strauss and Howe（1997）の分析区分は、同じ時期に生まれて暮らす人々に共通する価値観、欲求、消費形態を理解するための便利なツールとなっています。

ミレニアル世代（現在最も若い成人世代で、1982年から1990年代後半に生ま

はじめに　岐路に立つ観光：過去・現在・未来の間で　**3**

れた男女）は、多様性があり、技術に明るく、つながりがあり、変化を受け入れる世代と定義されます（Benckendorff, et al., 2010; Howe and Strauss, 2008; Taylor and Keeter, 2010; Rainer and Rainer, 2011）。ミレニアル世代は、歴史上最も文化的、民族的に多様な世代の一つです。

　彼らは IT に精通（Web2.0$^{(3)}$とともに成長）し、新しい家族のあり方や男女平等に寛容です。また、家族や友人と密接につながっています。彼らの前世代と比較すると、ミレニアル世代はいかなる宗教にも属する可能性は低いと言えます。その理由は過去数年間の経済・金融危機がこの世代とライフスタイルに深く影響を及ぼしたため、彼らはますます価格に敏感になり、シェアリングエコノミー活動に注目します：彼らは経済の持続可能性と持続可能な開発に関心を持っています（Ranzini, et al, 2017; Bernardi and Ruspini, 2018; Deloitte, 2021）。観光に関しては、ミレニアル世代はモノよりも、生活を豊かにする体験にお金を使うことに随分積極的です。Horwath HTL（2015）による「観光メガトレンド」研究によると、この急速に成長する市場は 2025 年までに全旅行者の 50％を占めると予想されます。Z 世代は、おおよそ 1990 年代末から 2010 年代初頭にかけて、つまり 20 世紀後半から 21 世紀初頭の 15〜20 年の間に生まれた人々の一般的な名称です。Z 世代はデジタルネイティブです：モバイル機器とスマートフォンの時代に育ち、ネット社会で育ちました。彼らはマルチタスクをこなし、「受動的な」テレビに反し、使い勝手のよい、双方向のメディアを好みます。テクノロジーにより、若者は自分たち同士と他の世代とのこれまでにないレベルのつながりを得ています。この世代は起業家精神に富み、革新的で、社会変革に影響を及ぼすことに関心があります（Seemiller and Grace, 2016）。Z 世代はグローバルな価値観を持ち、環境に関心が高い消費者です（Deloitte, 2021）。Z 世代は、前の世代と比較して多様な休暇を好み、購入前に幅広い情報にアクセスして評価することを前提とし（Wood, 2013）、体験型観光を大変重視しています。アルファ世代は、2010 年から 2015 年の間に生まれています。また「ミレニアル世代の子供たち」としても知られ、全員が 21 世紀に生まれた最初の世代です。この世代は、これまでで最もテクノロジーに精通した世代とされています。したがって、人工知能（AI）などの新興テクノロジーがどのように彼らの行動、選択、ライフスタイルに影響を与えるかが重

4

要な論点の一つです。

　この本は 3 つの部門に分かれています。

　第 1 部「新たな世代と旅をする」については、2 つの章で観光研究には世代アプローチの適用が重要だとする概要の提示や、世界を旅行する若者のプロフィールの定義を目的としています。最初のセクションでは、観光研究のために社会世代の概念価値について論じ、世代的アプローチを理解するための理論的手段を読者に提供します。一方、世代間の違いだけでなく、領土基盤でも同世代で異なることにも注意を払いながら、現代の旅行者の姿を提示します。Mannheim の研究と他の著名な世代理論から引用し、第 1 章「世代、イベント、体験、観光」では、世代理論とは何かを明確にします。また、世代と観光の選択との関係を深化させ、観光における最近の世代概念の適用について探ります。特に、ミレニアル世代と Z 世代の社会グループが観光研究の中心であるとしながら、これら世代の主な特徴の調査に重点を置きます。第 2 章「未来の旅行者を理解する」では、それぞれの地域と世界の両方で実施された関連研究から始め、ミレニアル世代と Z 世代を消費者および旅行者としてのプロフィールを定義することを目的としています。特に Instagram などの画像に基づくソーシャルネットワークに言及しながら、ミレニアル世代と Z 世代、観光、ソーシャルネットワークの関係に重点をおいて解説します。オンライン上の協調的消費プラットフォームは、旅行体験に新しい意味を付与する一連の新たな活動を生み出しています。第 2 部「観光におけるテクノロジーとシェアリングエコノミー」ではテクノロジーを強調しています。第 3 章「ネット世代と観光」では、新しいテクノロジーの出現と、ミレニアル世代と Z 世代との結びつきについて指摘します。テクノロジーは、世界レベルと地域レベルの両方で、生産と消費のダイナミクスと構造に一連の変化をもたらし、観光の選択とニーズに影響を与えています。この章では、まず、ミレニアル世代と他の世代（ベビーブーマー世代、Z 世代など）のデジタル技術の使い方の違いに焦点を当てます。次に、デジタル技術がミレニアル世代と他の世代の旅行行動にどのように影響したかについて議論します。これは、旅行と観光業界が成功するマーケティング戦略を実行するうえで非常に重要な課題です。IT 時代の観光とマーケティングコンセプトに焦点を当てたさまざまな研究を取り上げたメタ分析ア

はじめに　岐路に立つ観光：過去・現在・未来の間で　**5**

プローチが使われます。テクノロジーはどのように変化し、観光と新しい世代の関係に影響を与えているのでしょうか。デジタル技術は若い旅行者の消費体験にどのように影響するのでしょうか？　第4章「シェアリング（共有）の世代（時代へ）に向けて」では、観光、世代、共有プラットフォームの使用によって可能になる新しい形の相互関係について説明します。シェアリングエコノミーは、2008年から2011年の経済危機を受けて出現し、観光部門と多く関わっています（European Parliament：欧州議会，2015; Finger, et al., 2017）。テクノロジーとオンラインの共同消費プラットフォームの使用は、もはや所有権を中心に据えた経済モデルや物品やサービスの購入ではなく、使用に基づくモノの共有を中心としている相互依存の（脱）現代版であることを強調し確固たるものとしています（Smith, 2016）。特に、いくつかの研究（例：Barbosa and Fonseca, 2019; Deloitte, 2015; Fondevila-Gascón, et al., 2019; Ianole-Calin, et al., 2020）は、文献で「協調的」と定義されている新しい消費形態を若い世代がどのように実践しているかを強調しています。この章では、例えば交通手段、別荘の交換、カウチ・サーフィン（旅行者が旅費をおさえ、現地の生活や文化に触れるため一般家庭のソファ（カウチ）や空き部屋に泊まる形態）、共同購入など観光部門の特徴である最も一般的なシェアリング慣行を批判的に分析します。第3部：「世代、ジェンダーと観光におけるLGBT問題」は最後の2章を含んでいます。これらの章は、観光セクターにおける社会的排除の構造（性の不平等、性的指向と結びつける差別）を強調するとともに新しい世代がこれらの問題にどう対応しているか理解することを目的としています。第5章「ジェンダー、世代と観光（ツーリズム）」では、世代分析にジェンダーの視点を組み入れています。この章では最初に女性の旅行やレジャー参加への制約の歴史を概観します。次にミレニアル世代やZ世代の旅行者のジェンダーの役割や価値観の変化を指摘しながらその特殊性を分析します。そして新型コロナの発生がどのように女性のレジャーや観光への参加の増加といった流れを逆行させたのかについて議論しています。パンデミックの未知の展開とその結果として病気の拡大を防ぐために強制された制限の影響は、観光セクターとジェンダー平等の達成という問題に対し、双方にとってかつてないほどの課題を突きつけています（UN, 2020a; 2020b; UNWTO, 2020a; 2020b）。第6章「LGBTQ＋と次世代観光」

の焦点は、ゲイ、レズビアン、バイセクシュアル、トランスジェンダーそして性的マイノリティの人々が行う観光です。観光市場の LGBTQ＋と世代の研究はごく最近ですが、世代交代と強く結びついて観光研究の近代後期の発展における重要な課題です。LGBTQ＋を自認する割合は、若い世代間で確かに増加しています（GenForward, 2018）。観光産業はこの急成長するセグメントに焦点を当てるべきです（Hughes, 2006）。今や成功のカギはマス市場ではなく、特定の消費者に向けてユニークな何かを提供する強力なニッチ市場です。この章ではジェンダー、性的指向、観光の関係性に焦点を当て、「レインボー観光化」（Corbisiero, 2014）を議論します。本章は権利平等（例として同性結婚の導入）の進展があれば観光地のブランドが高まり、結婚式、宴会、ハネムーンといった一連の支出による訪問者数の増加や便益を得ることになると結んでいます。

　最後の結論の章では、本書における主たる課題をまとめ、世代の目を通して観光の未来への新しい洞察を得るために新型コロナと共に気候変動、地球温暖化、環境問題を考えることの必要性を強調しています。

注
（1）一次的、二次的社会化：個人が、集団の構成員となるために必要な意識を身に付けていく過程（デジタル大辞泉より）。
（2）アルファ世代：2010 年から 2015 年の間に生まれ「ミレニアル世代の子供たち」とも呼ばれる 21 世紀に誕生した最初の世代。この世代は、最もテクノロジーに精通した世代であると考えられている。
（3）Web2.0：テクノロジー関連のマニュアルや書籍の出版社である米国の O'Reilly Media の CEO、Tim O'Reilly が提唱した概念であり、従来の（Web1.0）とは異なる新しいウェブの世界の特徴やサービスの開発姿勢の総称。（出典：総務省平成 18 年版情報通信白書）

第1部
新たな世代と旅をする

第1章
世代、イベント、体験、観光

はじめに

本章では、観光学に世代別アプローチの適用が有用だとする理論的考察を提供します。

世代の概念は、個人と社会（Alwin and McCammon, 2007）の共通の関係性と社会の変化を説明する最も重要な社会学的概念の一つです。また世代は歴史的な時間軸の基準です。「世代」という用語は、経験とその経験による階層化によって形成される共通した特有のアイデンティティを持つグループを指します。世代は、歴史の特定の瞬間に出現する、時間的に位置する‘文化的領域’として定義され（Gilleard, 2004）、そこに重なり合う集団の一人ひとりが世代の主体として参加しています。それぞれの集団が成人に移行する期間に起こる重要な歴史的な出来事に出会うことは、各世代の領域の標識となります（Gilleard, 2004: 112, 114）。つまり、世代は広範囲の集団を扱うのです。世代理論は、Mannheim（1928; 1952）の世代、アイデンティティ、知識に関する基礎研究から生まれたもので、世代間の文化的差異は、形成期に起こった重要な（社会的、経済的、または政治的な）出来事、類似した一次および二次社会化プロセスへの接触、若者と社会の蓄積された文化遺産との交流から生じるとしています。各世代における成長期の体験は、その世代の生涯にわたる信念、価値観、行動に影響を与えます。各世代にはそれぞれのグループにとって固有の特徴、ニーズ、期待があります。

観光学の先行研究では世代交代に関する研究はまだ限られています。しかし最近は、世代間の旅行行動の違いに焦点を当てる観光研究の世代間分析に関心

が高まっています（Beldona, et al., 2009; Benckendorff, et al., 2010; Chiang, et al., 2014; Corbisiero, 2020; Corbisiero and Ruspini, 2018; Haydam, et al., 2017; Huang and Lu, 2017; Li, et al., 2013; Pennington-Gray, et al., 2002; Southan, 2017）。これらの研究などは、世代理論のレンズを通して得られた知識が、観光学者や実務家に有用な理論的洞察と実践的な意味合いを提供できるとしています（Pendergast, 2010）。研究は観光研究における世代分析の価値が示されただけでなく、旅行行動の変化を調べるためにはより広い世代分析の活用が必要であると結論づけています（Gardiner, et al., 2014; Li, et al., 2013; Oppermann, 1995）。さらに Hansen and Leuty（2012, 34）が述べているように、今日の組織は各世代の働き手を引き付け、満足させる環境を作り出すことの複雑さと同様に職場で異なる世代を統合するという課題に直面しています。

　上記を踏まえ、Mannheim の独創的な研究と他の著名な世代理論を参考に本章では世代理論とは何かを明らかにします。次に世代と観光の選択との関係を議論し、観光の世代概念の現代的な応用を調査します。ミレニアル世代とZ世代の主たる特徴の分析に特に重点をおきます。旅行と観光の将来を象徴する彼らを知ることは重要です（Corbisiero and Ruspini, 2018）。結論として最後のセクションでは世代分析の長所と短所が議論されます。

世代理論

　世代は豊かで複雑な概念で、生物学から社会人類学、心理学、人口学、哲学、歴史学そして社会学に至る学問分野を網羅します（Jansen, 1974; Kertzer, 1983）。世代という概念の複雑さは、あらゆる分野の研究者に困難をもたらしてきました。その多次元性は、研究手法や方法論が広範囲にわたり、時には対立や不協和につながりました（Allen, et al., 2015）。Kertzer（1983）が指摘するように社会科学においては世代のさまざまな概念は重複しています。Kertzer（1983: 125-126）は世代を4つのカテゴリに分けています。

　血縁関係という概念としての世代、集団としての世代、ライフステージとしての世代、そして歴史的期間としての世代です。社会人類学における世代の概念には長い伝統があります。社会人類学者は親子間の関係だけでなく、より広

い親族関係の世界に言及する際にも使い、時間の経過とともに社会の変化を説明するためにも使ってきました（Lamb, 2015）。人口統計学者は世代の集団概念に言及します。人は年齢層を移動し、若い世代が年長の世代にとって替わります。Kertzer によると、Sorokin（1947）の若い世代と年長の世代間の対立の議論はライフステージを使うよく知られた事例であり、Eisenstadt（1956）の基本的な仮説は、「血縁関係やその他の特殊な基準によって規制されない社会における年齢グループの存在」に関するものです。特定の歴史上の時代に生きる人々を特徴づけるために世代を使用することは、ごく一般的です（Tannenbaum, 1976; Wohl, 1979）。この意味で、世代は幅広い集団を網羅しているのです。

　社会概念としての世代は現代的なものです。社会歴史的用語としての世代の定義は、19 世紀初頭に出現しました。この時代の世代に関する見解や理論は、生物学的—系譜学的枠組みに由来する古代の意味から離れ始めています（Kortti, 2011）。これはおそらく、歴史的変化が加速した時代であったためでしょう（Jaeger, 1985）。前述のように（Bristow, 2015a）、工業化は継続性と変化の対立を強め、その一部は安定した世代境界の崩壊でした。工業社会とその制度は、血縁関係の重要性を弱めたのです。Eisenstadt（1963）の主張のように、特に近代化の第一段階では、子供たちの生活に不連続性が高まりました。社会に新しく拡大した視点は、特に若者に関して世代間の緊張を促し、親族関係によって支配される生活モデルに疑問を投げかけました。この傾向により、いくつかの大きな変化を説明する枠組みとして「世代」という概念を使う必要性が生まれました。世代の概念は社会の変化を説明したり、急進的変化の考えをまとめたりする手段となったのです。Auguste Comte, John Stuart Mill and Wilhelm Dilthey（カント、ミル、ディルタイ）は、19 世紀の世代において参照すべき最も重要な思想家で、彼らは先行研究と比較して新しい視点を作り上げました。Comte（1849）は、歴史上世代の科学的研究を始めた最初の人物です。彼は歴史的進展のなかで原動力となる世代継承を体系的に調査しました。Mill（1865）は議論しながら人間は歴史のなかで形作られ過去の世代から積み重ねられた影響によって成り立つという同様の考えを表明しました。ドイツロマン主義の研究において Dilthey（1875）は、思春期に体験した印象は、同年代の

12 第 1 部 新たな世代と旅をする

人々に比較的均質な哲学的、社会的、文化的指針を生涯にわたって伝える傾向があると仮説をたてました（Jaeger, 1985: 275-276）。Dilthey（1910）は、各時代が人生の地平線を定義し、それによって人々は生活、将来のこと、人生の出来事に順応すると示唆しました。しかし、19 世紀の見解には、経験が世代のメンバーを結び付け、それが生み出す世代意識という考えはまだ含まれていませんでした（Kortti, 2011: 70-71）。世代は依然として主に年代のグループと見なされていましたが、世紀が進むにつれてこの概念は文化的な意味を帯び始め、大規模な変化のいくつかを説明する枠組みが生まれました。最も重要な現代の世代理論はすべて 20 世紀、特に 1920 年代からヨーロッパで形成されたのです。

　20 世紀初頭の世代理論家グループには、フランスの文化哲学者 Mentré（1920）、ドイツの美術史家 Pinder（1926[1]）、スペインの哲学者で人文主義者の Ortega Y. Gasset（1933）、ドイツの社会学者 Mannheim（1928; 1952）が含まれます。Woodman（2016: 20）によると、世代に関する最初で長期にわたって形式化された社会学の理論化は、若者研究の発展とともに登場しました。ヨーロッパの世代学者（Mannheim, 1952; Mentré, 1920; Ortega Y. Gasset, 1933）は、若者は時間の経過とともに変化し、社会の将来に影響を与える可能性があることを示しました。

　現代の世代論は、仲間の文化的視点を強調しながら同年代に共通の出来事、経験の発展、社会歴史的プロセスの影響に焦点を当てています。世代理論は、世代が重要な社会的、経済的、または政治的な出来事（特にそれが形成期、すなわち青年期や成人初期に起こった場合）によって互いに異なり、その結果、特定のそして著しく異なる価値観、態度、およびライフスタイルが生じるという概念に基づいています（Singer and Prideaux, 2006）。国内、国際的な重要な出来事の時期に若い成人期にある人たちは、その出来事の共通の記憶を形成し、それが将来の態度、好み、行動に影響します（Parry and Urwin, 2011: 81; Schuman and Scott, 1989）。社会が発展する過程の歴史において共通の時期を共有する個人、固有の社会状況と出来事で特徴づけられる青年期の経験、共通の歴史の基本的な感覚としての世代の概念化は、Karl Mannheim の理論に根ざしています。

Karl Mannheim の業績

　Mannheim は、社会学的観点から最も統合的で体系的な概念の取り扱いを規定したことで、彼の理論的貢献から導かれた現代の経験的研究が進められています。Mannheim の（1927/1928）古典的論文'世代の問題'（世代の社会学的問題）で、彼は特定の歴史的期間に位置する世代は、複雑な社会的相互関係の集合として理解されるべきであるとしました。世代という社会的現象は、社会歴史的プロセスの同じ段階にある限り、歴史に埋め込まれた「年齢グループ」を包みます（Spitzer, 1973）。Mannheim は、変化の速度と世代の継承との間の対話関係と若者が社会的、文化的変化に貢献できる可能性があること（Merico, 2012）に特に注目し、若者の主体性を強調しています。前述のように（Woodman, 2016; 2018）、Mannheim は、第一次世界大戦後の世代交代とそれが若い世代に与える影響について社会学的な観点から考え始めました。彼は、例えば第一次世界大戦のような共通のトラウマ体験の後など、歴史的過程の時点で、前世代が追求した生活様式を維持することが困難になったと主張したのです。具体的には、彼の目的はドイツの若者のさまざまな集団が親の世代から受け継いだ考えに異議を唱える方法と、このグループが新しい価値観と新しい政治運動の源泉になる方法を理解することでした。Mannheim の観点から見た「世代の問題」とは、考え方が時間の経過とともにどのように伝達され、再形成されるかを理解することでした。社会学的な用語で言えば、複数の社会的勢力内での知識の構築と再構築です（Bristow, 2015b）。

　Mannheim は３つの鍵となる次元を明らかにしています。世代状態、世代連関、世代統一（Diepstraten, et al.,1999; Simirenko, 1966）です。世代状態とは出生によって同世代に位置する個人を指し、結果的に共通のさまざまな出来事を経験します。同じ歴史的、社会的状況に関与することで、同世代の人々は少なくともかなりの経験や困難を共有し、文化的、歴史的観点からみると共通の運命にあります。個人が社会化する場所は、共通の文化や世界観に変わる機会構造として機能します。しかし、Mannheim（1952: 297）によると「人々が同時期に生まれたり、青年期、成人期、老年期が一致したりしても、それ自体は

14 第 1 部 新たな世代と旅をする

場所の類似性を意味するわけではない。類似の場所を生み出すのは、同じ出来事やデータなどを経験する立場にあり、特にこれらの経験が同様に「階層化された」意識に影響を与えることである」。言い換えれば、すべての世代の状態が新しい集団的衝動や形成原理を生み出し、独自の独特の意識を発達させるわけではありません（Mannheim, 1952: 309）。共有された経験を積極的に認識する必要があります（Knight, 2009）。「世代連関」は、同じ社会的、知的刺激にさらされることによって、そのメンバー間に具体的な絆と世代意識が生み出される場合にのみ発生します。この概念化は、世代のメンバーが主観的にその世代を同一視していることを前提としています（Diepstraten, et al., 1999）。つまり、「世代連関」は、歴史上同じ位置を共有する人々が共通の運命にも関与する時に構成されます。Mannheim（1952: 304）、Pilcher（1994: 490）は、「世代状態」と「世代連関」の違いを、「その社会と時代の特徴的な社会的および知的潮流」に積極的に関与する能力があるかどうかの違いとして表現しています。Mannheim の理論では、「世代状態」から「世代連関」へのステップは、形成期、つまり青年期における共通の経験の認識によって決まります（Pilcher, 1994）。これは、世代のメンバーが人生を決定づける出来事を充分経験できる年令であると同時に世界観に強く影響を与えることができるほど若いライフステージにいる必要があるからです。Mannheim（1952: 304）によると、「同じ具体的な歴史問題を経験している若者は、同じ現世代の一部であると言えるかもしれない。一方、同じ世代内でも、共通の経験の素材を特定の方法でまとめあげるグループは、別々の世代単位を構成する。」としています。

　「世代統一」は、一つにまとまる反応のため実際の世代よりもはるかに強い絆で結ばれていることを示しています。形成原理と解釈原理は、空間的に隔てられ、決して個人的に接触することのない個人間のつながりを形成します（Mannheim, 1952: 306）。世代統一は、その行動において世代のスタイルを表現します。ドイツの青年運動は、Mannheim の例です。新しい世代のメンバーは、歴史的状況の伝統的な解釈に異議を唱え、以前の世代とその世代を象徴する文化遺産に反対して代替の解釈を提示する変革エージェントとして出現します（Demartini, 1985: 2）。Mannheim（1952: 293）は、若者と社会の蓄積された文化遺産との「新鮮な接触」の重要性を強調します。「新鮮な接触」という

現象は生産的な力です。新しい世代はそれぞれ、既存の文化遺産を再解釈する機会があり、これにより文化の継続的な更新が保証されます。将来の関与は、初期の文化的関与と、以前の世代の文化遺産を作り直す能力の上に築かれます（Woodman, 2018）。世代が信念や行動の範囲を限定し、文化の中で新しい社会運動や世代交代のきっかけを提供することで主体性を形作るのであれば（Mannheim, 1952: 303）、個人の主観的な関心や見解は、若者がみな同じ信念や価値観を共有することを意味しません。Mannheim によると、同時代の個人は、物理的な場所、文化、性別、階級によって内部的に階層化されており、この階層化により、メンバーは世界を異なって見ています。Mannheim は、若者が類似した人生経験や課題に順応した同世代への帰属意識を育むことができたとしても、違いや対立は起こり得ると説明します（Woodman, 2016; 2018）。つまり、世代のメンバーは、共通の世代の状態に対して「正反対の」反応を示す可能性があります（Mannheim, 1952: 304; Ortega Y. Gasset, 1933 も参照）。一方では、実際の各世代はいくつかの世代単位に細分化されています。つまり、それぞれの個人は共通の社会歴史的刺激を経験しながらも、それに対して異なる方法で反応する可能性があります。他方、世代単位は、一つの世代に属しているという意識の上に成り立っているのです。

　世代統一は、2 つの関連する重要な要素を含まなければなりません。共通の位置（世代位置）と歴史的状況の明確な考え、その時の出来事や経験によって形成される考え方、あるいは、活力（生命力）です。Mannheim の公式では、世代が社会変革の手段として機能し、アクティブな世代統一が変化の媒体となり、社会の歴史を積極的に構築するためには、世代状態と考え方の両方が存在する必要があります（Gilleard, 2004; Merico, 2012）。Wilhelm Dilthey の研究を参考に Mannheim は世代の問題を完全に理解するには、個人の時間的経験の質的評価が重要であるとも示唆しています（Costa, et al., 2019; Moreno and Urraco, 2018）。各世代は、他の世代と同時期に存在しながらも、独特の歴史意識を持ち、同じ社会的・文化的現象に対して異なるアプローチをとります（Pilcher, 1994: 488-489）。年長世代と若い世代は同じ歴史的出来事を経験するかもしれませんが、人生における経験の蓄積が異なるため、これらの出来事の影響は異なります。したがって、若い世代と年長世代の間のギャップは、年長

世代から学んだ理想と若い彼らが経験する現実の間にギャップがあることで説明できます。

Mannheim の歴史的世代理論は、社会変化を議論し、文化を議論に持ち込むことで集団の還元主義を克服するために不可欠なツールとなっています（Aboim and Vasconcelos, 2013）。そして、歴史の発展における積極的な人間的要素を強調し、歴史と人々の生活様式との密接な関係を明らかにします。これにより、若者がより広いマクロ的ミクロ的経緯をもつという関係を再考する機会が開かれました（France and Roberts, 2015）。ただ、世代プロセスの多面性や、社会的世代の生成における社会的および文化的要因の役割を研究する際の理論的および方法論的な困難さのため、世代を研究する概念的基盤は依然として問題のある領域です（Alwin and McCammon, 2007; Edmunds and Turner, 2005; Eyerman and Turner, 1998; Gilleard, 2004; Pilcher, 1994）。この文脈において、Aboim and Vasconcelos（2013）は、Mannheim が世代を政治やイデオロギー闘争の分野で活動する個人の単位に縮小したことに反対し、議論形成による社会的世代の拡大概念に到達する必要性を強調しています。さらなる批判は、Mannheim が、世代が戦略的に行動して変化をもたらすにはどうすればよいかという問いに答えていないというものです（Edmunds and Turner, 2005: 561–562）。むしろ、世代の経験を共有することで、どのように自意識を持った世代が生まれ、変化のきっかけを作るのかを理解することが重要です。Moreno and Urraco（2018）は、社会階級の要素を導入する必要があると考えています。この2人の著者は、Mannheim が提案した、現在の変化する状況への適応プロセスの結果として、前の世代とは異なる特徴を持つ若い世代を提示するという仮説の妥当性を認めています。しかしながら特定の経験にさらされる程度は、不平等な社会構造における立場に依存するとも考えています。

最近の理論

Mannheim の権威ある研究は、さらなる世代理論の発展の基盤として役割を果たしました。よく知られている事例は北米の研究者たち、Strauss and Howe（1991; 1992）による提案です。2人は、歴史上のある時期に成長、成人した

人々は、他と区別できる価値観、態度、興味、行動を共有する傾向にあること
を世に広めました。世代の定義は著者の研究や社会哲学者で、Polybius や Ibn
Khaldun というような古代人から近代の社会理論家である José Ortega y
Gasset, Karl Mannheim, John Stuart Mill, Émile Littré, Auguste Comte and
François Mentré（オルティガ、ガセット、マンハイム、ミル、リトレ、カント、マ
ントル）の著作に議論を呼び起こさせました。Mannheim の世代理論が世代は
歴史的出来事に応じて変化すると示唆しているのに対し、Strauss and Howe
の研究は典型的な世代の循環的な性質を支持し、過去の世代の影響に焦点を当
てています。さらに Strauss and Howe（1992）は歴史においてどのような出
来事が明確な文脈に中で世代を形成するかを調べただけでなく、世代そのもの
が他の世代を形作る可能性があるという概念も調査しました（Knight, 2009）。
Strauss and Howe によると各世代には、その年齢や場所によって形作られた
独自の経歴があります。同時期に生まれた個人は人生の中で同じ重大な出来事
を体験します（例えば、世界恐慌、第一次・第二次世界大戦、ベトナム戦争、石油
危機）。人生のそれぞれの段階で、集団的な行動特性と態度が生み出されます。
2 人の著者はこれを「ピアパーソナリティ」と呼び、「(1) 共通の年齢、(2)
共通の信念と行動、(3) 共通世代に属するという認識によって、決定される
世代のペルソナ」と定義しています（Strauss and Howe, 1992: 64）。この性格は
その後、他の世代を形作るのです。特定の態度は、子供たちがどのように社会
化され、後にその子供たちがどのように子孫を育てるかに影響します（Coomes
and DeBard, 2004; Pennington-Gray, et al., 2003）。信念や行動は、世代の全メン
バー間で一様になることはめったにありませんが、仲間の規範と異なる人々は
通常、自分の従順さの欠如を認識しています。したがって、世代であるために
は、他の世代とは異なることを認識する必要があります。この認識につながる
のは、新しい世代のメンバーが前の世代のメンバーと行う相互作用と歴史的出
来事をどのように経験するかです。ある世代と別の世代、および重要な社会歴
史的出来事と、この 2 つの相互作用は、Strauss and Howe によって「世代の
対角線」として定義されています。世代の対角線は、世代が時間とともに重要
な出来事や他の世代に影響を与えたり、影響を受けたりしながら移動すると見
られています（Coomes and DeBard, 2004: 8–9; Howe and Strauss, 2000）。同様に、

18　第1部　新たな世代と旅をする

世代間の時系列的な相互依存の重要性は、Joshi, et al.（2010）によって強調されています。著者たちは、各世代のアイデンティティは時系列で結びついた先行世代と後続世代と関連しており、この「時系列の順序に並んだ世代のユニークな位置により、各世代は、後続世代に引き継いだり交換したりできる可能性のある一連のスキル、知識、経験、資産にアクセスできる」と提案しています（Joshi, et al., 2010: 393）。

　Strauss and Howe は、また'節目'と呼ぶ周期的変動法によって歴史的世代を特徴づけました（Galland, 2009; Sajjadi, et al., 2012; Statnickė, 2019）。彼等によると（1997: 3）、アングロサクソン系アメリカ人社会は新しい節目に 20 年毎に入っている（新時代）としています。各節目の初めに、人々は自身について、世界そして未来についてどのように感じるかを変化させるのです。節目は 4 つのサイクルで、各サイクルの長さは、人の一生の長さの 80〜100 年です。4 つの分岐点は、成長、成熟、衰退、破壊という歴史の季節的なリズムで構成されます。最初の節目は「絶頂期」で制度が強化され、個人主義が弱まる時代で、公的秩序を植え付ける時代です。第 2 の分岐点は「覚醒」で、精神的激変、社会の秩序が新しい価値観から攻撃を受ける時代です。第 3 の分岐点は「崩壊」で、個人主義が強化され、制度が弱まる時代で、古い公的秩序は朽ちて新しい価値の制度が育つ。第 4 の節目は「危機」で、決定的な激動の時代で古い公的制度が新しいものにとって代わられると特徴づけられます。各世代は、繰り返される分岐の連続に結び付けられます。つまり、「預言者」の世代（一つの鍵となる例はベビーブーマー）は「絶頂期」に生まれます。放浪世代（X 世代）は「覚醒」の時に生まれます。ヒーロー世代は「崩壊」の時に生まれ（ミレニアル世代）、芸術家世代は「危機」の時代（沈黙の世代）に生まれます。

　Strauss and Howe によると初期の世代は新しい世代に最も大きな影響を及ぼします。したがって第 4 世代以降に生まれた世代は価値観や世界観という点で最後の世代と比べてより最初の世代と似ています。著者らは世代と分岐点の両方の基本的長さ―約 20 年―は何世紀にもわたって比較的一定していると主張しました。しかし最近の技術の急速な発展が世代の長さを短くします。歴

史の循環のリズムを徹底的に調査することで、将来の節目を予想するための基礎が得られます。Strauss and Howe の理論は、Mannheim が提案した世代の概念をうまく活用せず一般化しすぎとか、しっかりとした証拠に支えられていないと、批判されてきました。Aboim and Vasconcelos（2013）によると、彼らの実践の結果から、具体的な意味や正確な時間や場所を欠いた大量のラベル（X 世代とミレニアル世代といった）が生み出されることになるとしています。

　さらに、各世代に現われるさまざまな文化は、世代のアイデンティティの特定を難しくするという懸念もあります。しかし、ベビーブーマー世代、X 世代、ミレニアル世代などラベルの一般的な適用は、それらの概念が世界で浸透しており、観光業の世代交代によってもたらされる現在と将来の課題を浮き彫りにするのに役立つことを示し（Gardiner, et al., 2013）、これらの用語は各世代の特徴を説明する簡潔な参照として役立っています（Wyn and Woodman, 2006）。

　2 つ目の例は、Eyerman and Turner（1998）の研究です。彼らは世代の比較研究の枠組みを用いて Bourdieu（1980）のハビトゥスの概念[2]を引き合いに Mannheim のオリジナルの定義を再定義しました。Bourdieu（1980: 86）の言葉によれば、ハビトゥスとは「同じグループまたは階級のすべてのメンバーに共通する、主観的だが個人的ではない内面化された構造、知覚、概念、行動の体系」を指します。個人が集団の文化的慣習を得ると、その慣習は「具体化」され、個人の態度、期待、世界観を構成します。個人が集団の文化的慣習を内面化すると、これらの慣習は「具体化」され、個人の態度、期待、世界観を構成するという。Eyerman and Turner（1998）の研究は、世代と性別や民族性を含む他の社会的カテゴリとの相互作用にも着目し、世代内の対立と継続性の両方を探り、世代意識がより顕著になる可能性のある状況を検討しています。この研究は、Edmunds and Turner（2002; 2005）によってさらに発展されました。資源をめぐる闘争に重点が置かれている点で、彼らの理論は Mannheim の理論とは一線を画しています。Edmunds and Turner（2005: 561-562）は、Bourdieu（1990; 1993）の文化の変容に関する研究は、世代というテーマが彼の著作の中で体系的に議論されていなかったとしても（Purhonen, 2016）、特に文化の領域の資源をめぐる世代間の競争的闘争がいかに重要な文化的変革を生み出すかを示すうえで有用なつながりを提供しているとしています。

20 第 1 部 新たな世代と旅をする

　世代は政治、教育、経済資源を活用し、文化、知識、政治に対して革新的になれば、政治に関して活動的で自意識を持つようになるとされます。Edmunds and Turner（2005）は、世代社会学は「グローバル世代」の概念を発展させるべきだとしています。この新しい概念の必要性は、継続的な技術開発、情報通信技術（ICT）の世界的な普及、グローバル化プロセスの広範な働きによってさまざまな文化が世界的な出来事によって同じように影響を受けるという議論に基づいています。グローバルな通信技術により、トラウマ的な出来事が世界中で経験されるようになっています。2 人が述べたように、19 世紀後半から 20 世紀初頭は、印刷メディアを通じて結びついた国際的な世代の時代でした。20 世紀半ばは、国境を越えて交流が加速するラジオにアクセスできるトランスナショナル世代が登場しました。20 世紀後半はグローバル世代の時代です。グローバル意識は、新しい通信技術と双方向性の向上によるグローバル規模の相互依存の拡大によって支えられ、1960 年代世代は、この意味で最初のグローバル世代です。その世界的規模で活動する力は、抗議行動や国家的、国際的課題を取り上げ、国境を越えた活動の広がりで示されました。グローバルコミュニケーション分野、特に電子媒体において歴史上初めて 1960 年代の世代のその存在は、複数の西洋社会へと同時に拡散し、国境を越えてゆっくりと政治的、文化的同盟を可能にしました。この世代はグローバル化への最初の衝撃をもたらしたのです（Edmunds and Turner, 2005: 564-566）。

　われわれは最後に Bontekoning の世代理論を思い起こします。— Gasset（1933）、Mannheim（1952）、Howe and Strauss（1991）と Becker（1992a; 1992b）—というような先行研究により— Bontekoning（2011; 2018）は、社会科学における世代の主要な視点につなげようと新理論を打ち立てました。その著者は、世代は進化的機能を持つサブカルチャーとして扱われるべきとした先行研究の仮定に依拠しています。Bontekoning（2011; 2018）の理論の本質では、新しい世代は社会システムの進化における中心的存在と見なすことができるという点です。著者によると世代は仲間とのつながりを感じ、ある特定の時間の枠組みに中で生まれた人々によって形成されます。（1）彼らは人生の歴史、状況、歴史的出来事の影響、つまり「時代精神」（時代の精神）を共有します。これにより、新しい世代の集団的発展のための共通の基盤が生まれます。

（2）最も重要な情報源は、組織など周囲の社会システムの文化のどの部分を刷新する必要があるかを感じとる能力に基づく「時代精神」に対する共通の反応です。（3）彼らは、共通の集団的目標と、精神的、感情的、身体的態度とスキルの集団的発展が混在した、共通の活力を発達させます。共通の目標は、社会、家族、組織などの社会システムに変化をもたらすことです。Lyons and Kuron（2014）は、Bontekoning の世代理論は科学論文ではほとんど注目されなかったものの、将来の研究に重要な方向性を示していると推測しています。

世代と観光の選択

　世代研究は若者の世界観、価値観そして行動を形成する重要な経済、政治、社会的出来事と形成期の関係を分析してきました。戦争、経済状況変化、自然災害、政治や技術の変化といった主要な出来事は、特に生育期に遭遇した場合、個人および集団の記憶に大きな影響をもたらした可能性があることを研究は強調してきました（Becker, 1992a; 1992b; Dencker, et al., 2008; Hicks and Hicks, 1999; Mackay, 1997; Meredith and Schewe, 1994; Schewe and Meredith, 2004）。諸研究は世代交代の概念をマクロレベルで共通の歴史によって育まれる特有の信念、価値観、態度そして行動の視点から表現しています。例えば、成長期に第一次大戦で戦った個人は、死、暴力、名誉、強い集団意識、現代技術の影響など戦争の経験を共有していました。このような経験は彼らの人生に大きな影響を与えたのです。世代の信念や行動がすべてのメンバー間で均一になることはめったにありませんが各世代は、自分たちの間では似ているものの前の世代やその後の世代とは異なる、類似の行動パターンを示すことが期待されています（Meredith and Schewe, 1994; Schewe and Noble, 2000）。世代研究では、世代を定義する形成的影響が将来の意思決定に大きな影響を与える可能性があることも確立されています。

　最近では、観光研究の世代分析に関心が高まっています（Beldona, et al., 2009; Benckendorff, et al., 2010; Chiang, et al., 2014; Cooper, et al., 2019; Gardiner, et al., 2013; 2015; Haydam, et al., 2017; Huang and Lu, 2017; Li, et al., 2013; Pennington-Gray, et al., 2002; 2003; Southan, 2017）。研究では観光の文脈におけ

るマクロ規模の影響とその結果としての観光の期待と実践への影響が検討されています。さまざまな世代の人々の間で支配的な価値観や信念が、動機、情報源、旅行の選択と計画、旅行の予約、目的地の認識と選択、旅行パターン、好みの活動、目的地の評価基準の観点で、観光需要に大きな影響を与える可能性があることが明らかになっています。また、国々（オーストラリア、カナダ、中国、米国など）の2つ以上の世代間の観光客の行動に大きな違いがあることも明らかにされています。例えば、ベビーブーマー世代とその前身である沈黙の世代、またはベビーブーマー世代、X世代、ジェネレーションYの間です（Chiang, et al., 2014; Gardiner, et al., 2013; 2014; Huang and Petrick, 2010; Lehto, et al., 2008; Li, et al., 2013; Singer and Prideaux, 2006）。Gardiner, et al.（2014）の研究では、将来の旅行行動は世代間で異なり、その世代間交代を理解することで将来の観光トレンドを効果的に予測し適応できることも示しています。

　上記から Strauss and Howe（1992）の有名な研究では、さまざまな世代（**表1-1**）が次々に辿る状況に、あるパターンを発見しています。20世紀と21世紀では、多くの観光市場戦略の基盤をもたらす特徴ある価値観や信念を持つ複数の世代を認識することができます。最も偉大な世代、沈黙の世代、ベビーブーマー世代、X世代、ミレニアル世代、Z世代そしてアルファ世代です。各世代は特有の性質を見せ、前の世代とは多くの点で違っています。なぜなら前述したように特徴ある社会歴史的状態や文化的経験で形成された特有の自己認識をもっているからです。

　最も偉大な世代は、通常1900年代から1920年代に生まれた人々を指します。この世代は、Brokaw（2004）のベストセラー本の主題となりました。この世代は、大恐慌（1929〜1939）の間に成人し、第二次世界大戦を戦い勝利し、その後の繁栄の時代、すなわち急速な社会の変化、モビリティの進化、マスメディアの拡大を経験した世代。Brokaw（2004）によると、最も偉大な世代は、共通の目標のみならず、義務、名誉、経済、勇気、奉仕、家族や国への愛などの共通の価値観によっても結束していました。一方、急速な産業や経済成長により、消費者の需要が加速し、ライフスタイルと文化に新たな変化がもたらされました。富の増大と技術革新の組み合わせにより、スポーツ、映画、ラジオ番組などの娯楽の人気が爆発的に高まりました。最も偉大な世代は記録的な数

の結婚をし、ベビーブーマー世代というもう一つの特徴的な世代を生み出したのです。

　沈黙の世代は、最も偉大な世代に続き、ベビーブーマー世代に先んじています。この世代は一般的に 1928 年から 1945 年の間に生まれた人々を指すと定義されています。沈黙の世代は、この世代の内向的で慎重で「沈黙の」特徴を反映することを意味する 1951 年のタイム誌の記事にちなんで名づけられました（Hansen and Leuty, 2012; Strauss and Howe, 1991）。沈黙の世代（75 歳以上）は、第二次世界大戦と主に 1930 年代に米国で始まった世界規模の深刻な経済不況、大恐慌の時代に育ちました（大恐慌の時期は世界各地で異なり、ほとんどの国では 1929 年に始まり 1930 年代後半まで続いた）。この年齢層が小さいのは、大恐慌による経済危機で多くのカップルが子供を持つことを遅らせたことと、第二次世界大戦の混乱でこの時期の出生数が極端に少なかったことによります。これらの重大な出来事の痕跡は、沈黙の世代が倹約的で用心深く、リスクを嫌う傾向に見ることができ、従順であることに通じています（Javalgi, et al.,1992; Pederson, 1992）。この世代は、不安定な時代を耐え、乗り越えた共通の経験の結果として社会的義務の価値によって定義されます（Mitchell, 2002）。これらの個人は非常に忠実で、組織に強い信頼を寄せ、多くの場合、一つの組織で長期間働くことを計画しているといわれます（Lancaster and Stillman, 2002）。彼らは仕事を義務と責任と考えています（Kupperschmidt, 2000）。このような特徴は、この世代が旅行行動で新しいことを試みる可能性が低いことを意味します。この世代の旅行の動機は、友人や家族と一緒に、休息とリラクゼーションのために計画されたレジャー旅行によるものが多い傾向にあります（Backman, et al.,1999）。沈黙の世代の旅行者は保守的で、旅行代理店やツアーサプライヤーなどの従来の旅行情報源を使用する傾向があります。Pennington-Gray and Lane（2001）の研究では、この世代を特定のタイプの旅行者に分類できるかどうかを分析することを目的として、沈黙の世代の旅行の選好が紹介されました。沈黙の世代にとって最も重要な好みの特徴は環境でした。その特徴には、安全性、清潔さと衛生の基準、天候、医療施設への容易なアクセスが含まれます。「教育」（「知識を増やす機会」、「見るものすることの種類」、「歴史的な場所や建物」などの項目を含む）は、沈黙の世代にとって次に重要な要

24 第 1 部　新たな世代と旅をする

素でした。これは、旅行中に学ぶことへの選好が、特に女性の間で、年長世代の旅行の大きな要素であることを示唆しています。この知見は、女性は教育旅行を好む傾向があるとした先行研究を裏づけています（Pennington-Gray and Kerstetter, 2001）。3番目の要因は、移動を伴う休暇と予算を重視する休暇の重要性です。これらの特徴は、旅行の価格と価値に焦点を当てた項目で構成されていました。手ごろな宿泊施設、キャンプ場とトレーラーパーク、安価なレストランです（Pennington-Gray and Lane, 2001: 89）。興味深いことにこれらの論点は、Strauss と Howe の沈黙の世代のプロファイルと一致しています。Strauss and Howe（1991）は、この世代は不景気の時代に生まれ、「節約」の時代に育ったため倹約家で価格に敏感であると示唆しています。

　沈黙の世代に焦点を当てた分析はほとんど行われておらず、彼らの娯楽旅行の選択を具体的に調べた研究はさらに少ないため、戦後の好調な経済によってより多くの注目が団塊の世代に集まりました。ベビーブーマー世代は、第二次世界大戦後の 1940 年代初頭から 1960 年代初頭にかけて生まれました。この時期は、世界経済が第二次世界大戦と大恐慌から回復するにつれて、世界中の多くの国、特に西側諸国で出生率が著しく持続的に上昇した時期でした（そのため「ベビーブーマー」と呼ばれる）。ベビーブーマー世代は、自分たちが世界を変えることができる特別な世代であるという意識に支えられ、繁栄と楽観主義の時代に育ちました（Cordeniz, 2002: 239; Yang and Guy, 2006: 270）。彼らは、権威に挑戦し、ライフスタイルや制度を改革し、現代の人生の進路の型を破った世代とよくいわれます（Edmunds and Turner, 2005）。彼らは、歴史上最大の社会的変化の目撃者でした。1960 年代と 70 年代の間に彼らは性革命、学生運動、ヒッピー文化、平和運動そしてウーマンリブ運動というような政治、社会変革を通して生き、能動的に参加し、そして長い経済成長と楽観主義を享受しました。ベビーブーマー世代はその規模の大きさもあり資源や機会の面で競争せざるを得ない世代とみなされています（Eisner, 2005; Hansen and Leuty, 2012; Lancaster and Stillman, 2002）。Bristow（2015c）が言及したように、団塊の世代の最も重要な特徴の一つは、大規模で強力な消費者グループとしての存在です。戦後のブームにより、ティーンエイジャーが出現しました。ティーンエイジャーは、比較的多額の可処分所得を持ち、仕事や家族の責任が比較的

軽い若者で構成される新しい消費者グループです（Gillis, 1974）。研究では、団塊の世代とその前身である沈黙の世代の間には多くの違いがあることが浮き彫りになっています。レジャーや旅行に関して、既存の研究によると、団塊の世代の態度やライフスタイルは沈黙の世代のそれとはかなり異なるようです。ベビーブーマー世代は、それ以前のどのアメリカの世代よりも、政治、文化、人種、ジェンダー関連の問題についてより寛容になる機会があったことを踏まえ、Lehto, et al.（2008: 248）は、ベビーブーマー世代は、家を離れて、より多くの肉体的な刺激や興奮、冒険、家族との充実した時間を求めているのに対し、沈黙の世代の旅行者は、ギャンブル、料理、歴史や文化など、比較的より静的な体験を求めていると示唆しています。

　X世代は、ベビーブーマー世代の後、およそ1960年代半ばから1980年代初めに誕生しました。この世代に付けられたラベルは、Coupland, D. の「X世代：加速する文化の物語」によって知られることとなりました。X世代はベビーブームに続く出生率の下落を意味してこの世代にちなんで最初につけられた「ベビーバスト」を追い越しました。1970年代は西側諸国のほとんどで景気減速し戦後の経済拡大が終了した時期でした。X世代の長子は、不景気に入った世界経済の状況下で就学年齢に達し、雇用停滞市場や限定的な賃金流動性のなかで成長し、彼らの両親はエネルギー不足や高いインフレや失業に直面しました（Muchnick, 1996）。沈黙の世代が忠誠で、ベビーブーマー世代は楽観的としてみなされるのに対しX世代は懐疑的とされ（Eisner, 2005; Lancaster and Stillman, 2002）、これは、X世代が経済の縮小と将来に対する不安の時代に育ち（Davis, et al., 2006; Gardiner, et al., 2014; Herbig, et al., 1993）、ベトナム戦争とその広範囲にわたる影響、石油危機、湾岸戦争、後天性免疫不全症候群（AIDS）の蔓延、環境の脅威増大（Losyk, 1997）などの重大な出来事を同時に目撃したという事実に対する反応でもあるかもしれません。

　X世代は前の世代よりも世界の出来事やポップカルチャーにより多く晒された世代でテレビやメディアによって変革をもたらしました（Lancaster and Stillman, 2002）。X世代は学校でコンピュータの先駆者となり、コンピューティングやコミュニケーションの関係のテクノロジーにおける変革を目のあたりにしました。また、この世代は母親の労働参加率の増加と離婚率の上昇のなかで

育った。両親の大半が家の外で働いている最初の世代で、以前の世代と比較して大人の管理が減少しました。離婚法の導入、女性の雇用の増加、フェミニスト意識の向上により、両親の離婚を目撃したり、経済危機により失業したりする確率が大幅に高まりました。これらの経験の結果、この世代のメンバーは個人主義的で、忠誠心に欠け、雇用組織への献身度が低いと考えられています。彼らはまた、私生活においてワークライフバランスを非常に重要視する傾向があります（Beutell and Wittig-Berman, 2008; Eisner, 2005）。X世代の個人は、独立心、適応力そして回復力のスキルを発達させました（Thiefoldt and Scheef, 2004）。その論文ではX世代消費者は知識が豊富で注意深くし（Gardiner, et al., 2014; Herbig, et al., 1993; Wuest, et al., 2008）、また心地よい生活スタイルを望んでいるとしています（Schiffman, et al., 2008）。彼らは、特に価格の高騰に敏感で、必ずしもブランドに忠実ではなく、期待に応えられなければ新製品を試す用意があります（Yelkur, 2003）。

　ミレニアルという用語は、通常21世紀初頭に成人した個人に適用されます。現在最も若いミレニアル世代は、1981年から1996年の間に生まれた人々です。「2020年にはおよそ18億人、世界の人口の23％がこのミレニアル世代に属すると」考えられます（MSCI（2020）―出典：国連2019世界人口見通し改訂版）。彼らは、グローバル化の長所と短所の緊張のなかで成長した最初の世代でした。一方、1980年代は技術面の発展によって急速な社会経済の変化が見られました（最初のIBM PCは1981年に導入されました）。インターネットプロトコルとテクノロジーは、1980年代後半から1990年代の初頭には標準化されました。―ミレニアル世代の成長の期間、1990年代は携帯電話の爆発的な増加と最初のWebサーバーの公開によって特徴づけられ、インターネットの導入は1995年に遡ります。ICTは文化の壁を軽減し、多文化の台頭、国際的な社会的交流と人々の流動性の密度や頻度の増加、旅行や観光の拡大の促進に重要な役割を果たしました。他方、1990年代では世界経済は過去数十年間のグローバル化のプロセスによってもたらされた広範囲にわたる影響を伴って、一連の経済危機と政治危機の繰り返しに見舞われました。労働の不安定化、環境問題、気候変動、金融危機、貧困と不平等、将来への不安感の高まりなどです。グローバル化のプラス効果は、異なる人口や地域間で均等に広がってい

るわけではなく、生活水準、環境、財政、政治、労働条件が異なるため、グローバル市場への参入に他の地域よりも適応しにくい場合もあります（European Commission：欧州委員会，2017）。もう一つの議論の的となっているのは、グローバル化が自己とアイデンティティに与える影響です。現代の世界では、アイデンティティの構造はますます複雑になっています。個人のアイデンティティの構築は、グローバルな流れとローカルな流れの間、グローバル化の広がる領域とアイデンティティ構築のためのローカルニッチの必要性の間、グローバルコミュニティへの帰属意識とローカルな文化的価値、伝統、考えの間に位置づけられています（Appadurai,1993; 1996; Bartoletti, 2001; Robertson, 1992）。人間は、地域に根ざした文脈のなかで社会や文化を構築すると同時に、グローバルネットワークによって瞬時に伝達される言説、交渉、紛争、脅威によって深刻な脅威にさらされます（Appadurai, 1993; 1996）。言い換えれば、グローバリゼーションは、時間と空間（Giddens, 1990）、地域とグローバル、社会関係、ジェンダーアイデンティティ、家族モデル、女性と男性の生活条件の領域を書き換えました。

　ミレニアル世代の特徴は、グローバル化の進展、インターネットやソーシャルメディアの利用の急激な増加と世界規模の課題の増大を特徴とする時代との歴史的な結びつきによって説明されます。ミレニアル世代は、有能で、技術力があり、首尾一貫していて変化に抵抗感がないと定義されています（Benckendorff, et al., 2010; Howe and Strauss, 2000; Rainer and Rainer, 2011; Taylor and Keeter, 2010）。ミレニアル世代は十分な教育を受けており、情報技術（IT）に精通し（2.0 Web テクノロジーとともに成長）、マルチタスクをこなす。今日の若者は、祖父母の世代よりもはるかに高い教育を受けています。Pew リサーチセンターのデータによると、ミレニアル世代は以前の世代よりも中等後教育のレベルが高いことが示されています（Bialik and Fry, 2019）。アメリカのミレニアル世代のうち、25〜37 歳の約 10 人に 4 人（39％）が学士号以上の学位を取得しているのに対し、沈黙の世代ではわずか 15％、ベビーブーマー世代では約 4 分の 1、同年齢の X 世代では約 10 人に 3 人（29％）でした。教育達成度の向上は特に若い女性で顕著で、彼女たちが大学の学位やフルタイムの仕事を得る割合は、年配の女性と比較して増加しています。この世代のもう

28 第 1 部　新たな世代と旅をする

一つの特徴は、グローバル化と人口移動の拡大による人種的および民族的多様性です。ミレニアル世代は複数の家族環境で育てられ、また、離婚家族、複合家族、別居中のカップル（LAT）、ひとり親家族、レズビアン、ゲイ、バイセクシュアル、トランスジェンダー（LGBT）家族など、増加する多様な家族環境によって特徴づけられます（Parker, et al., 2019）。ミレニアル世代は、より多くの文化、人々、家族形態に触れることで、結婚や子育てに関連するさまざまな非伝統的な行動に対して他の世代よりも寛容です（Taylor and Keeter, 2010）。彼らは LGBT のような同性同士の結婚を支持する傾向にあり、LGBT の権利を最も支持するグループの一つです。しかし、ミレニアル世代は家族や友人と緊密につながっています。2010 年に Pew リサーチセンターの調査ではこの世代の成人した子供の 3 分の 2 が高齢の両親と一緒に暮らす責任があると述べています（Taylor and Keeter, 2010）。たいていのミレニアル世代はグループで働くことが好きで分裂や競争よりも団結と協力の感覚を好みます。

　この世代のもう一つの重要な特徴は、グローバル経済の困難な時代のなかで成人を迎えたことです。世界的な経済危機と金融危機は若者に大きな影響を与え、労働者不足、不安定な仕事や低賃金、高い失業率に対処することを強いられました。指摘されているように（Hout, 2019）、ミレニアル世代は上昇志向と同じくらい下降志向を経験した最初の世代かもしれません。彼らはまた、世界経済や自身の将来に悲観的で組織への無関心である最も高い率を示す世代でもあります。2017 年の Deloitte ミレニアル調査（Deloitte, 2017）[3]では、ミレニアル世代はグローバルな課題、特に成熟経済に大きな関心があり、経済や社会の進展に関しては一般的に悲観的な見方を持っていることを示しています。さらに彼らは、政府、地域や協会、政党、軍隊そして結婚といった制度に対して年長者のように信頼していません。2016 年の Global Viewpoint のミレニアム世代調査（CSIS-IYF, 2017）では、30 カ国の 16〜24 歳の若者 7,600 人以上を対象に調査が行われ、67％が政府は自分たちの要望やニーズに配慮していないと感じていることが示されています。第 2 章で示しますが、ここ数年の経済財政危機がこの世代やライフスタイルに大きく影響を及ぼしたことからミレニアル世代はますます価格に敏感で自身の財政管理に関して戦略的になっています（Bernardi and Ruspini, 2018; Veiga, et al., 2017）。彼らは人生において「単

なる仕事」以上のものを求めています。持続可能性、個人の成長、柔軟な労働時間、ワークライフバランスは金銭的な報酬よりも重要です（Buzza, 2017; Cone Communications, 2016; Insead, Head Foundation, and Universum, 2014; PwC, 2011; 2015; Telefónica, 2013）。観光に関しては、ミレニアル世代は以前の世代よりも旅行を優先しています。テクノロジーとソーシャルメディアを使用して賢明に旅行購入を決め、持続可能な体験ベースの観光慣行をより求めて、文化体験を重視し、一人旅への関心が高まっています（Barton, et al., 2013; Corbisiero and Ruspini, 2018; Sofronov, 2018）。Boston Consulting Group が実施した調査（Barton, et al., 2013）では、アメリカのミレニアル世代は多様性を重視し、グローバルな視点を持ち、新しい経験にオープンであるだけでなく、非ミレニアル世代よりも不況の影響を受けやすいことも明らかになっています。ミレニアル世代のほとんどは、長期のレジャー旅行をする余裕がなく、完全にアクティブなビジネス旅行者はまだほとんどいません。

　Z 世代（ネットジェネレーションあるいは i ジェネレーションとして知られている）は 1990 年代末から 21 世紀初頭に生まれた人々を指す一般的な名称で 20 世紀後半から 21 世紀初頭の 15～20 年間を指します。2020 年現在、Z 世代は世界で 20 億人弱、世界人口の約 26％を占めます（Cushman & Wakefield, 2020; data sourced from the United Nations 'World Population Prospects' 2019）。この世代は、現在学校や大学の学生、X 世代の子供たちで構成されます。Z 世代のメンバーはモバイル機器、スマートフォンやソーシャルウェブサイトの時代に育ちました（詳細は第 3 章を参照）。21 世紀は大規模な技術革新の時代で Z 世代は、その若い年齢で ICT を使えるようになった最初の世代です。テクノロジーは若い人たち同士、また他の世代の人々をかつてないほどに結び付けました（Dell Technologies, 2018; Seemiller and Grace, 2016）。彼らは複数の情報源に慣れ、スマートフォン、タブレット、モノのインターネット（IoT）を通じて継続的に接続されています（Kardes, et al., 2014）。Pew リサーチセンターのデータ（Anderson and Jiang, 2018）によると、今日では、スマートフォンの所有は、性別、人種、民族、社会経済的背景の異なる 10 代の若者の間でほぼ普遍的になっています。Z 世代は複数の仕事をこなし、購入前に幅広い情報にアクセスして評価するものと思っています（Wood, 2013）。彼らは、文字よりも

写真、動画、豊かなコンテンツ等、視覚的なコミュニケーションに反応します。Z世代に共通しているのは、進化し続けるソーシャルメディアやデジタルツールとの直感的な関係です。しかし、彼らはまた、インターネットの没入的な影響から離れて、デジタル時代に生きながらバランスの取れたライフスタイルに到達する必要性を認識しています（JWT-J., 2019; Wattpad, 2019）。彼らは、注意力が弱い世代として描かれてきました（Williams and Page, 2011）。Dimitriou and AbouElgheit（2019）が指摘しているように、これはステレオタイプである可能性があります。テクノロジーの継続的な使用はわれわれの注意力の時間を短縮する一方、テクノロジーによって注意を払うために必要な時間は短縮されていることを考慮すべきです。

　Z世代はグローバルな安定性を弱体化させる経済危機の時代に成人の域に入り、発生する社会問題、例えば気候変動、持続可能性、健康に関することや移民危機、テロなど、新たな社会問題に対する不安を高めています（Robinson and Schänzel, 2019）。ハイパーコネクション（常時SNSなどに接続していること）と深刻なグローバル規模の問題が組み合わさり、地球の将来について深く懸念しています。そして人類が環境に与える影響について前例のない認識を示し、地球コミュニティと生態系のバランスに対する強い責任感を示しています（Wunderman Thompson Commerce, 2019; ETC, 2020）。Z世代は頻繁に旅行する世代で―旅行を優先事項と見なしてはいますが―、同時にオーバーツーリズムや観光活動が気候変動に与える影響についても認識し、懸念しており、予約や旅行の決定を改善することがこうした現象を緩和することである程度の責任を負う用意があります。Z世代は、社会、環境においても意識が高く、モバイル第一のアプローチを好みその地域にしかない経験を欲しています（Haddouche and Salomone, 2018; Wee, 2019）。Z世代はかなり若く、自身の価値観、習慣、信念そして財政的な独立をまだ進化させています（Carty, 2019）。アルファ世代は2021年以降に生まれた人々でZ世代に続く世代です。彼らのミレニアル世代の両親やZ世代のロールモデルに影響され、この新世代は強い倫理感と価値観によって特徴づけられます。彼らは環境に強い懸念を持ち多様性に対して偏見のない考えをもつもう一つの世代です。2019年のWunderman Thompson Commerce（2019）の報告書によると6～9歳の67％が地球を救

第 1 章　世代、イベント、体験、観光　**31**

表 1-1　世代の名称・誕生時期一覧

世代名称	誕生時期
最も偉大な世代	1900 年代～ 1920 年代に生まれた人々
沈黙の世代	1928 年～ 1945 年に生まれた人々を指す
ベビーブーマー世代	1940 年代初頭から 1960 年代初頭にかけて生まれた人々
X 世代	およそ 1960 年代半ばから 1980 年代初めに生まれた人々
ミレニアル世代	1981 年～ 1996 年の間に生まれた人々
Z 世代	1990 年代末から 21 世紀初頭に生まれた人々
アルファ世代	2021 年以降に生まれた人々

うことが、将来彼らのキャリアの中心的なミッションになると回答し、現在 Z
世代が率いている戦いに参加しています。この世代は、すでにミレニアル世代
のパターンである消費者選択の役割を担っています。アルファ世代の旅行者は
若いかもしれないが、彼らの考え方や意見は既に家族旅行の意思決定に影響を
及ぼしています。9 カ国にわたる家族旅行を調査したエクスペディア、メディ
アソリューションの報告では、若いにも関わらずアルファ世代は家族旅行のひ
らめきや計画面で積極的な役割を果たしていることが示されています。'アル
ファ世代と家族旅行トレンド'（Expedia Group Media Solutions, 2019）[4]では、
子供たちが家族旅行の要素である、目的地の選択や旅行先での活動や旅行の期
間、ホテルの選択、目的地への交通手段に関して影響を及ぼすことがわかって
います。また、この調査では、10 人中 8 人が家族旅行の計画は家族全員の共
同作業であると答えており、調査対象者の 60％が旅行のアイデアは子どもと
大人の両方から出てくると答えていることも明らかになっています。

まとめ

　本章の目的は、世代理論の素晴らしい歴史を辿り、世代の旅行行動を研究す
ることの重要性を強調することでした。観光業界や学者たち双方が世代分析を
活用した世代の旅行行動研究の妥当性を認めています（Gardiner, et al., 2013; Li,

et al., 2013)。世代の移行は観光に関する経験が彼らの外見を変え、全く新しい構成となる重要な瞬間です。この章で示した通り、複数の世代を支配している価値観や信念は観光ニーズ、価値観と選択に大きな影響を与える可能性があります。ミレニアル世代とZ世代はどの世代よりも旅行し、若い旅行者は本物感、充実感や持続可能性に興味を示します（Barton, et al., 2013）。

　それでも複数の理論的、方法論的な予備の策が必要です。まず、世代理論は傾向を定義するのに役立つが、個人を定義するのには役立たないことを念頭に置くことが重要です。Vincent（2005: 583, 595）が述べているように社会的、歴史的な出来事や変化する人生の可能性に対する文化的解釈様式は変化する可能性があり、すでに確立された世代文化または「生命力」から生じるだけではありません。第二次大戦中に子供であったことは自動的に保守層へ投票するナショナリストになるわけではないし、1980年代の終わりに生まれた人は必ずしも体験型の旅行者になるわけでもありません。書かれているように（Pew Research Center, 2015）、世代を定義する線は分析するための有用な手段ですが、厳格な区別というよりもガイドラインと考えるべきです。主要な出来事に対する特定の世代の理解がどのように一連の態度に反映されるかを理解することは、この問題の重要性を理解するのに役立ちます。

　また、極端に単純化しないことが肝心です。多くの研究者は、世代全体について一般化しようとすることに対して注意を促しています（例：Furstenberg, 2017）。Dencker, et al.（2008）は、世代内の異質性は世代間と同様に大きいかもしれないとしています。同様に米国のミレニアル世代を調査したBoston Consulting Group（Barton, et al., 2013）によるとミレニアル世代の旅行者は全く均一なグループでないことを示しています。複数の異なったセグメントが確認されていて、例えば、最も若いミレニアル世代は、最も年令の高いミレニアル世代よりも年上のZ世代との共通点が多い可能性があります。Skift Research（Carty, 2019）の調査では、世代コホートを4つの小グループに分類しそれぞれのグループにある特定の特徴が見出せます。

　（1）若いZ世代（16〜18歳）は、高校生で両親と同居し、パートタイムの仕事をしている可能性があります。たいていの旅行は近親者（両親や兄弟）または友人としています。（2）年上のZ世代（19〜22歳）は、両親と離れて暮

らしており、高等教育を受けているか、フルタイムで働いている可能性が高い。旅行のほとんどは近親者、友人、場合によっては恋人としています。（3）若いミレニアル世代（23〜30歳）は、大学生か卒業後の学生である可能性があり、フルタイムの仕事に就いており、家族を持つ時期かもしれない。旅行の同伴者は恋人、配偶者、子供へと移り始めています。（4）年上のミレニアル世代（31〜38歳）：大多数は結婚しており、子供がいてフルタイムの仕事に就いています。ほとんどの旅行は、自分のパートナーや配偶者、自分の子供と一緒に行きます。

　第三にミレニアル世代やZ世代という用語自体は主に世代を定義する西洋諸国のやり方で、既存の研究では、限られた数の西洋諸国（特に米国と西ヨーロッパ）のミレニアル世代／Z世代のほとんどを対象とする傾向があることを忘れてはなりません。Sarraf（2019）によると先行研究のほとんどは、西洋（主に米国）の経験のみに依存しており、他の国や文化に特有の文化的、歴史的条件を考慮していませんでした（Lyons and Kuron, 2014）。世界的な影響でさえ、独特の歴史的文化的背景に対してさまざまな国の状況で異なった様相を呈します（Vincent, 2005）。したがって世代のグループが進化するなかで地域や国家的な特異性に注意を向け、世代の特徴は世界中で同一ではなく国家が置かれた環境に特有のものである可能性が高いという考えを支持することが重要です。ソーシャルメディアの影響と消費者文化の拡大は伝統的、非伝統的な文化、西洋と東洋の文化で異なる意味を持つ可能性があります。Parry and Urwin（2011: 90）が示唆するように、複数の国の世代の構造は西洋またはアングルサクソンモデルに従わないでしょう。例えば、中国、日本や台湾のような東洋の国々で行われる世代の違いの非西洋の研究（Hui-Chun and Miller, 2003; 2005; Murphy, et al., 2004）では、東洋諸国の世代的特徴は西洋と同じではないことが示されています。世代の観点から中国の潜在的な海外市場を探ることを目的としたHuang and Lu（2017）の研究では、複数の世代が使用されています。この研究では、堅固な共産主義世代（FCG）、失われた世代（LG）、改革開放世代（ROG）、一人っ子世代（OG）の4世代をカバーする4,047人の回答者のサンプルを募集しました。もう一つの重要な課題は、さまざまな国で実施された研究の比較です（Lyons and Kuron, 2014）。世代に関する世界的な調査の利用

可能性は今日では高まっています（e.g. Carty, 2019; CSIS-IYF, 2017; Dell Technologies, 2018; Deloitte, 2017; 2018; 2019; 2020; 2021; Nielsen, 2017; PwC, 2011; Telefónica, 2013; Wyse Travel Confederation, 2018）。

　さまざまな研究者たちが国々の世代構造を明らかにしようとしてきましたが（Deal, et al., 2012）、以前に定義された一般的な米国の世代カテゴリを採用するという考えに依然として標準となっています。Lyons and Kuron（2014: 142）によると、Mannheim（1952）の影響の大きい理論は、世代は特定の社会歴史的な場所において形成されるため、ある社会の世代構成を別の社会に押し付けるのは不適切であるとしています。Parry and Urwin（2011: 93）が指摘しているように、世代分析の将来は、出生コホートによる縦断的研究だけでなく、女性や少数民族などの特定のグループや地域や国家の文化特殊性を考慮した世代内の異質性に焦点を当てたものになるはずです。

注

（1）Wilhelm Pinder は、近代美術史の伝統に則り、「エンテレキア」という概念を提唱した。彼によれば、世代のエンテレキアとは、その世代の「内なる目的」、つまり生来の人生と世界を経験する方法の統一性の表現である（Mannheim, 1952: 283）。

（2）ハビトゥスの概念：モース（Mauss, M.）やブルデュー（Bourdieu, P.）によって使用されてきた概念で経験に基づき諸個人の内に定着している知覚、思考、実践行動を持続的に生み出す性向という意味で重用している。もともと「態度」や「習慣」を意味するラテン語でこれをモースは身体技法の型をさして用い、ブルデューは部族社会の贈与行為、農民における婚姻慣行、生徒、学生における言語行動や知識獲得行動など多様な行動を理解する視点からこれを用いている。（出典：森岡清美・塩原勉・本間康平／編集代表（1993）『新社会学辞典』有斐閣）

（3）2017 年の Deloitte 報告書は、30 カ国で質問された約 8,000 人のミレニアル世代の意見に基づいている。参加者は 1982 年以降に生まれ、この世代の特定のグループを代表する。つまり、大学または短大の学位を持ち、フルタイムで雇用され、主に大規模な民間組織で働いている人々である。

（4）オーストラリア、ブラジル、カナダ、中国、ドイツ、日本、メキシコ、英国、米国で実施された定量オンライン調査。この調査は、2019 年 4 月 11 日から 5 月 7 日までの間に、9,357 人（9 カ国でそれぞれ 1,000 人以上）を対象に実施された。サンプルに含まれる人々は、9 歳以下の子供または孫を持ち、過去

第 1 章　世代、イベント、体験、観光　　**35**

1 年間にレジャー目的でオンラインによって旅行を予約したことを示す必要が
あった。

第2章

未来の旅行者を理解する

Salvatore Monaco
（サルヴァトーレ・モナコ）

はじめに

　ある世代と別の世代の間に線を引くのは簡単なことではありません。第1章で説明したように、世代はグループ間の違いを単純化するためのラベルであってはなりません。むしろ、世代とは、長年にわたって起きてきた社会の変化を理解するためのレンズなのです。若い世代の考え方や嗜好は、まだよく知られていません。ここ数十年の社会の変化は急速で、技術開発、グローバル化、環境危機、健康危機によってもたらされた一連の重大な変容を生み出してきています（例えば、Adamy, 2020; Gharzai, et al., 2020; Oswick, et al., 2020）。

　しかし、主にマーケティングの分野で行われた先行研究では、若い世代の傾向や、性格的特徴が浮き彫りになっています。そのような特徴は、異なる方法とはいえ、彼らの態度、意見、傾向、嗜好に影響を与える出来事によって、観光分野においても形成されてきました。言い換えれば、これらの研究は、ミレニアル世代がどのような存在となったのかを理解するための有用なツールとなり得ますが、さらにその先のZ世代やアルファ世代の人々が、主にどのような特徴を持っているのかを理解することにも役立ちます。

　本章の目的は、これまでに世界規模、または特定の地域で行われた関連する研究や考察（Corbisiero, 2020; Duffy, et al., 2017; Elliott and Reynolds, 2019; McKinsey, 2018）を取り掛かりとして、ミレニアル世代、Z世代、そしてより

若い世代の人々の特徴を定義することです。私たちは、観光行動に特に焦点を当て、いくつかの世界的な傾向を理解するために、若者の主な特徴を特定しようとしました。このテーマに関する文献では、観光が若者にとって世界を知り（Biella and Borzini, 2004; Urry and Sheller, 2004）、個人的な経験やビジョンを豊かにし（Gilli, 2015）、異文化に触れ（Appiah, 2007; Crouch, et al., 2005; Rojek and Urry, 1997）、アイデンティティを強化する（Gilli, 2009; Marra and Ruspini, 2010; Nocifora, 2008; Urry, 2003; Wang, 2000）重要な要素であることが長い間指摘されています。

　若者はどのような観光体験を求めるのでしょうか？　若い旅行者はどのような理由から、一つの観光地に惹きつけられるのでしょうか？　世代間の主な違いは何でしょうか？　これらは、私たちが明らかにしたい問いのほんの一部です。

今「若い」ということ：
社会的同一性（アイデンティティ理論）

　各世代がそれぞれ異なる人生観、価値観、習慣を持っていることは明らかですが、ミレニアル世代は新米の親として、教師として、若い世代に理想と知識を伝えています。ミレニアル世代は、それ以前の世代に比べて家族中心主義です（Shridhar, 2019）。ミレニアル世代は、子どもたちと一緒にいること、子どもたちと経験を共有すること、子どもたちと一緒に活動することを好みます。経済的に発展したヨーロッパ諸国の多くの若い家族にとって、男性が稼ぎ手、女性が主婦という伝統的な家族モデルはもはや時代遅れで、世界の多くの地域でジェンダーに基づく偏見はかなり疑問視されています（詳細は第5章を参照）。若い親たちは、子どもたちにジェンダーに関連した固定観念を身に付けさせないよう教育しています。男性が買い物や料理をすること、さらには家事や育児をすることもよくあります。このような態度の実証的な証拠は、それまでの世代の男性と比較して、ミレニアル世代の男性が父親休暇を申請するケースが増加していることによって示されています。反対に女性は、キャリアを追求する傾向が強くなっています。このことは、世界的に初回妊娠の平均年齢が常に上

昇しているという事実にも表れています。これは、部分的には彼らの修学の長期化によって、労働市場への参入が遅れているためでもありますが、ますます競争が激化し、時には不安定な雇用市場において、キャリアの追求が出産よりも優先されているためでもあります（例えば、Barroso, et al., 2020）。

　東洋文化でも、ミレニアル世代の家庭の築き方に変化が見られます。例えば中国では、ミレニアル世代は歴史的に特別な時期に生まれました。初期のミレニアル世代が生まれた1980年は、西洋文化からの新しい考え方や物が流入する一方で、古い伝統や考え方が完全に消滅するわけではなく、そのなかで改革・開放政策が実施され、古いものから新しいものへの転換期でした。経済的にも、中国のミレニアル世代は、経済成長と急速な都市化を経験しながら成長してきました。新しいイデオロギーの潮流と生活水準の向上により、ミレニアル世代は消費の面だけではなく、結婚観や人生観の面でそれまでとは違っています。それまでの世代とは異なり、彼らは結婚において自由を追求します。1960年代から1970年代にかけては、若者が恋愛から結婚するのではなく、第三者（多くは両親か仲人）の恣意的な決定によって結婚するという意味で、お見合い結婚が主流でした。しかし、1980年代以降、新しい考え方が導入されるにつれて、結婚の形態は徐々に変化し始めました。若者はもはや「結婚させられる」のではなく、自分の意志で結婚できるようになりました。親のアドバイスは「提案」に過ぎず、「命令」ではなくなりました。また、「離婚」に関しても、Li（2019）によれば、1980年は中国の婚姻法改正による「離婚ブーム」の始まりでもありました。

　世界的に見ると、ミレニアル世代と比較して、Z世代のメンバーは環境や社会問題により関心があるように見えます。Z世代はミレニアル世代から、重要な目標を達成するために人生において取り組む、という重要な意識を受け継いでいますが、それは今日不可欠となっているテクノロジーの支援によるものでもあります（Varkey Foundation, 2019）。

　これらの世代の人々が、世界的な金融、経済、気候の危機を目の当たりにしてきたことを無視することはできません。いくつかの研究（Jaskulsky and Besel, 2013; Yeoman, 2008など）は、特に若い世代が地球温暖化や気候変動の結果として、不安を抱えて生きていることを強調しています。このような懸念

のなかで生きている世界中の若者は、より注意深く敏感で、責任ある行動をとるように意識しています。高性能の技術機器や設備、高速インターネット接続によって実現されるグローバルなリアルタイム・コミュニケーションのおかげで、世界中の若者たちは、地域的な背景によって程度が異なるとは言え、幼い頃から地球規模の困難に対して交流を持つようになっています。例えば、過去2年間に行われた多くのデモは、Z世代の人々が環境問題に関心を向け始めたことを証明しています。世界中の何百万人もの若者が、Greta Thunberg（グレタ・トゥーンベリ）[1]の「Fridays for Future（未来のための金曜日）」イベントや、「Run for the Oceans（走って、海の美しさを守ろう）」[2]などの取り組みに参加し、そのおかげで、海を保護する取り組みや、使い捨てプラスチックの消費に関する意識を高めるための取り組みに資金が集まりました。「ハーバードIOP若者世論調査2019」（IOP, 2019）という調査によると、Z世代の70％以上が気候変動を問題視しており、そのうちの66％が気候変動を、自国だけでなく国際的にも早急な対策が必要な危機と考えています。

　さらに、新型コロナという健康上の緊急事態が世界的に一連の経済不況を引き起こし、それがこの世代に強い影響を及ぼし、今後も及ぼすであろう、ということも見逃せません。こうした経験や背景から、若い世代は、何事もあたりまえではないこと、ビジネスの世界は非常に脆弱であること、経済危機はいつ訪れるかわからないことを学んだのです。しかし、だからといってZ世代が悩んだり、不幸だと感じているわけではありません。それとは対照的に、Z世代はより現実的で、ある意味ではより回復力があり、意思が固いように見えます（Deloitte, 2021）。彼らは、不愉快な出来事や困難に備え、流されずしっかりと根をはることができるように、人生において「プランB」を持つことが非常に重要であることを学んだのです。このようなリスクに対する意識は、新しいテクノロジーをコミュニケーション・ツールとしてだけでなく、自分のスキルを高め、知識を広げ、アンテナを高めるためのリソースとして利用することを促進しています。その意味で、インターネットは彼らの生活において中心的な役割を果たしています。事実、若い世代の41％が、自由時間の3時間以上をオンラインで過ごしています（Sparks and Honey, 2019）。

　Z世代にとって、現実世界と仮想世界の間に明確な区分はないと言い切れる

でしょう。この世代は高度に接続しているため、ある次元から別の次元へと柔軟に移動します。つまり、リアルとデジタルの2つの世界は補完し合い、相互に浸透し合い、相互に調整し合っているのです。このシナリオでは、新しい形態と意味合いをもつようになったSNSが中心的な役割を果たします。ミレニアル世代にとってSNSが、投稿や写真、ニュースを知人と共有するためのツールであるとすれば、Z世代にとっては、インスピレーションの源であり、他のユーザーと交流し、さまざまな選択肢を評価し、価格を比較し、仲間の好みを理解するための空間であると言えます。人気の高いSNSプラットフォームには、Instagram[3]、TikTok[4]、Reel[5]、Triller[6]、また、Twitch[7]のようなライブ・ストリーミング・プラットフォームなどがあり、ユーザーは主に画像や動画を通じてコミュニケーションをとっています。

新たな世代の主な消費者選択

　これまでに述べた若い世代の特徴は、テクノロジー、食、観光を含む多くの分野における消費の嗜好や選択にも反映されています。

　後の章で述べるように、2025年までにミレニアル世代は世界の労働人口の75％を占めると推定されています。その彼らは、今日では、所有するための消費ではなく、家族と一緒に体験するための消費を好むとされています（Euromonitor International, 2019）。長い間、ミレニアル世代は自己中心的であると理論化されてきましたが（Gillespie, 2014; Koczanski and Rosen, 2019; Konrath, et al., 2011; Twenge, 2013）、現代の若い親の消費においては、子どもの幸せが重要な考慮事項となっています。

　したがって、近年、ミレニアル世代の生活を特徴づけているシェアリングエコノミーの哲学は（後ほど詳しく説明しますが）、家族の生活にも広がり始めています。ミレニアル世代はもはや車を買わず、家やアパートを所有することにも興味を示さず、その代わりに、チャイルドシート、洋服、おもちゃ、アクセサリーなど、家族のために日常的に使うものを交換したり、借りたり、レンタルしたりし始めています。このような生活観は、特に欧米諸国のことです。それとは逆に、インドなど一部の新興国のミレニアル世代にとっては、車やア

パートを所有することは、まだ人生の成功を表しています。Airbnb China と CBN Data の調査によると、回答者の 57％が「世界中を旅行すること」を人生の最優先事項と考えており、これとは対照的にアパートを購入したい人は 49％でした。また、いくつかの消費財に対しても異なる習慣が分かっています。

　しかし中国では、シェアという概念が広く普及したのはここ数年のことです。2014 年 6 月、iTunes Store で Xianyu（閑魚）[8]というアプリが正式に公開されました。中国の e コマース大手 Taobao（タオバオ）[9]が運営するこのアプリは、オンライン C2C プラットフォームで、人々は Taobao のアプリをクリックするだけで、他人から新品や中古品を購入したり、自分の「未使用品」を販売したりすることができます。個人の売り手も買い手も、タオバオの何百万人ものユーザーに見てもらうことができ、ほぼ自動完結的なサービスから、最も効率的な物流手配をすることができます（アプリで予約を取ると、数時間以内に宅配業者が来て、支払いや追跡番号の記録はすべて自動的に行われます）。2016 年、Xianyu には他にも多くの「シェア」機能が盛り込まれました。ユーザーは、Xianyu のセンターで改装・消毒された古本、子供のおもちゃ、衣類、デジタル製品などを借りることができます。今日、Xianyu はオンラインオークション、ライブ・ストリーミング、家の賃貸、SNS コミュニティなどを含む多機能プラットフォームとなり、中国におけるシェアリングエコノミーのトレンドの一例を示しています。中国全土で 2 億人近いユーザーを集めるこのプラットフォームは、新型コロナの期間にも大きな役割を果たしました。多くのミレニアル世代がパンデミックによって職を失い、自力で生計を立てるしかなくなったのですが、彼らは Xianyu を利用し、眠っている持ち物を売ってお金に換えたり、オンライン家庭教師などのサービスを宣伝したりして、困難な状況を乗り切りました。

　最近、産業と民間企業に焦点を当てたアメリカのデータ分析調査機関である CB Insights が、アメリカ市場における調査結果をまとめた記事を発表しました（CB Insights, 2019）。そのなかで、一部の業界は、ミレニアル世代や、将来世代の新たな嗜好の影響を他よりも強く受ける（業界がある）ようだと報告しました。特にアメリカでは、カジュアルダイニングや伝統的なレストランが、今やミレニアル世代のお気に入りの場所の一つとなっています。なかでも、

第 2 章　未来の旅行者を理解する　**43**

1980 年代から 1990 年代にかけてのアメリカにおいては、あまりお金をかけずに簡単なランチやディナーを楽しむことができる「Ruby Tuesday」[10]、「Olive Garden」[11]、「Applebee's」[12]といったレストラン・チェーンが、その手軽さとレジャー性が高く評価されていました。ミレニアル世代は、自分たちの親や、その前の X 世代とは異なり、自分たちや子供たちのために食事の質に気を配るようになっています。つまり、食事にはよりお金をかけることを好み、満足度の高い食事をするように心がけています。余裕があれば、高級レストランにも頻繁に行きます。また、ミレニアル世代は、メニューに健康的な選択肢があるのであれば、昼食や夕食を手早く済ませられるファストフード店で食事をすることを好みます（例えば、彼らの多くは、大量生産のチーズに No と言い、缶ビールよりもクラフトビールを好む傾向があります）。

　ミレニアル世代以降の新しい世代のもう一つの大きな特徴は、より植物性の食事を選択するようになったことです。

　世界のベジタリアン市場トップ 5 のうち、4 つがアジアです（インド、インドネシア、中国、パキスタンで 5 億人以上の消費者がいます）。東洋文化では、何世紀にもわたって菜食主義が定着してきたからでしょう（Euromonitor International, 2020）。一般的に、アジア太平洋地域全体では、宗教、利他主義、社会的・文化的戒律により、ベジタリアンとビーガン（注：徹底した菜食主義）の人口規模、およびそれに対応する食品メーカーの製品は確実に増加傾向にあります。

　植物ベースの食事や、あらゆる形態のベジタリアン食の発展は世界中に広がっており、若い世代がこの食習慣の変化の牽引役となっています。実際、最近の研究（Berkhout, et al., 2018; Ginsberg, 2017）では、フレキシタリアニズム（注：基本的には植物ベースの食事を中心にしながらも、時折肉や魚を摂取する柔軟な食生活のスタイル）、減量主義（注：糖質を極力排除して、代わりに脂質をたっぷりと摂る食事法）、パートタイム・ベジタリアン（注：週に数回や月に数回、1 日の数食分など、自分で頻度を決めて肉や魚を食べないベジタリアンの習慣）の傾向がヨーロッパでは強まっていることが報告されています。同様に、アメリカの最近の統計調査（Blázquez, 2021）によると、50 歳以上のアメリカ人は自分がベジタリアンだと思っている人はわずか 2.5％しかいない一方、ミレニアル世

44　第 1 部　新たな世代と旅をする

代と Z 世代では、7.5％の人が肉を食べません。菜食主義についても同様で、それ以前の世代のアメリカ人に比べると、ほぼ 2 倍の若い世代がこの種の食生活を始めています。

　ベジタリアンとビーガンを目指す新しい運動は、この食の転換が人々の幸福に役立つだけでなく、世界中の天然資源の搾取を防ぐという考えに基づいています。

　さらに、e コマースの普及により、買い物の仕方も大きく変わりました。このように、インターネットが若者の生活においてますます中心的な役割を果たすにつれ、彼らの購買行動も徐々に変化しています。具体的には、彼らの購買行動は取引のスピードに大きく影響されます。最も好まれている買い物の方法は、非常に短時間で行えるものです。さらに、彼らはモバイル機器を買い物に活用します。かつては、ミレニアル世代は買い物の際、オフラインの実店舗で実際に商品を見て、試して初めて安心感を得ていました。しかし、特定のアプリ（eBay[13]、Privalia[14]、Taobao、JD[15]、Pinduoduo[16]など）の出現により、彼らの購買行動はオフラインからオンライン・チャネルへと徐々にシフトしています。若者は e コマース・プラットフォームで、日用品から高級品、ブランド製品、自動車、家具に至るまで、ほとんど何でも購入するようになりました。

　新型コロナの疫学的緊急事態による封鎖期間中、多くの社会的・経済的活動が強制的に打ち切られたことは、すでに若者の間で広まっているネット販売を飛躍的に成長させました（Brosdahl and Carpenter, 2011; Duffett, 2015; Elwalda, et al., 2016）。緊急事態において、e コマース最大手のアマゾンでは、世界中から注文が殺到し、基本的な生活必需品を優先的に流通させるためには、顧客が不要な商品を購入できないようにせざるを得なかったことは注目に値します。

　加えて、パンデミック期には、e コマース・プラットフォームやライブ・ストリーミングアプリ（TikTok や Douyin[17]など）の人気のおかげで、多くの実店舗が生き残ったと言えるでしょう。ほとんどの伝統的なオフライン店舗は、取引をオフラインからオンラインに移行し、路上ではなくライブスタジオで「売り込み」を始め、何百万人もの視聴者を惹きつけました。iiMedia Research によると、2019 年現在、ライブ・ストリーミングの総ユーザー数は 5 億 400 万人に達し、そのうちミレニアル世代が割合の最大を占めています。伝統産業

のデジタル化も、セレブや高級ブランドを惹きつけています。さらに、実店舗に入る前に予防措置をしなければならないことや、伝染病への懸念が残るため、多くの消費者は強制検疫が終了した後も、主な買い物手段としてeコマースを選択し続けると考えられます（Global Web Index, 2020）。宅配に加え、「クリック・アンド・コレクト」という選択もあります。これは、顧客がオンラインで代金を支払った後、注文した商品を最寄りの実店舗で受け取るというもので、特に若い世代に世界中で支持され、最も普及している方法の一つとなっています（Osservatorio e-commerce B2C, 2020）。

オンライン消費の傾向はZ世代にも受け継がれており、その人口は世界で約20億人、すなわち2025年までには世界の労働人口の30％以上を占めるようになるといわれています（Martínez-López and D'Alessandro, 2020; Priporas, et al., 2017）。マルチタスクに慣れ、異なるデバイス（スマートフォン、タブレット、ラップトップなど）を同時に使用し、オンライン購買にも慣れているZ世代にとって、eコマース・サイトへのアクセスは当たり前となっています。また、アプリや3D多感覚体験、テクノロジーがもたらす新たな可能性など、フィジカルとバーチャルを融合させた場所であれば、ショッピングモールや実店舗も頻繁に利用します（Lyons, et al., 2017）。

最近の研究（OC&C, 2019など）では、Z世代は家族の購買決定に重要な役割をもっているといわれています。彼らは注意深く、警戒心が強く、こだわりの強い消費者であり、デジタル機器の台頭とともに成長し、前の世代よりも現実的ですが、一方では自己中心的ではないため、「エキスパーティーン（ExperTeens'）」（Morace, 2016）とも呼ばれています。少なくとも欧米では、政治的立場を明確にし、社会的・環境的大義を共有する企業を特に高く評価しています。しかし、これは従来の製品やブランドがZ世代に使われない（顧みられない）ということではなく、消費者としての彼らの個性に合致することがわかれば、それらの商品は選択され、吟味され、購入されます。

東洋では少し事情が異なります。これらの地域では、若者はより気楽で、あまりあれこれと考えることなく購入する傾向があるように見えます。東洋市場の若い消費者を惹きつけるために、国際的な大ブランドが多様な戦略を採用しているのは、彼らがこうした傾向を持っているためです。特に大手ブランドは、

アメリカやヨーロッパと比べ、アジア市場ではより積極的、かつ果断なマーケティング活動を展開しています。その潜在的な消費力の高さには、高級ブランドも目をつけています。e コマース市場の公式実店舗やオンライン上の旗艦店だけでなく、高級ブランドもライブストリーミングプラットフォームに公式アカウントを開設しています。ディオールは、2018 年に Douyin に公式アカウントを開設した最初のブランドで、後にグッチとルイ・ヴィトンが続きました。2020 年 8 月、ルイ・ヴィトンは初めて 2021 春・夏メンズファッションコレクションを中国・上海で公開し、同時に Douyin の公式アカウントでライブ配信を行い、中国全土、そして世界中の何百万人もの視聴者を魅了しました。各ブランドは、Douyin が伝統的な高級ブランドと、このプラットフォームを使う若い顧客との間に強い感情的な結びつきを築くのに役立つチャネルだと考えています。

ソーシャルメディアとインフルエンサーの役割

　テクノロジー、特に通信技術は、世代間の違いを具現化（モデリング）する主要な要素の一つです。欧米では、ベビーブーム世代はテレビの普及が拡大した時代に育ち、自宅からリアルタイムで世界を知ることができるようになり、ライフスタイルが変化しました。X 世代はコンピュータ革命が本格化するなかで成長し、ミレニアル世代はインターネットが爆発的に普及するなかで成人しました。ミレニアル世代は、独自の習慣や考え方を特徴とし、コミュニケーション手段やデジタル技術に精通している最初のグローバル世代の一員であることから、それまでの世代とは一線を画しています。その後に生まれた Z 世代は、さらにグローバル化した集団として成長し、そのなかでインターネットは常に広く存在してきました。彼らはまた、iPhone、高速接続、Wi-Fi ネットワークの世代とも呼ばれています。それまでの世代は、こうしたテクノロジーの可能性を発見し、習得する必要がありましたが、Z 世代以降は、こうしたツールは当たり前のものとなっています。Z 世代の人々にとって、高度に接続されていない、デジタル技術に支えられていない世界を想像することは容易ではありません。このように見てくると、近代技術の影響や、時代の流れのなかで、

例えば機会や展望の拡大など、技術機器がもたらした可能性を考慮に入れずに、さまざまな世代の行動を分析することはできないことが分かります。

今日、私たちは SNS が中心的な役割を果たす、「常にアクティブ」で拡大し続けるテクノロジー環境で生活をしています。SNS は、出会い、交流、会話、共有が行われる主要なサイバースペースです（Boyd and Ellison, 2007; Han, et al., 2018）。e コマース時代にあって、SNS はショッピングにも使われ始めています：Facebook、YouTube、そして最近では Instagram では、それぞれのプラットフォームから直接ユーザーが商品を購入できるようにしています。言い換えれば、現代社会において、SNS は、オンラインとオフラインの世界の区別を曖昧にしている、リアルなコミュニティと言えます（Duffett, 2015）。

世界における SNS の利用状況を分析することを目的とした「Global Web Index」の定期調査（2019）によると、インターネット利用者は 1 日あたり 20 分以上の時間を、テレビよりも SNS に費やしています。分析は、16 歳から 64 歳までの、世界 35 万人の被験者を対象に行われました。Z 世代の場合、その差は 1 時間半にまで広がります。一般的に、Instagram が最も評価されている SNS アプリであり、特に、画像だけでなく動画でもコミュニケーションができるストーリーズという機能が展開されてからは、さらに評価が高まっています。世界で 2 番目に利用されている SNS は Facebook で、次いで YouTube になっています。Twitter や LinkedIn[18]にも一定のフォロワーがいますが、主に年配層が時事問題や政治について情報収集し、仕事を探すために利用しています。報告書によると、54％のユーザー（ウェブや SNS に規制があるため中国を除く）が、調査前の 12 カ月間に Facebook、Twitter、Snapchat[19]、Instagram で少なくとも 1 本の動画を視聴していました。SNS は、若い人々の日々の現実を形作っています。一見単純な行動に見える SNS 上での交流の裏には、さまざまな意味や無意識の戦略があります。いいね！や顔文字の背後にあるものの中で恣意的なものは一つもなく、根底にある意味は、承認を求めるためであったり、相手を征服する戦略であったり、友好の証としての記録であったりします（Cantelmi, 2013; Giorgetti Fumel, 2010; Siegel, 2011 など）。いいね！を付けないことにさえ意味があり、不賛成や怒りと解釈されることもあります。どの SNS を使うかにかかわらず、若者が求めているのは、驚きを生み、

仲間の中で反響を引き起こすものなのです（Bolton, et al., 2013）。

InstagramやTikTokは、とりわけ若者が、他者（友人や他人）の行動を観察したり、その人たちとの友好的な関係を維持したり、世界の最新ニュースを入手したり、自分が熱狂している有名人やインフルエンサーをフォローしたりするために使われています。ミレニアル世代にとってのSNSは、投稿や画像、動画の共有を通じて、自分の経験を他者に伝えるプラットフォームでもあるとすれば、Z世代のメンバーは、自分のコンテンツを作ることよりも、他者が公開するコンテンツを楽しむことに関心があるようです。これは、彼らが自分自身のコンテンツを公開しないということではなく、そのようなコンテンツの公開においては、彼らはより思慮深いということです。この点をさらに分析するために、Global Web Indexの興味深いデータを参照することができます。この調査では、一般的にZ世代は、友人や知人と連絡を取り合うためだけでなく、いわゆるインフルエンサーをフォローするためにもSNSを利用していることが報告されています。インフルエンサーという用語は、伝統的な芸能界に属するのではなく、ネット上で有名になり、若者にフォローされている人々を指すのに使われています（Liu, 2019; Patterson, et al., 2013）。彼らはYouTuberであったり、TikTokerであったり、Instagramで人気を集めて成功していたりします。そのため、彼らの経験やアドバイス（購入に関するものも含む）は、従来のメディア手段を通じて有名人が伝えるメッセージよりも信憑性が高く、偏りが少ないと考えられています。成功するインフルエンサーとは、主にトレンドを先取りすることができ、常に触発（インスパイア）されるような明確なスタイルでフォロワーの好奇心を刺激する人たちです。

今日、インフルエンサーが果たしている中心的な役割は、さらに世代交代を理解するうえで興味深く新しい要素です。実際、これまでの世代はたいてい、自分たちよりも年齢が高く、それゆえ経験も豊富な、伝統的なエンターテインメント業界に属する人（映画スター、歌手、テレビの登場人物）に触発されていました（Lewis, 1992）。今日、若い世代の人々は、自分たちと比較したり、彼らの行動を模倣したりすることができる同年代のインフルエンサーに何よりも依存しています。

似たような図式は中国でも見られます。テンセントQQ[20]（オンライン上で簡

潔なメッセージを送ることができるソフト）から WeChat[21]（簡潔なメッセージを送ることができるソフト）に至るまで、中国のミレニアル世代は SNS プラットフォームから注意をそらしません。2000 年代以降、ミレニアル世代は QQ でチャットし、PC で Qzone[22] に記事（ブログの一種）を書くようになりました。これが 21 世紀最初の 10 年間における、オンライン社交の主流となりました。QQ の会社が携帯端末向けに同様の製品を発表した後、2011 年から WeChatが急速に市場シェアの大部分を占めるようになりました。当初、WeChat は友人同士の会話と、Moments（モーメンツ）（写真や短い動画を投稿できるInstagram に似たアプリ）での日常生活の共有にのみ使われていました。Moments の個別フィードで共有される写真や動画に「いいね！」を押すことは、社会的な礼儀行為と考えられています。また、WeChat では写真や動画にコメントをつけることができるため、コメントによって人々が互いに交流する余地が生まれます。その翌年、WeChat は職場環境でも使用され始め、特定の目的、例えば、重要なプロジェクトの議論やフォローアップのためにチャットグループを設立するようになりました。また、公開プロフィールの登場と決済機能は、WeChat の利用頻度を大幅に高めました。WeChat はもはや単なるSNS ではなく、ブランドが顧客の注目を集めるチャネルとなっています。ファッションブランドや高級ブランドは相次いで WeChat で公開プロフィールを開設し、記事を発表したり、オンライン活動を行ったりして、顧客との結びつきを強めています。一方、中国のミレニアル世代が最もフォローしているもうひとつの SNS は、Weibo[23]（マイクロブログの意）です。Weibo はその名の通り、140 字以内の小さなパラグラフやマイクロブログを書くことができます。ネチズン（注：コンピュータネットワーク上に存在する人々）は、文章を書いたり、写真や動画を投稿したりすることで、自分の意見を述べたり、日常生活を共有したりします。WeChat と同様、コメント欄は友人や家族間の交流にも使われます。ここ数年の人気に伴い、ブランド、有名人、官公庁、学校、大学など、あらゆる分野の事業体がウェイボー公式アカウントを開設し、ユーザーやファンが有名人と交流したり、意見を言ったりできるようになっています。

旅行者の選択とインスタ映え

若者世代について実施された研究から、2つの重要な示唆が得られています。第一に、世界的に見て、彼らの関心は、人間的な観点から豊かで、倫理的な価値と期待に沿った経験に向けられています。第二に、新しいテクノロジー全般、特にオンラインやSNS上のコンテンツが、世界に関する情報を提供し、時には選択を決定するために存在する、現代の指標であると、これまで以上に考えられていることです。こうした新しい潮流は、観光に関する主な決定にも影響しています（例：Wu, et al., 2008; Yeoman, 2008）。

Expedia[24]がラスベガスで開催された年次国際会議「Explore18」（Expedia, 2018）で発表した調査によると、ミレニアル世代とZ世代の休暇に対する嗜好は、多くの点でそれほど変わらないようです。どちらの世代も常にインターネットに接続しており、休暇中は1日あたり5時間以上スマートフォンを利用し、SNSを非常に多用する傾向にあります。この習慣は特に旅行中も同様です。この傾向は、Europe Online 2020調査（PhoCusWright, 2020）でも確認されており、ヨーロッパでは、若い旅行者の約20％が旅行計画のあらゆる段階でアプリを使用し、60％以上の旅行者が少なくとも1つの旅行アプリを携帯電話に入れていることが明らかになっています。SNS（特にミレニアル世代はFacebook、Z世代はInstagram）上の情報が、旅行先を選ぶ際の主な情報源となっています。また、30％の若者にとって、このような選択は、例えばYelp[25]のような、以前にその旅行先を体験した他の人が書いたオンライン・レビューでの投票や、それらの観光先が受けているフィードバックによっても左右されます。2つの世代の間には共通点がある一方で、行動の点においては違いがあります。

ミレニアル世代はリスクに敏感です。この調査によると、彼らは自分のネットワークや信頼できる情報源を通じてお墨付きを得た旅行体験を求めます。言い換えれば、特に観光分野では、ミレニアル世代は何かを最初に試すことを好まず、目的地に到着したら何が待っているのかを出発前に知りたいと思っています。この点で、Z世代はより冒険好きで機知に富んでいるように見えます。

これは、Booking.com[26]が29カ国の2万2,000人以上の参加者を対象に実施した調査でも確認されています（Booking.com, 2019）。この調査では、Z世代にとって旅行は最優先事項であり、彼らの65％が今後5年間の貯蓄の一部を観光に使う、とすでに決めていることが明らかになっています。インタビューをした若者の60％にとって、観光体験をすることは、最初の家を購入するための資金を貯めること以上に重要です。Z世代の旅行者は、すでに同じ体験をした人のレビューや意見よりも、その場所の写真やイメージによって選択を決定します。Z世代の旅行者の約54％は、旅行に関する投稿や写真が掲載されているさまざまなSNSを検索するのが好きで、そのうちの40％は、#travel、#inspiration、#tourismといったハッシュタグを使って、休日にどこに行って何をすればいいのかについてのアイデアを得るためにフィードを検索することが多いようです。女性は男性よりも、特にInstagramの投稿をスクロールしながら将来の旅行を計画する傾向が強く、世界平均の25％、ミレニアル世代の全体平均である30％を大きく上回っています。行き先を決めなければならないとき、Z世代の45％がインフルエンサーや旅行ブロガーの意見を取り入れると答えており、35％の若者は彼らのおすすめやアドバイスを全面的に信頼しています。しかし、彼らは水平的コミュニケーションを好むため、インフルエンサーのように憧れの存在であっても、友人と話すように対等なコミュニケーションを求めています。しかし、インスピレーションを得るのはスマートフォンからだけではありません。この調査の参加者の35％は、テレビシリーズや映画で見た旅行先に行きたいと考えているようです。また、33％は人や親戚、旅行会社にアドバイスを求めています。

　お気に入りのインフルエンサーの特徴を真似ることで、何事も非常に器用にこなすZ世代のメンバーは、優れた写真を多用し、個人のフィードを魅力的にしています。事実、他の世代が旅行者の35％なのに比べて、Z世代の43％は、素晴らしい写真を撮るために旅行先を選び、42％は常に何らかの写真をSNSにアップしています。これらの結果は、ごく最近の、しかしすでに広く認知されている「インスタ映え」と定義される現象に焦点を当てた他の研究と一致しています。Instagramという単語は最近、英国百科事典（2019年版）の用語の中で動詞として使われるようになり、その派生形容詞である「Instagram-

52 第1部 新たな世代と旅をする

mable」は、SNS 上で公開され共有されるに値するものを定義する用語となっています。より具体的に言えば、「インスタ映えする場所」というのは、オンラインコミュニティの注目を集め、「いいね！」やコメント、再投稿といった好意的な評価を受けることができるため、Instagram で共有されるに値するということです。

　Schofields Insurance（2017）は最近、18 歳から 33 歳の英国人 1,000 人以上を対象に、このテーマに関する調査を実施しました。その結果、30 歳未満の人々が休暇の計画を立てる際、その場所がインスタ映えするかどうかが最大の動機となることが明らかになりました。

　SNS は、若い旅行者の選択にますます大きな影響力を及ぼし、観光業界の伝統的なコミュニケーションの要素を再構築しています。言い換えれば、Instagram は旅行先に確実に影響を与えていると言えます。今日では、かつては非常に遠い、あるいは冒険家にとってのみ魅力的と考えられていた多くの旅行先が、今ではより多くの旅行者の目にとまり、その中には「Instagram に投稿する価値のある」写真を撮る目的で旅行する人もいます。Hotels.com[27] による「Mobile Travel Tracker（2017）」という調査結果は、若者が休暇に出かける際、旅行の「ソーシャル」な側面に非常に気を配っていることを強調しました。自撮り写真、投稿、ステータスは、とりわけ自分の知り合いからの羨望を得るために更新され、最も美しく、エキゾチックで、あるいは暗示的な画像を撮影して共有できる人々の間で、一種の暗黙の競争が引き起こされています。この種の行動は「旅行自慢」と定義され、旅行体験を自慢する行為を指します。この意味で、「いいね！」やコメントは、休暇の成功を評価し、場合によってはウェブ上でインフルエンサーとしての地位を確立しようとするうえで、ますます重要なパラメーターと考えられています。Hotels.com の調査によると、若い旅行者の 11％が、パノラマビューのホテル、特別な調度品のある部屋、革新的な建築様式のホテルなど、主にフォロワーの注目を集めることができる写真、ビデオ、ストーリーの形でネットに掲載するコンテンツを作成する目的のためだけにホテルを選んでいることが明らかになっています。中国では、ほとんどのミレニアル世代が、Mafengwo（馬蜂窩）[28]のような、観光体験を共有するオンラインプラットフォームを利用しています。彼らは旅に出

る前に、お勧めの旅行プランと観光客のレビューをチェックします。また、プラットフォーム上で共有される写真や短い動画は、彼らにとって良い情報源となっています。そして、目的地が決まれば、ホテルを予約したり、列車や航空券を購入したりする方法をプラットフォーム上ですぐに見つけることができます。さらに、彼らの観光地選びは、ネット上の有名人やポップスターによっても左右されます。WeChat に投稿された写真や記事はミレニアル世代の注目を集め、彼らはそのおすすめの旅行先へ行くことを楽しみにします。Instagram の使用が禁止されている中国では、「インスタ映え」という言葉が「WeChat 映え」に変わるかもしれません。若者たちは旅行中の美しい風景の写真を WeChat のモーメント・スペースで共有し、友人や同僚が「感謝」の印として「いいね！」を付けることがほとんどだからです。

持続可能性を求めて

　新しい世代にとって、SNS がすべてではないことを強調しておきます。実際、ミレニアル世代も Z 世代も、旅行が環境に与える影響を認識しています。このため、若者は通常マスツーリズムで混雑する旅行先を避けようとし、環境と地域の持続可能性の問題に敏感であることを示そうとします。この点で、Pinterest[29] というプラットフォームが発表したデータは興味深いものです（Deep Focus, 2018）。この SNS は、近年、ユーザーが行った旅行に関するリサーチについての一連の情報を収集し、それを発信しています。分析によると、38 歳以下の人々は近年、世界における持続可能性や環境に関連する画像やアイデアについて多くのリサーチを行っていることがわかりました。世界的に見ると、例えば、「初心者のための持続可能な生活」という用語の検索は、2017 年と比較して 2018 年に 265％増加しました。より具体的には、観光分野に関して、「ゼロインパクト旅行」の検索は 2017 年から 2018 年にかけて 74％増加しました。若いピナー（Pinterest 利用者）たちは、特に自宅から遠い旅行先に行くときに、より身軽に旅行し、二酸化炭素排出量がより少ない交通手段を選択し、ゴミの量を減らそうとしているようです。

　最近、心理学の分野で「エコ不安」という用語が導入され（GBD, 2017）、若

い世代全員が感じている、環境破壊に対する永続的な恐怖を指すようになりました。これは病理ではなく、不安の一形態とみなされるべきですが、しかし、まだ定義がなく、心理学の教科書にも記載されていません。このように、気候変動の急速、かつ取り返しのつかない影響や、環境や自然保護への関心の低さは、多くの若者にとって、間違いなくストレスの原因となっています。まさにこの問題に関する心理療法的研究が、アメリカでもヨーロッパ諸国でも行われています。

　したがって、イタリアの調査（SWG, 2019）が、気候変動がイタリアの若い住民の最大の関心事でもあることを示しているのは偶然ではありません。Z世代の調査対象の若者の64％が、「最も心配な関心事」の筆頭に気候を挙げています。自然をコントロールできないことへの罪悪感や無力感を軽減するために、多くの若者はより責任ある観光についての選択をし、環境に敬意を払い、持続可能で環境に優しい行動をしようとすることで、エコ不安と戦おうとしています。世界の15万以上の旅行先の分析に基づき、利用者が求める理想的な宿泊施設を特定するために、ブッキング社（Booking, 2020）が実施した別の調査では、世界の2万8,000人以上の旅行者の夢が、観光体験と自然との触れ合いの適切な組み合わせであることが浮き彫りになりました。年齢を問わず、世界の旅行者の約半数（51％）が、移動距離を制限することで二酸化炭素排出量を削減することを選択しています。この割合は、Z世代にとっては、旅行先に着いた時点で増加します。彼らの63％は、ハイブリッドカーや電気レンタカー、公共交通機関など、より環境に優しい交通手段を選んだり、自転車に乗ることを好んだりすると答えました。このような意図と一致して、調査に参加した49％の人が、自然の不思議を体験できる可能性を求めています。そのようなリストのトップには、例えばコロンビアの五色の川[30]があります。「虹の川」や「カーニョ・クリスタレス」とも呼ばれるこの素晴らしい自然は、シエラ・デ・ラ・マカレナ国立公園[31]内にあり、手つかずの自然が残る小さな農村保護区です。Z世代の約52％が、休暇中にトレッキング体験を取り入れたいと考えています。このうち63％は、自分たちが旅行することによってもたらされる環境への影響を抑えるために、あまり有名ではない目的地を選択することを考慮しています。調査対象となったZ世代の旅行者の約半数（44％）は、

旅行体験と、ボランティア活動を通じて、旅行先の地域社会に良い影響を与える可能性を組み合わせたいと答えました。このようなタイプの旅行者は、地元の人々と触れ合い、彼らがどのように生計を立てているのか、どのような環境で働き、どのような日々を過ごしているのかを知りたがっています。このような観点からすると、観光は旅行者が自分は特別な機会を得ていると認識し、平和的で好意的な交流を求める行為（Heelas and Woodhead, 2005）となっています。したがって、この場合、「観光客の主眼」は、違いを理解し、それを示そうとする博愛主義的な意志によって方向づけられています。またある時は、観光客は社会的交流も行います。観光分野での二大探索エンジンである hotels. com と hostel world が収集したデータによると（Hostels.com, 2017b）、自然の美しさを発見し、人類の遺産として認識されている場所や歴史的・芸術的に価値の高い場所として最も求められていることは、アイスランドのブルー・ラグーン[32]の温泉で泳いだり、中国で山の上に築かれた万里の長城に登ったり、エジプトでピラミッドを訪れたり、オーストラリアでウルル[33]からの日の出を見たり、サンゴ礁沿いでシュノーケリングをしたり、ヘリコプターでグランド・キャニオン[34]を眺めたりすることなどがあります。

いくつかの研究（Artal-Tur and Kozak, 2019; Cavagnaro, et al., 2018; Glover, 2009 など）は、若者の新しい観光トレンドとして「体力的にきつい」観光体験があることを示しています。このような観光の人気が高まるにつれて、「体力的きつさ」には、農村部でのサイクリングや山岳地域でのさまざまな身体活動が含まれるようになりました。このため、若者に人気の観光地には、観光体験と身体活動の組み合わせが可能な中国の大都市も多くあります。特に少数民族が暮らす地域として、例えば、中国一のお茶の産地として有名な杭州では、Airbnb[35]が体験プロジェクトを推進しています。観光客は生産者についていき、茶葉の摘み取りからお茶の製造工程、伝統的なお茶の作法などを学ぶことができます。西湖[36]のそばの茶園の、息をのむような景色を眺めながら、観光客はその土地ならではのお茶の文化に触れ、学ぶことができます。

より持続可能な行動をとることと同様に、真の食の革命が進行中であると言えます。最近の若い旅行者は、「ゼロ・キロメートル商品」を選択することを非常に重視しています。この用語は、生産後に遠くまで輸送されない、地元の

56 第1部　新たな世代と旅をする

食品を使用することを指します。この原則は、人々が地元や地域の特産品にこだわることから始まりました。その結果、若い旅行者は旅行中、自国の食文化に固執するのではなく、その土地の食事を選ぶようになりました。近年、観光旅行中のバイオ・ビーガン食品の消費が急増しています。すなわち、若い世代は、質と栄養価の高い食事に細心の注意を払うようになっています。地元の特産品を食べるというこだわりは、希少な食用種の保護にもつながります。ゼロ・キロメートル製品は、固有の種を存続させ、生態系の多様性を促進するからです。食に対するこのようなアプローチは、地域の独立性、アイデンティティ、伝統を促進するだけでなく、環境や食材の産地である土地の保全にもつながります。

　結論として、新しい世代は以前の世代よりも社会的・生態学的責任を果たしていると言えるでしょう。特に、新型コロナによって引き起こされた健康上の緊急事態が、屋外での観光が再開され、人と人との物理的距離を保つことが可能になったことから（人々の物理的な距離の維持に役立つ、屋外での観光を何らかの形で再始動させたため）（Corbisiero and La Rocca, 2020; Gössling, et al., 2020; Corbisiero and Monaco, 2021 など）、「グリーン旅行」は世界的な観光市場でますます中心的な位置を占めるようになるでしょう。一般的に、若い世代が地球を守るための意思決定をすることで、より環境に配慮した旅行者になりたいと思っている、ということは言うまでもありません。このような志向は、訪問先から移動手段、現地での活動（アクティビティ）から食事に至るまで、旅行を提供する組織にとってますます考慮しなければならない要素となるでしょう。ハイブリッド車や電気自動車のレンタカー、公共交通機関、さらにはウォーキングツアーやサイクリングツアー、環境に配慮したレストランや宿泊施設も、大きな勢いとなってくるでしょう。

まとめ

　今の観光を語るということは、数年前までとはまったく異なるものを扱うことだと言えます。かつて、観光マーケティングが4P（プロダクト（製品）、プライス（価格）、プレイス（場所）、プロモーション（宣伝））という伝統的なマーケティ

ングモデルに基づいていたとすれば（例えば、Hayward, 2002）、今日、この種のアプローチは新しい世代の旅行者の関心を引くには不十分であると思われます。

　したがって、若い旅行者にとっては、自分の価値観や原則に沿った旅行体験、感動、思い出を求めることが新たな志向となっています。これらは無形の要素であり、その重要性は観光商品の「物理的」な要素を上回ります。言い換えれば、若い旅行者は、ハイテク機能を備えたダイナミックで近代的な、デザイン性の高い観光商品を期待しているのです。したがって、例えば Wi-Fi が利用できないとか、無料で提供されないなどということは論外です。オンラインでチェックインする、チェックアウト時間を遅らせる、ルームサービスの予約、オンライン決済、送迎の予約など、その地域でできる活動の探し方や内容についての情報をオンラインで入手できることは明らかな付加価値です。これからの旅行者は、有名ホテルチェーンやブランドを無条件に選択するということはなく、むしろ、自分が信じる倫理観も考慮して、目的地や宿泊施設を選ぶでしょう。

　新しい世代の人々は、行き先や組織との「一般的な」接触をすることは重視せず、よりパーソナライズされたコミュニケーションや、的を絞った情報を好みます。前述のように、現在、情報収集の主な方法は、インターネット全般とそして特に SNS です。したがって、今後発展する可能性のある傾向として、若い旅行者と宿泊施設やケータリング施設とのダイレクトな接触手段（コンタクトチャネル）が挙げられます。クローズドなオンライン・グループという形をとることで、関係を構築し、ある意味、コミュニティという考え方を広めることができるでしょう。そうすることで、若い旅行者は自分の好み、意見、疑問などを表現する機会を得ることができ、宿泊施設は世界中から旅行者を迎えるための事前準備をすることができます。

　今日、最も革新的な企業や組織は、デジタル・チャネルを通じて顧客とコミュニケーションを始めています。このようなコミュニケーション・チャネルは、顧客への回答を伝えるまでの時間を短縮するだけでなく、人と人との間に、より直接的で即時的な（即座の）関係を築くことができます。顧客は質問を送信し、回答を受け取ったときに来る通知を受け取ることができます。若者たち

58　第 1 部　新たな世代と旅をする

が好んで使っている企業とのコミュニケーション・チャネルは WhatsApp です。交換されるメッセージはすべてエンドツーエンドで暗号化されるため、他のアプリよりもクローズドで安全で、また公開されているソーシャル・プロフィールには接続されず、プライベートな電話番号のみに接続されるため、好まれています。ユーザー数では WhatsApp 以下ですが、Messenger 利用者は地理的により分散しています。さらに、ブランドページに直接（そして無料で）接続できるため、利用が容易になっています。電話番号がなくても利用できるため、Messenger は WhatsApp よりもオープンであると言えます。このような機能により、顧客へのサービスとして使いやすくなっています。Messenger の利点は、世界最大の SNS である Facebook とつながっていることです。Messenger と WhatsApp に代わる次のアプリは Telegram[37]でしょう。このアプリは世界的にはそれほど普及していないものの、ユーザーのプライバシーとセキュリティを保護するため、特に若者に高く評価されています。WhatsApp のように（初期設定として）端末間（エンドツーエンド）で暗号化されていなくても、Telegram にはシークレットチャットを作成するオプション（会話の自動削除）があります。さらに、Telegram には豊富なチャットボットエコシステムがあり、顧客サービスオプションにうまく適合しています。Telegram はまだ企業アカウントを作成していませんが、企業はチャンネルやグループを作成することができ、マーケティングやコミュニティ目的で使用することができます。

　Z 世代はデジタルリテラシーが高く、そのため、オンライン上で得た情報が偽情報であるかもしれないと恐れ（例：Zimdars and McLeod, 2020）、しばしばツアーオペレーターが作成したコンテンツが偏って、虚偽であるかもしれないと疑っています（例：Benckendorff, et al., 2019）。このため、彼らはよく、仲間と連絡を取り、観光についての意見やレビューを交換することができるオンラインコミュニティを利用します。こうしたコミュニティでは、私が別のところで「ツーリスト・コミュニティケーション（tourist communitycation）」と定義したものが形作られます。これは、コミュニティとコミュニケーションという言葉の融合によって生まれた新造語です（Monaco, 2019b）。特に、ツーリスト・コミュニティケーションは、旅行したいと考えている人や、地元の住民、

旅行者の間でレビュー、意見、観光情報を共有することで交流し、お互いを支えあうことを通してプラットフォームとして形成されます。特に外国人との意見交換においては、オンライン上の情報比較で交換される意見は中立的だという性質上、より正直で信頼できると思われており、若い人々にとってはますます重要視されています（Piotrowski and Valkenburg, 2017）。現在はまだ一部しか実施されていませんが、ツアーオペレーターにとっての新しいコミュニケーションの流れに適応するための有効な戦略は、旅行者と直接コンタクトを取ることです（Sfodera, 2011）。ほとんどの場合、旅行者はニュースを多面的に検討し、さまざまなオンライン・ソースやコミュニティの他のメンバーの発言を確認します。その結果、若い旅行者に自らを選択してもらおうとする組織や観光地は、ニュースの情報はしっかりと検証されているものであり、偽情報ではないことを特に強調する必要があります。友好的で、魅力的で、しかも信頼できるコミュニケーション・チャネルを作ることは、若い世代のニーズに応えようとする旅行会社にとって不可欠な条件です。

　したがって、将来を見据えた場合、次の世代がその社会化において、テクノロジーと環境問題の重要性を中心に据えるようになる可能性は非常に高いと言えます。2010 年以降に生まれた人々を含むアルファ世代（McCrindle and Wolfinger, 2009）が、生まれた時から、いかに学習、交流、遊びのために想像を絶する量と種類のテクノロジーにさらされているかということは、今日すでに明らかになっていることです。アルファ世代にとって、モバイル機器は常に手の届くところにあります。子どもたちのメディア利用に関する Ofcom の最新レポート（Ofcom, 2016）によると、スマートフォンを所有する 15 歳の子どもの数は増加傾向にあります。具体的には、41％の子供がスマートフォンを所有しており、44％がタブレットを所有しています。また、所有ではなく利用で言えば、3、4 歳の子どものほとんど（55％）がタブレットを利用しています。さらに、アマゾン・エコー[38]やグーグル・ホーム[39]といったインターネットを利用する機器は、家庭に完全に浸透しており、それらを所有する家族全員が使いこなしています。それらの機器は、電気をつけたり、音楽を聴いたり、テレビで映画を見たり、ネットサーフィンをしたりするのに使われています。Mit Mdedia Lab の研究チームは、最近、子どもたちが人工知能デバイス

60 第1部 新たな世代と旅をする

とどのように交流するかを探る予備研究を行いました（Metz, 2017）。研究者たちは、3歳から10歳までの子どもたちがグーグル・ホームやアマゾン・エコー・ドット、その他同様のテクノロジーと対話する様子を観察しました。AIエージェントは、子どもたちにとって友好的で信頼できると考えられています。また、年長の子どもたちの中には、これらのデバイス、特にアレクサについては、自分たちよりも賢いと主張する子もいます。

　第3章で検討するように、人工知能とのやり取り（インタラクション）は世界的にますます普及しており、スクリーンとキーボードの関係を克服することが可能になっています。したがって、これらの技術が近い将来、世界中の観光資源の提供の際に完全に組み込まれることは想像に難くありません。将来的には、接続機器（コネクテッド・デバイス）が当たり前になり、子どもたちにとっては、そのようなデバイスが常に存在することが自然になるでしょうし、家にいない時でも、彼らの命令に対してそれらの機器が応答してくれると期待するでしょう。テクノロジーへの傾倒と、それらが使えるという状況は、休暇中に得られる体験のほとんどに関わってくるでしょう。観光客向けの提案には、バーチャルリアリティ技術、ポップアップ店舗（注：特定の場所に期間限定で出店する店舗のこと）、子供向けエンターテイメントなどの特別なアトラクションを含んだ、楽しい経験を提供するものでなければなりません。最近の変化を考慮すると、人気のツアーオペレーターは（新しいテクノロジーの支援もあって）もはや一人ひとりの利用者に合わせる必要はなく、家族全体を対象に、さらにパーソナライズされた体験を提供する商品を開発する必要があります。

注

（1）Greta Thunberg（グレタ・トゥーンベリ）：スウェーデン出身の環境活動家で、2003年生まれ。気候変動に対する意識を高めるため、2018年に「学校ストライキ」を始め、世界中の若者を巻き込む「Fridays for Future（フライデーズ・フォー・フューチャー）」運動を展開しました。彼女の活動は国際的な注目を集め、気候変動対策を促進するための重要な声となっています。

（2）Run for the Oceans（ラン・フォー・ザ・オーシャンズ）：adidas（アディダス）と海洋環境保護団体 Parley for the Oceans（パーリー・フォー・ザ・オーシャン）との協同による、海洋プラスチック汚染から海を守るためのランニング

ムーブメント。1キロ走るごとに1ドルをPARLEY OCEAN PLASTIC PROGRAMに寄付。ランニングを通して海洋プラスチック汚染に歯止めをかける。世界中のランナーが走った、ランニング総距離が100万キロに達すると、AdidasがPARLEY OCEAN PLASTIC PROGRAMに100万米ドルを寄付。

（3）Instagram（インスタグラム）：2010年に設立された写真と動画の共有プラットフォームで、ユーザーは写真や動画を投稿し、フィルターや編集ツールで加工することができます。投稿は「フィード」として表示され、ストーリーズ機能では24時間以内に消える短期間のコンテンツをシェアできます。フォロワーとの交流や、ハッシュタグを使ったコンテンツの発見が可能で、特にビジュアルコンテンツのシェアリングに特化したSNSです。

（4）TikTok（ティックトック）：2016年に中国のByteDance（バイトダンス）によって設立されたショートビデオプラットフォームで、ユーザーが15秒から10分の動画を作成し、音楽やエフェクトを加えて共有できます。特にダンス、コメディ、チャレンジなどのコンテンツが人気で、アルゴリズムによる個別推薦機能で、視聴者に合った動画が表示されます。世界中で広く利用され、トレンドを生み出すプラットフォームとして知られています。

（5）Reel（リール）：Instagramが提供する短尺動画機能で、15秒から90秒の動画を作成し、音楽やエフェクトを追加できます。ユーザーは動画を「フォー・ユー」フィードやストーリーで共有し、広範な視聴者に届けることができます。特にダンス、コメディ、チュートリアルなどの短いエンターテイメントコンテンツが人気です。

（6）Triller（トリラー）：2015年に設立されたアメリカのショートビデオプラットフォームで、ユーザーが音楽に合わせた動画を作成し、編集することができます。自動編集機能を利用して、簡単にプロフェッショナルな見た目のビデオを作成できるのが特徴です。音楽、ダンス、コメディなどのコンテンツが人気で、音楽アーティストやインフルエンサーとのコラボレーションも多く、特にミュージックビデオの制作に利用されています。

（7）Twitch（ツイッチ）：2011年に設立されたライブストリーミングプラットフォームで、主にゲームプレイの配信に特化しています。ユーザーはリアルタイムでゲームを配信し、視聴者とチャットで交流することができます。ゲーム以外にも音楽やトークショーなどさまざまなカテゴリがあり、配信者はサブスクリプションや寄付で収益化することが可能です。世界中で広く利用されているエンターテイメントプラットフォームです。

（8）Xianyu（咸鱼、シエンユー）：中国のAlibaba（アリババ）グループが運営する大手オンラインフリーマーケットアプリで、もともとは「淘宝二手（Taobao Secondhand）」という名前で知られていました。ユーザーは個人が不要になった商品を簡単に売買できるプラットフォームで、衣類、電子機器、家具など多

62 第 1 部　新たな世代と旅をする

様なカテゴリの商品が取引されています。Xianyu は、簡単に商品を出品し、地域ごとに購入者と売り手がつながることができるため、特に中国国内で人気のあるフリーマーケットアプリです。

（9）Taobao（淘宝、タオバオ）：2003 年に中国の Alibaba（アリババ）グループによって設立されたオンラインマーケットプレイスで、個人や小規模企業が商品を販売するためのプラットフォームです。ファッション、家電、食品など幅広いカテゴリの商品が取り扱われ、ユーザーは割引価格で購入することができます。中国国内で非常に人気があり、C2C（消費者対消費者）および B2C（企業対消費者）取引をサポートしています。

（10）Ruby Tuesday（ルビー・チューズデー）：1972 年にアメリカで設立されたカジュアルダイニングチェーンで、アメリカン料理を中心に提供しています。特にバーガー、サラダ、ステーキなどが人気で、リラックスしたカジュアルな雰囲気の店舗が特徴です。広範なサラダバーや季節限定メニューなど、ファミリーやグループでの食事に適しています。

（11）Olive Garden（オリーブ・ガーデン）：アメリカのカジュアルダイニングレストランチェーンで、1982 年に設立されました。主にイタリアン料理を提供し、パスタ、ピザ、サラダ、スープなどがメニューの中心です。特に「無限サラダバー」や「無限スープ」といったサービスが特徴で、リラックスした雰囲気のなかで家族やグループでの食事に適しています。アメリカ国内と一部の国際的なロケーションで展開されています。

（12）Applebee's（アップルビー）：1980 年にアメリカで設立されたカジュアルダイニングレストランチェーンで、アメリカン料理を中心に提供しています。バーガー、ステーキ、サラダ、アペタイザーなど多様なメニューがあり、リラックスした雰囲気でファミリーや友人との食事に適しています。店内でのダイニングに加えて、テイクアウトやデリバリーサービスも行っています。

（13）eBay（イーベイ）：1995 年に設立されたオンラインマーケットプレイスで、ユーザーが新品や中古の商品をオークション形式または定額で販売・購入できます。広範な商品カテゴリを取り扱い、個人やビジネスの出品者が利用しています。評価システムや支払い保護プログラムを提供し、信頼性の高い取引環境を整えています。世界中で利用されている e コマース・プラットフォームです。

（14）Privalia（プリバリア）：2006 年に設立されたスペイン発のオンラインアウトレットストアで、ファッションやライフスタイル商品を割引価格で提供します。会員制で、限定セールやディスカウントイベントを通じて、ブランド商品を通常価格よりも大幅に安く購入できます。スペインをはじめ、イタリア、ブラジル、メキシコなどに展開し、2016 年には Veepee（旧 Vente-Privee）の傘下となり、国際的なネットワークを強化しています。

（15）JD：Jingdong（京東、ジンドン）：中国の大手オンライン小売業者で、1998

年に設立されました。主に家電、ファッション、食品などの幅広い商品を取り扱い、迅速な配送と高品質なカスタマーサービスで知られています。JD は、自社で物流と配送ネットワークを運営しており、消費者に対して信頼性の高いショッピング体験を提供しています。中国国内だけでなく、国際的にも展開しています。

（16）Pinduoduo（ピンドゥオドゥオ）：2015 年に設立された中国のオンラインショッピングプラットフォームで、特に「グループ購入」モデルを採用しています。ユーザーは友人や家族とグループを作り、まとめて商品を購入することでディスカウントを受けることができます。ファッション、家電、食品など幅広い商品が取り扱われ、価格が競争力のあることで知られています。急成長を遂げた e コマース・プラットフォームで、中国国内外での利用が広がっています。

（17）Douyin（抖音、ドウイン）：2016 年に中国の ByteDance（バイトダンス）によって設立されたショートビデオプラットフォームで、主に中国国内で利用されています。15 秒から 1 分の短い動画を作成し、音楽やエフェクトを追加して共有できます。人気のコンテンツにはダンス、コメディ、ライフハックなどがあり、動画のアルゴリズム推薦機能により、ユーザーに最適なコンテンツが表示されます。国際版の「TikTok」とは別に、中国国内専用のアプリです。

（18）LinkedIn（リンクトイン）：2003 年に設立されたプロフェッショナル向けのソーシャルネットワーキングサイトで、主にビジネスのネットワーキングとキャリア開発を目的としています。ユーザーは履歴書や職務経歴を公開し、同僚や業界の専門家とつながることができます。また、求人情報の検索や業界ニュースのフォロー、スキルの証明なども可能です。ビジネスやキャリアに特化した情報交換のプラットフォームとして、世界中で広く利用されています。

（19）Snapchat（スナップチャット）：2011 年にアメリカで設立されたメッセージングアプリで、ユーザーが 15 秒以内の「スナップ」写真や動画を送信し、24 時間後に消える機能が特徴です。フィルターやレンズで撮影したコンテンツを加工でき、ストーリー機能やチャット機能も提供しています。特に若年層に人気があり、一時的なコンテンツの共有やトレンドの発信に使われています。

（20）QQ（騰訊、キューキュー）：中国の大手インスタントメッセージングサービスで、1999 年に Tencent（テンセント）によって開発されました。QQ は、チャット機能に加え、音声通話、ビデオ通話、ファイル共有、ゲーム、SNS など、多様な機能を提供するプラットフォームです。特に、ユーザー同士のリアルタイム・コミュニケーションを重視し、ビジネスや個人のコミュニケーション・ツールとして広く利用されています。QQ は、チャットルームや友達リストの管理、カスタマイズ可能なアバターなどの機能を備え、長年にわたり中国国内で人気のあるコミュニケーション・ツールです。また、QQ は PC 版とモバイ

64　第 1 部　新たな世代と旅をする

ル版があり、幅広いデバイスで利用可能です。

(21) WeChat（ウィーチャット）：2011 年に中国の Tencent（テンセント）によって開発された多機能なメッセージングアプリです。ユーザーはテキストメッセージ、音声通話、ビデオ通話を行うほか、写真や動画を共有できます。また、QR コードによる友達追加や、チャット内でのモバイル決済、タクシー呼び出し、ニュースの閲覧、ショッピングなど、さまざまな機能が統合されています。中国国内では非常に広く利用され、生活全般にわたるサービスを提供する「スーパーアプリ」として知られています。

(22) Qzone（キューゾーン）：中国の Tencent（テンセント）が提供するソーシャルネットワーキングサービスで、ユーザーがブログ、日記、写真、音楽をオンラインで共有できます。カスタマイズ可能なプロフィールやアバターを設定でき、友達とコンテンツを共有し、交流することが可能です。中国国内で広く利用されており、個人のソーシャルネット・ワーキングに利用されています。

(23) Weibo（ウェイボー）：2009 年に中国の Sina（新浪）によって設立されたソーシャルメディアプラットフォームで、Twitter に似た機能を持っています。ユーザーは短い投稿（「マイクロブログ」）を共有し、フォロワーと情報や意見を交換できます。特に、ニュース、エンタメ、トレンドの話題が頻繁に取り上げられ、広範なユーザー層に利用されています。Weibo は、企業や著名人が自身のブランドや意見を広めるための重要なプラットフォームとしても活用されています。

(24) Expedia（エクスペディア）：1996 年に設立されたオンライン旅行予約サイトで、航空券、ホテル、レンタカー、ツアーなどの旅行関連サービスを提供しています。ユーザーは自分の旅行プランに合わせて、さまざまなオプションを比較し、予約することができます。Expedia は、特にパッケージ旅行の予約や、旅行プランのカスタマイズに便利なプラットフォームとして広く利用されています。

(25) Yelp（イェルプ）：2004 年に設立されたアメリカの口コミ情報サイトで、レストランやカフェ、店舗、サービス業などに関するレビューや評価を提供しています。ユーザーは体験に基づくレビューを書いたり、写真を投稿したりして、他のユーザーに情報を提供できます。また、評価に基づいたランキングや地図表示機能もあり、特定のエリアやカテゴリでのおすすめ店を探すのに役立ちます。Yelp は、地域ビジネスの評価と発見に特化したプラットフォームとして、アメリカを中心に広く利用されています。

(26) Booking.com（ブッキング・ドット・コム）：1996 年に設立されたオンライン宿泊予約サイトで、ホテル、アパートメント、リゾートなどの宿泊施設を広範に取り扱っています。ユーザーは宿泊施設の価格、レビュー、位置情報を比較し、予約することができます。特に「キャンセル無料」のオプションが充実し

ており、旅行者にとって柔軟な予約が可能です。グローバルに展開しており、数百万件の宿泊施設が掲載されています。

(27) Hotels.com（ホテルズ・ドット・コム）：世界中のホテルや宿泊施設を検索し、予約できるオンライン旅行予約サイトです。2001年に設立され、広範な宿泊オプションとユーザーレビュー、価格比較機能を提供しています。また、ユーザーは「Hotels.com Rewards」プログラムを利用して、10泊ごとに1泊無料の特典を受けることができます。旅行者にとって、便利で信頼性の高い宿泊予約プラットフォームです。

(28) Mafengwo（馬蜂窩、マーファンウォー）：2006年に設立された中国の旅行情報プラットフォームで、ユーザーが旅行先の口コミ、レビュー、旅行プランを共有できます。観光地、レストラン、ホテルなどに関する詳細な情報や体験談を提供し、旅行者の計画をサポートします。特に中国国内の旅行情報に強みを持ち、多くの旅行者に利用されているプラットフォームです。

(29) Pinterest（ピンタレスト）：2010年に設立されたビジュアルブックマークサービスで、ユーザーが画像や動画を「ピン」して、テーマ別の「ボード」に整理することができます。インスピレーションを得るためのアイデアを収集したり、料理、ファッション、インテリアなどのトピックに関する情報を共有したりするのに使われます。ユーザーは他の人のボードをフォローし、コンテンツを保存して自分のボードに追加できます。

(30) Caño Cristales（五色の川）：コロンビアのシエラ・デ・ラ・マカレナ国立公園内にある川で、その鮮やかな色合いから「五色の川」と呼ばれています。特に乾季に見られる、赤、黄色、緑、青、黒の色彩は、特定の水生植物が原因であり、水中での光の反射と植物の色素によって生まれます。この現象は毎年数カ月間だけ見られる自然の奇跡で観光客に人気があります。

(31) Sierra de La Macarena National Park（シエラ・デ・ラ・マカレナ国立公園）：コロンビアのオリノコ地方に位置する国立公園で、多様な生態系と豊かな自然環境が特徴です。熱帯雨林、山岳地帯、河川などが広がり、独自の動植物が生息しています。特に、五色の川（Caño Cristales）が有名で、鮮やかな色合いの水草が生育することで知られています。生物多様性が豊かで、エコツーリズムの目的地としても人気があります。

(32) Blue Lagoon（ブルー・ラグーン）：アイスランドにある地熱温泉で、1960年代に人工的に作られました。ミルキーブルーの温かい温泉水は、シリカやその他の鉱物を含み、肌に良いとされています。火山岩に囲まれた風光明媚な場所で、温泉にはリラックスや美容効果があり、観光客に人気のスパリゾート地です。年間を通じて訪れることができ、アイスランドの自然の中で独特の体験が楽しめます。

(33) Uluru（ウルル）：オーストラリア・ノーザンテリトリーに位置する巨大な一枚

66 第1部 新たな世代と旅をする

岩で、標高 348 メートル、周囲 9.4 キロメートルです。アボリジニの伝承で神聖な場所とされ、「エアーズロック」とも呼ばれますが、アボリジニの言葉「ウルル」が正式名称です。色が時間帯や天候によって変わる美しい景観を持ち、ユネスコの世界遺産にも登録されています。訪問者はその自然の壮大さと文化的意義を体験できます。

（34）Grand Canyon（グランド・キャニオン）：アメリカ・アリゾナ州に位置する壮大な峡谷で、長さ約 450 キロメートル、深さ 1,600 メートルに及びます。コロラド川が何百万年もの時間をかけて削り出した自然の彫刻で、絶景が広がる観光地です。1987 年にはユネスコの世界遺産に登録され、多くのハイキングコースや展望台があり、訪れる人々に圧倒的なスケールの自然美を提供しています。

（35）Airbnb（エアビーアンドビー）：2008 年に設立されたオンラインプラットフォームで、旅行者が宿泊施設や体験をホストから直接予約できるサービスを提供しています。ユーザーは一軒家やアパートメント、個室など多様な宿泊オプションを検索し、レビューや評価を参考にして選ぶことができます。また、地元のアクティビティやツアーを体験できる「体験」セクションもあり、個性的な旅行体験が可能です。世界中で利用されているプラットフォームです。

（36）West Lake（西湖）：中国・浙江省杭州市に位置する美しい湖で、古代からの景勝地として知られています。面積約 6.5 平方キロメートルの湖は、詩的な景観と歴史的な名所が点在し、四季折々の風景が楽しめます。西湖はその自然美と歴史的価値から、ユネスコの世界遺産にも登録されています。湖周辺には、古代の寺院や庭園、橋などがあり、多くの観光客が訪れます。

（37）Telegram（テレグラム）：2013 年に設立されたロシア発のメッセージングアプリで、ニコライ・ドゥロフとパベル・ドゥロフ兄弟によって開発されました。エンドツーエンド暗号化による「シークレットチャット」や、クラウドベースのメッセージ同期が特徴です。テキスト、音声通話、ビデオ通話、グループチャット、チャンネル、ボットなどの機能を提供し、プライバシーとセキュリティを重視したメッセージングプラットフォームです。

（38）Amazon Echo（アマゾン・エコー）：2014 年に発売されたスマートスピーカーで、Amazon の音声アシスタント「Alexa（アレクサ）」を搭載しています。音声コマンドで音楽の再生、スマートホームデバイスの操作、天気情報の取得、ニュースの読み上げなどが可能です。複数のモデルがあり、音質や機能が異なるため、用途や好みに応じて選ぶことができます。家庭内での便利な音声操作の中心となるデバイスです。

（39）Google Home（グーグル・ホーム）：2016 年に発売されたスマートスピーカーで、Google の音声アシスタント「Google アシスタント」を搭載しています。音声コマンドで音楽の再生、スマートホームデバイスの操作、天気やニュース

の確認、質問への回答などが可能です。家の中での便利な音声操作の中心となり、家庭のスマート化をサポートします。

第2部
観光における
テクノロジーと
シェアリングエコノミー

第3章

ネット世代と観光

Fabio Corbisiero
（ファビオ・コルビシエロ）

はじめに

　ネットワーク社会は「マス・セルフコミュニケーション」（Castells, 2007）の誕生をもたらし、3つの点で特徴的です。つまり、それがマス（大量、広範囲）であり、インターネットとピア・ツー・ピア・ネットワークによって広められていること。情報の移動やコンテンツ配信がマルチモーダル（複数の手段）で行われること。最後に、多対多の交流における発信手段を自律的に選択できることです。一方、ネットワーク社会の通信基盤は、グローバルな水平通信ネットワークによって構築されています。これは、とりわけグローバルとローカルをつなぐことができる第二世代のインターネット（Web 2.0）で力を発揮するものです。したがって、このネットワークモデルは柔軟で適応性があり、境界がありません。この構造には中心がなく、ベースには、相互作用や各点（ノード）の自律性、スケールの可変性があります。どのノードも重要性に差がなく、ネットワークが機能するためにはすべてのノードが不可欠です。時空の次元が再定義されているのであって、事実、「タイムレス・タイム」[1]（無時間的時間）や「フローの空間」（Bauman, 1998）といった表現が使用されています。

　いわゆる「ネット社会」（Castells, 1996; van Dijk, 1991）とは、社会的・メディア的なネットワーク、情報技術、インターネットの組み合わせが主要な役割を果たし続ける社会です。Castells（2007: 246）は、「インターネット、モバイ

ル通信、デジタルメディア、さまざまなソーシャルソフトウェアツールの普及によって、ローカルとグローバルをいつ何時でもつなぐ双方向コミュニケーションの水平的ネットワークの発展が促された」と書いています。

インターネットは、ポストモダン時代の構造的要素の一つです。多様性、多元性、多様性の管理、インターネットを使う人々の価値観さらにはその関心までも含んだ、新しい形の社会性とコミュニティの創造に貢献しています。インターネットは、今や、情報が実際に流れる場となりました。新しい情報通信技術（ICT）といえば、伝統的なメディアではなく、コンピュータ、スマートフォン、タブレット端末、その他多くの技術や、インターネットを介したそれらの有効性・機能性を指すのが一般的となりましたが、ICT は従来のメディアとは違い、誰もが情報を処理できるだけでなく、情報を生み出して共有することができる場となる仮想空間での相互作用を可能にします。スマートフォンからソーシャルメディア、ブログからマイクロブログ、Facebook から FaceTime、TikTok からインスタグラムまで、私たちがコミュニケーションをとる手段や、社会のコミュニケーションの考え方は、おそらく前世紀にはみられなかったほど急速に変化しるのです。

ネットワーク社会の影響は、社会的能力にも現れています。といっても、私たちの目の前で起きているのは対面交流の衰退や、コンピュータに向かう人々の孤立の増加ではありません。さまざまな社会で行われた研究から、たいていの場合、インターネット・ユーザーは非ユーザーよりも社交的で、友人や知人が多く、社会的・政治的により積極的であることがわかっています。さらに、インターネットの利用が増えるほど、生活のあらゆる領域で対面交流が増えています。同様に、携帯電話の音声通信からSMS、Wi-Fi、WiMax に至る新しい形のワイヤレス通信が、若い世代を中心に社交性を大幅に高めています。ネットワーク社会は極めて社交的な社会であり、孤立社会ではないのです。人生を模索中の一部のティーンエイジャーを除けば、ネット上で自分のアイデンティティを偽ることは一般的ではありません。人々はテクノロジーを生活に取り込み、仮想現実と現実の仮想性をリンクさせ、さまざまな技術を用いたコミュニケーション形態

のなかで暮らし、必要に応じて表現しているのです（Castells, 2005: 11）。

　テクノロジーが急速かつ飛躍的に発展するに従って、観光業界では旅行者の生活を便利にする多くのアプリが使われるようになりました。特にいわゆる「ロボノミック社会」（Ivanov, 2017）では、観光ホスピタリティ分野における人型ロボットの役割が増加しており、人工知能（AI）や自動化技術が観光客のレジャーの質を向上させるのに活用されています。最近では、「フォーシーズンズ」（ホテル）のモバイルアプリからルームサービスにメールを送ることができ、「Alexa for Hospitality」（Amazon の音声アシスタントのホテル版）は一部の国際的なホテルで客室コンシェルジュとして展開されています。また、豪華クルーズ船では行列をより迅速に動かすために顔認証システムが設置されています。ホスピタリティ業界ではロボット活用がますます一般化し、その用途も、ゲストを可能なかぎり支援するよう設計された AI チャットボットから、ホテル宿泊客の体験を向上させるために配備されたロボットアシスタントまで、多岐にわたります。例えば、インテリジェント・サービス・ロボットの場合は主にロボット・コンシェルジュとして使用され（例：ヒルトンのコニー）、ゲストの質問にその場で回答したり、訪れるべき観光スポットを提案したり、自己学習を通じてしてパフォーマンスを向上させたりできるよう設計されています。インテリジェント・モバイル・ロボットは、屋内で人や物のあいだを自律航行するため、ホテルの客室への物品運搬に使用されています。また、主に音声コマンドで動作する普及型機器（例：Wynn Las Vegas ホテルの Amazon Alexa）は、客室の雰囲気（温度、照明、音響）のコントロールや予約、ランドリーサービスの手配などを行って、ホテルの宿泊客を支援します。もう一つの観光ホスピタリティに関連する技術が、モノのインターネット（IoT）です（Atzori, et al., 2010）。これは物理的なモノの（デジタル）ネットワークや、コンピュータ間の通信、またはスマートセンサーを介して無線接続されたモノのことで、観光客が「インターネットを通していくつかの機器やサービスと通信し、有益な目的を成し遂げる」のを可能にします（Whitmore, et al., 2015: 267）。仮想現実（VR）では、個人は仮想世界においてリアルな体験ができ（Desai, et al., 2014）、拡張現実（AR）は、仮想世界と現実世界を組み合わせることによって、モノと

74　第 2 部　観光におけるテクノロジーとシェアリングエコノミー

モノとの相互作用を可能にしています。観光業界におけるこうした自動化が旅行客の日常生活において行われており、観光地の利点やリスクのマッピングをするのにも役立てられます（Chung, et al., 2015）。一方、なかには旅行の前後でサービスや支援を提供するようプログラムされたものもあります。実際、高度な自動化（インテリジェント・オートメーション）を旅行の前段階に適用することで、観光客に旅のインスピレーションを提供し、情報検索や予約、到着前の体験などのプロセスを支援することができます。サービス提供会社にとって、AI の導入は、マーケティングコンテンツを世界規模で拡大したり、顧客にパーソナライズされた内容と分かりやすい購入経路を提供したり、新しい手がかりを創出したりする「オムニチャネル」[2]マーケティング・オートメーションにおいて重要なのです。

　今はこの変化のスピードが非常に速いため、現在の実証研究はどれも発表作業を始める前に時代遅れになるほどです。このソーシャルメディアの時代に、ICT は放送型メディアから、人が自ら「メディア」となって協働し情報共有を行うことができる参加型プラットフォームへと進化を遂げたのです（Li and Wang, 2011; Thevenot, 2007）。

　第 2 章で述べたように、特にソーシャルメディアとインターネットの急速な発展によって、観光における手順は劇的に変わりました。観光の仕組みに重大な影響を及ぼしうるメガトレンド（Corbisiero and Paura, 2020）となった ICT とソーシャルメディアは旅行者に広く採り入れられており、その旅行体験はブログ（Blogger や Twitter など）、ネットコミュニティ（Facebook、RenRen、TripAdvisor など）、メディア共有サイト（Flickr や YouTube など）、ソーシャルブックマークサイト（Delicious など）、ソーシャル知識共有サイト（Wikitravel など）のツールにおいて共同で検索、管理、共有、執筆されています。消費者との関係性をリアルタイムで管理するための新しい技術的ソリューションが利用可能になったのです。

　ソーシャルメディアと観光分野の融合は、観光関連の企業によるマーケティング活動の方法に影響を及ぼしています。消費者行動の著しい変化、およびオンラインプラットフォームでの視覚的／視聴覚的コンテンツの台頭を考えると、ホテルチェーンや観光関連ビジネスには、最も満足度の高い顧客となる可

能性を秘めた個人をターゲットにできる絶好の機会が与えられていると言えます。数年前には最も影響力のある国の一つであるイギリスにおいて、レジャー旅行者全体の3分の1がTripAdvisorやFacebookなどのソーシャルメディアサイトによってホテルを選んでいました（Leung, et al., 2013）。Web 2.0が本質的にマルチメディア空間である、つまりRokka（2010）によると、当初はテキストのみに頼っていた観光地についてのリサーチをインスタグラム投稿のような写真・視覚要素とテキスト要素の両方による視覚的アプローチへと変貌させる性質を持った空間であることを思えば、これは驚くべきことではありません。ソーシャルメディアのユーザー数は飛躍的かつ急速に増加し、その結果、旅行会社のマーケティング戦略は変化を遂げました。企業はそうしたプラットフォームを使って製品の広告販売を行い、観光地ブランドの宣伝、特徴の説明、そして社会的認知度の向上に取り組んでいます。さらに、ソーシャルネット・ワーキング・サイト（SNS）が、伝統的なニュースやその他のメディアよりも素早く情報を広める方法として使われています。ソーシャルメディアでの共有の日常的な例は、インスタグラムやその他の旅行写真を共有できるウェブ上にアップロードされた何百万枚もの写真から見られるのです。

　新型コロナの流行はマイナス影響を私たちの生活に与え、孤立と孤独を増大させています。社会的距離と旅行や国境の制限のために、観光業は現在、最も影響を受けている社会経済部門の一つです（UNWTO, 2020b）。しかし、パンデミックによってインターネットやその他の技術革新が普及し、その結果として観光地の認識のされ方、消費のあり方も変化してきました。この劇的な時代においても、テクノロジーが生み出すバーチャルな世界により、潜在的訪問者が観光地を探索できる豊かな環境が創りだされているため、DMO（デスティネーション・マーケティング組織）[3]はターゲット市場とつながる機会を得ているのです。

　本章では、世代間の変化、テクノロジーそして観光の関係について、特に若い世代（ミレニアル世代とZ世代）に焦点を当てて考察します。まず、ネットワーク社会でのデジタル技術の活用を取り上げます。次に、デジタル技術がミレニアル世代とZ世代の旅行行動にどのような影響を与えてきたかを検討して彼らのプロフィールを作り、観光業界が効果的なマーケティング戦略をたてるの

に役にたっているか議論します。主な問いは次のものです。どのようにテクノロジーは変化して、新しい世代と観光プロセスの関係に影響を与えているのか。今、若い旅行者はどんな関心をもって何をしているのか。デジタル技術は若い旅行者の消費体験にどのような影響を与えているのか。旅行者によるテクノロジー機器の使用が増えたことは、戦略的な視点から見ても重要な意味があります。彼らの価値観が異なるなら、効果的なセグメント化を検討する必要があるからです。したがって、本章では特にこれらの世代に焦点を当てていきます。

観光における技術の進歩

テクノロジーの発展によって観光のあり方は変化し、今やテクノロジーのない旅行は想像しがたいものです。技術の進歩は人が旅する方法を大きく変えましたが、これらの新たな発展がパンデミックの収束後には、さらにデジタルな体験をもたらすと見込まれています。新技術を活用したマーケティングは、観光商品のプロモーションに貢献しているだけでなく、観光マネジメントや意思決定に変革をもたらす可能性があるため、この動きを加速させています。近年では、インターネット上にいくつかの新しい「メガトレンド」が登場し、観光システムに大きな影響を与えうる変化を浮き彫りにしてきました。観光産業が直面した最大の変容の一つは、ICT によるインパクトですが、これによって業界全体の仕組みや観光地の運営方法（Buhalis and Law, 2008）ばかりか、観光体験そのものが完全に再構築されました（Neuhofer, et al., 2012）。そこで特に重要な出来事だったのが、スマートフォンの登場とそれの旅行客の体験への影響（Wang, et al., 2014; 2016）、オンラインレビューサイトとそれの意思決定への影響（Book, et al., 2018）、そして、検索エンジンとソーシャルメディアが旅行客同士のコミュニケーションや旅行者行動に与える影響（Bigné, E., et al., 2018; Leung, et al., 2013）です。スマートフォンはツアーガイド、旅行代理店、最高のレストラン検索、地図、その他いろいろなものになりました。TripAdvisor（2015）によると、ユーザーの 45％は自分の休暇に関わるあらゆることにスマートフォンを使用しており、彼らによって観光関連情報の伝え方

や、旅行計画の立て方・消費の方法が根本的に変わったのです（Buhalis and Law, 2008）。クラウドコンピューティング、センサー、GPS の普及、VR に AR などの最近の進歩と、ソーシャルメディアやモバイル技術のフル導入で、観光のスマート化「問題」（Xiang and Fesenmaier, 2017）は次々と進み、ついには観光地の捉え方が大きく変化するに至っています。また、スマート技術によってユーザーは携帯電話がありさえすれば旅に関する情報をすべて入手できるようになり、他のものをダウンロードする必要がなくなりました（Ivars-Baidal, et al., 2017）。重要な点は、これらの情報機器が提供する外部情報からは物理的な行動を追跡できるだけでなく、旅行者が特定の瞬間に何を考え、どのように感じているかをかなり正確に推測できることです（Swan, 2013）。

　スマートテクノロジーを用いる旅行者のレンズを通してみると、インターネットに接続されたテクノロジーから得られる文脈情報を観光地が捉えて、理解・解釈できる機会がさらに増えてきます。ソーシャルアプリは、旅行者が場所を問わずリアルタイムに自分の体験を世界中の人々と共有できるようにすることで観光体験の目的を拡大しました（Wang, et al., 2014）。また、リストバンドやスマートｉウォッチなどのウェアラブル機器や、「Master Tour」や「Roadtrippers」などの簡単にダウンロードできるアプリは、携帯性という利点と旅行目的に使用できそうとの理由で消費者に広く受け入れられています。

　図 3-1 は、観光における AI を、旅行者向けのデバイスやインターフェース（薄いグレーの円：外から 3 つめの円）との関連において表わそうとしたものです。これらの旅行者向けのデバイスやインターフェースをさまざまな AI 機能（濃いグレーの円：外から 2 つめの円）が支えており、それらはプロセス、機能性、アクティビティ、体験（グレーの円：一番外側の円）に対するソリューションを提供します。

　こうしたテクノロジーは旅行者をますますデータ主導のセンサー社会へと向かわせていると思われますが（Choe and Fesenmaier, 2017）、そこでは日常生活を送るなかで個人が膨大な量のデータの足跡を残すことになり、それが観光産業への機会を生み出します（例：Andrejevic and Burdon, 2014; Swan, 2012）。情報技術における大量のデータを保存・処理する能力は、クラウドコンピューティングとデータ分析ツールの進化のおかげで飛躍的に発達してきました。こ

図 3-1　観光産業におけるインテリジェント・オートメーション

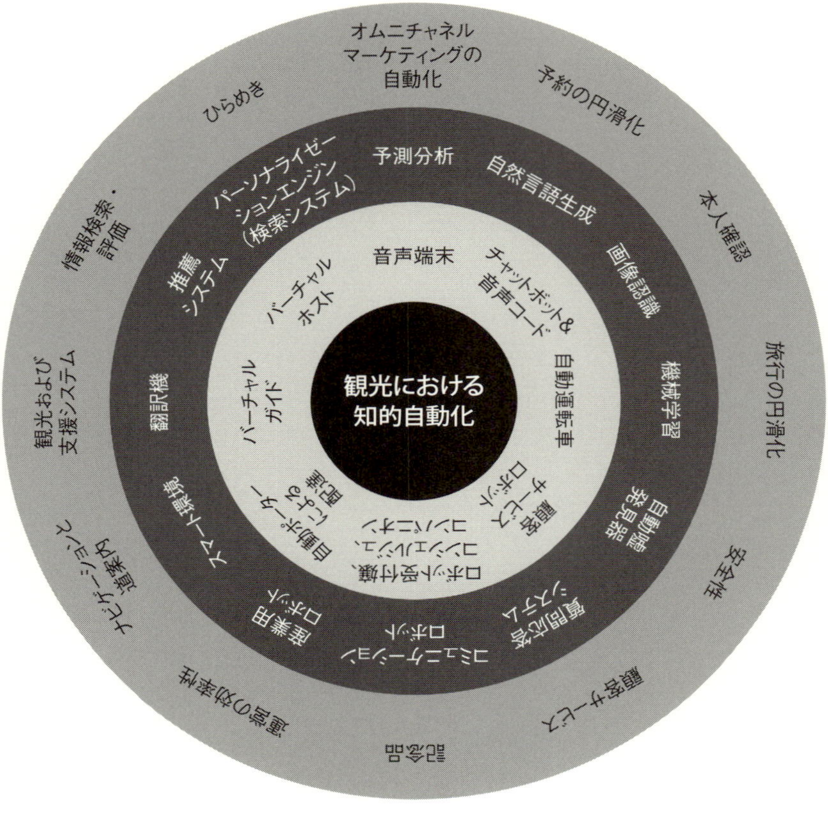
オムニチャネル
マーケティングの
自動化
予約の円滑化
本人確認
旅行の円滑化
安全性
顧客サービス
記念品
運営の効率性
ナビゲーションと
道案内
観光および
支援システム
情報検索・
評価
ひらめき
予測分析
自然言語生成
画像認識
機械学習
自動嘘
発見器
質問応答
システム
コミュニケーション
ロボット
産業用
ロボット
スマート環境
翻訳機
推薦
システム
パーソナライゼー
ションエンジン
（検索システム）
音声端末
チャットボット&
音声コード
自動運転車
顧客
サービス
ロボット
ロボット受付嬢、
コンシェルジュ、
コンパニオン
自動ポーター
による
配達
バーチャル
ガイド
バーチャル
ホスト
観光における
知的自動化

出典：author's elaboration on Tussyadiah, 2020.

うした状況に加えて、若い世代のデジタルデータへの傾倒と、グローバルなソーシャルメディアツールを通じての共有についても忘れてはなりません。この新しいデジタル旅行の世界は、若い旅行者たちの行動、ビジネスモデル、そして観光地全体に特に大きなインパクトを与えているのです（Femenia-Serra, et al., 2019）。私たちが目にしているこの「スマート・ツーリズム」を形づくっているのは、テクノロジーの進歩であると同時に、例えば、新しいガバナンスやマネジメントの視点（Ivars-Baidal, et al., 2017）、新しい形態の観光（Gretzel, et al., 2015）やオンデマンド型観光（Corbisiero and La Rocca, 2020）の発展などの要因です。ICT は観光における生産と消費のダイナミクスと構造に世界レベルでも観光地に関しても一連の変異を招き、それによって世代間「競争」を強め、観光サービス提供業者に対しては、一方で提供するサービスの多様化を、他方で旅行者の変化するニーズや要求についての理解と調査を促しました。旅行のデジタル化・ソーシャル化がますます進むなかで、観光業者は新しい世代の旅行者、特に若い世代を獲得するための新しいビジネスモデルの検討を進めているところです。このプロセスにはさまざまな機会が存在しますが、例えば、洞察を深めるためのデータ共有の仕組み、競合他社の能力の活用、旅行者の旅の全体像の把握などです。そのため、旅行者のデジタルフットプリント（インターネットを利用したときに残る記録）を生成するビッグデータの多くは、旅行者調査や統計データなどの従来の方法では答えることが難しい質問に答えるために、学者や実務家にとって非常に重要なものになってきています。例えば、若者向けのレジャーアトラクションを特定して観光マップを作成する（Lin, et al., 2014）のに、写真共有コミュニティから観光アトラクションを写した位置情報付き写真を取り出して使うことができます。これは同じような方法で作成されたマップよりも評価が高く、手書きの観光マップに劣りません。また、Chen, et al.（2009）では Flickr の写真を位置情報に基づいてクラスタリングし、それらの場所で人気のタグを特定することによって観光マップを作成するという別の方法が提案されています。

過剰につながり合う（ハイパーコネクテッド）世代

　テクノロジーの均一化と、それによって世界中の消費者の旅行についての嗜好が重なるようになった結果、年齢は世代間の価値観や消費者の好みを示す有効な指標と本当に言えるだろうかと、多くの人が疑問を持つようになりました。年齢の違う集団がグローバルにつながることで異なる世代が徐々に似たような習慣や興味を共有する状況が生じ、社会階層差を超える強い社会的関係を形成していると言ってよいかもしれません。今日の若い世代はかつてないほどの情報通で、機動性が高く、冒険的です。15 歳から 29 歳の若者が行うあら

80 第2部 観光におけるテクノロジーとシェアリングエコノミー

ゆる観光活動として定義されているユース・ツーリズム（Horak and Weber, 2000）は、UNWTO（2011a）が、2010年に世界を旅した9億4,000万人の国際観光客の約20%が若者であり、彼らは世界の観光収入に1,650億ドルをもたらして、国際的な観光産業と地域経済に対する彼らの経済的価値を確かなものにしたとの推計を発表して以来、ますます重要性を増しています。もちろん、それは経済的な面に限られたものではありません。いくつかの国際的研究が、若者は異文化体験、語学学習、ボランティア活動、就職・就学、人間関係の強化、逃避、その他さまざまな目的で旅行していると示しています（Khoshpakyants and Vidischcheva, 2012）。旅行動機は旅行の最重要側面の一つであることが示唆されてきましたが、これは特に旅行中にさまざまなライフスタイルを体験することや、新しい人と知り合うことに熱心なミレニアル世代（Obenour, et al., 2006）に当てはまります。観光産業そのものが過去に例をみないほどに変化していますが、変化に最も貢献しているのは、先駆的でハイテクを多用し、社会・環境意識が高く、旅行者向けのイノベーションを求めている若者たちの旅行です。ベビーブーマー世代がラジオ、テレビ、ファクスとともに育ち、携帯電話やインターネットはまだ発展途上であったのに対し、ネット世代はインターネット時代に旅行を計画し始めました（Skinner, et al., 2018；第1章も参照）。初代の探索エンジンとともに育ち、ソーシャルメディアの影響を受け、スマート機器に常時つながっているこれら世代は、一連の技術スキルとともに成長してきたのです。情報から力をもらい、社会に対する自らの影響力に自信を得ながら育ったこの社会集団は、世界中の消費者がモノやサービスを評価し、購入し、消費する方法を変容させようとするかの構えです。テクノロジーへの精通、ハイパー接続、インターネット中毒などの傾向を持つこの若い旅行者たちの生活では、テクノロジーが重要な役割を果たしています（CBI, 2019; Skinner, et al., 2018）。さらに、これらの世代は、経験と「今ここ」に焦点を当てており（Garikapati, et al., 2016）、所有物よりも旅行などの体験にお金を使うことを選択します（Cavagnaro, et al., 2018; 第4章も参照）。

　ミレニアル世代の旅行行動とテクノロジーの関係に関する社会学的な理解は、観光マーケターの関心に十分追いついておらず、そのため消費者ニーズに恒久的に対応できていないという懸念を多く生んでいます。ミレニアル世代に

対する関心が高まっているにもかかわらず、ユース・ツーリズムに関する既存の研究は比較的未発達（Staffieri, 2016）なのです。観光マーケターにとって旅行の主要な利点を特定する（そして、その観光地においてふさわしいものを宣伝する）のは、観光地の成功のために極めて重要となり得ます（Migacz and Petrick, 2018）。観光研究者や目的地マーケターらのあいだでも、ミレニアル世代は観光を世代別の分析を行うのに不可欠な要素として、その魅力が認識されています。ミレニアル世代は生まれながらにして「つながっている」のであり、ナルシストで利己的、政治に無関心といわれていますが、性的マイノリティの権利から持続可能な観光そのものに至るまで、さまざまな問題に関して上の世代よりも進歩的な態度や信念を持っており、彼らの多くは観光地化に反対するグリーン運動に従事するなど、その信念に基づいて行動しています。ミレニアル世代は伝統的なマーケティング手法を軽視し、仲間からの提案や、より一般的にはテクノロジーを用いた幅広い情報源に高い信頼を置いています（Belch and Belch, 2015）。さらに、この世代の価値観は「マイクロバブル」—クリエイティブな観光、人があまり行かない場所への観光、代替的な宿泊施設、完全デジタル化の観光—に根づいていて、ミレニアル世代の旅行者が観光産業における需要と供給を再形成する重要な方法の一端を見ることができます。

こうした価値観は、旅行者が何を求めており、またどう求めているかを再定義するものであり、観光地やアトラクション、その他の観光ビジネスに影響するものです。IBM Institute for Business Value と Economist Intelligence Unit の調査は、この枠組み（フレーム）に関するいくつかの側面を明らかにしました。対象となったのは 2014 年、21 カ国の 3,017 人の旅行者です。ミレニアル世代の旅行嗜好や旅行パターンを理解し予測することと、それまでの世代との違いを知ることを目的としており、この世代にとって、テクノロジーは本来存在するもので、生活のほぼすべての側面に用いられていることを明らかにしました。さらにこの世代は、経験を重視する点、また、特に成功の尺度としての富には概して無頓着である点で、上の世代とは大きく異なります。結婚、家の購入、子どもを持つといった一般的なライフイベントを先送りする傾向も顕著です（詳細は第 4 章と第 5 章を参照）。テクノロジーや新しいメディアへの適性が高いということは、ミレニアル世代のこうした特性が、最終的にはビジネ

82 第2部 観光におけるテクノロジーとシェアリングエコノミー

ス上の意思決定にも影響を与えることになるということです。さらにミレニアル世代は、ベビーブーマー世代とは異なり、意思決定には対立が不可欠だと考えています。

このシナリオには、必然的に購買過程に関わる選択も含まれるわけですが、ミレニアル世代にとってこれはチームワークから導くものです。これに対して、ベビーブーマー世代が友人知人に相談するケースは半数以下で、旅行体験を共有する可能性もはるかに低くなっています。同調査では、テクノロジー機器の購入段階において最も頻繁に発生する「ミレニアル世代的」行動も明らかになりました。以下はその要約です。

（1）興味のある製品を探す際に、通常18歳から35歳までの年齢層に属する人々は、外部の専門家が書いた記事やブログを信頼する傾向が強いX世代やベビーブーマー世代と比べて、サプライヤーの営業担当者や同僚との直接的なコミュニケーションを求める傾向が強い。

（2）製品を選んだ後は、この世代が最も心配する第二段階、利便性についてである。ここでの対面でのやりとりは利点ではなく、むしろ負担となる。

（3）サプライヤーとのコミュニケーション方法に関して、ミレニアル世代は主に電子メールと電話機器を好む。

この世代はまた、ビデオ通話やチャットによるバーチャル会議もよく利用し、WhatsAppなどのインスタントメッセージングアプリも問題なく使用します。しかし、意思決定を行う立場にある若者の数が増加している点を考慮すると、コミュニケーションが徐々にソーシャルメディアに移行していることは強力な要因だと言えます。実際、21〜25歳のグループではすでに81％がこうしたツールを使ってコミュニケーションを取っていますが、前の世代では18％に過ぎませんでした。購入段階で主要な役割を果たしていたのは、データ分析と個別のやり取りでした—これは、個人が自分で買い物をする場合でも同じです。対照的に、この調査ではX世代とベビーブーマー世代は、正しい選択をするために自分の経験に頼るとされています。この点はサプライヤーや

製造者にとって大きな課題かもしれません。自社のサービスがどのように潜在的な顧客から認識されているかを再考し、また、その個人的ネットワークへアプローチを試みる必要が生じるからです。しかし、真に重要な視点は社会的な視点と言えます。IBMの調査によると、興味深いことにこの分野においては、ミレニアル世代は今後ますますポジティブな買い物体験をサプライヤーのウェブサイトで直接共有するようになる可能性が高いとされています。一方、彼らは期待が裏切られた場合には通常そういった行動はとりません。ミレニアル世代にインタビューしたところ、否定的なレビューを企業のウェブサイト、ソーシャルプロファイル、第三者のウェブサイトに投稿したいと答えたのは、わずか10％未満でした。X世代とベビーブーマー世代もまたポジティブなレビューをさまざまなチャネルで共有する傾向が非常に高いと言えますが、否定的な苦情を共有する傾向もより強くみられます。

しかし、ミレニアル世代が世界的に一貫したグループを形成したとしても、世界の主要地域間や地域内には重要な違いもあり、それは強調しておくべきでしょう。実際、私たちがここで扱っているのは、世界中で18億人近くを含む年齢層です（MSCI, 2020）。世界の18億人のうち60％以上にあたる11億人がアジアに、16％にあたる3億人がアフリカに居住しています（これは世界で最も人口の多い5カ国のうち4カ国はアジア─中国、インド、インドネシア、パキスタン─にあるため驚くことではありません）。残りの4億人のミレニアル世代のうち1億5,000万人はヨーロッパとラテンアメリカ／カリブ海諸国に住み、残りは北米とオセアニアに住んでいます（MSCI, 2020）。

ミレニアル世代が事実上インターネットに常時接続していることを裏づけるように、このIBMの報告書では、80％がオンライン・レビューを非常に敏感である、57％が一日に数回写真をアップロードしている、51％がスマートフォンに貼り付いてコメントしたり自分の休暇の最新情報を投稿したりしている、と付け加えています。旅行先の選択や予約についてはフェイスブックがきっかけとなることが多く（54％）、さらにユーザーの88％が知り合いからの休暇に関する「アドバイス」を有益だと感じており、そればかりか83％が自分のウォールに旅行関連のブランドが表示された際に、少なくとも一度は「いいね！」をクリックしていました。

84 第2部 観光におけるテクノロジーとシェアリングエコノミー

　観光業界における Facebook の利用に関する文献は多数存在しますが、第2章で詳述したようにインスタグラムもまた欠かせない存在であり、休暇のインスピレーションを求める人々が参照する場所となっています。インスタグラムは、宿泊施設や観光地に関する有益な情報収集を目的とし、年間1億5,000万ものアクセスがなされているソーシャルネットワークです。ツイッターはどうかと言えば、これもまた強力です。旅行者の30％にとって、新時代の羅針盤であるハッシュタグは切り離すことのできない旅の友です。旅行者はツイートとツイートの間にホテルチェーンや航空会社からの特別オファーやプロモーションがあることを知っています。この世代はさらにハッシュタグを通じて、ツイッターで旅行のヒントやアドバイスを探します。これだけでも十分なところですが、観光業界の事業者が考慮に入れる事実がもう一つあります。スマートフォンは所有者と一緒に休暇に出かけるだけでなく（Facebook や各種ソーシャルネットワークへのアクセスに不可欠なため）、彼らの85％が休暇の計画やホテルの予約（78％）、および飛行機の予約（77％）にスマホを使っていると認めています。スマホやタブレットを使用している人の72％が旅行専用アプリを少なくとも一つはダウンロードしていたのは、偶然ではないのです。

　また、ラグジュアリー・トラベル・ネットワークの Virtuoso が行った調査（Virtuoso, 2015）も興味深いもので、ミレニアル世代におけるラグジュアリー・トラベルの秘密を明らかにしています。この調査は、ミレニアル世代であっても、注意深く選びさえすれば優良顧客になりうるとしています。確かに、22〜32歳の旅行者はオンラインエージェンシー（旅行会社）を特に頻繁に利用する傾向にあります（87％）し、彼らの1日あたりの平均旅行支出が「成熟した」旅行者層より62％下回っているのも事実です。そうだとしても、これらの潜在顧客を十分に取り込めたなら、このギャップ（24％まで）を大幅に縮められる可能性があります。また、この世界を旅する若者は、他の年齢層よりも忠実な顧客となるケースが多くみられます。Virtuoso による分析は、生年月日に基づき、一段上のセグメント層の旅行者の購買行動について行われ、得られた結果は、一方では確かに広く普及している意見を裏づけるものですが、他方では特定の行動の背後にある理由についても調査し、よく使われる決まり文句のいくつかが間違っていることを示しています。

ミレニアル世代を分析すると、この世代は自分自身に集中し、時間がなく、スマホがあれば自分の問題を全部解決できると頑固に信じている世代といった感じを受けます。観光マーケティングでは、この世代の変化し続ける要望に合うように提案を作っていかなくてはなりません。このため、観光事業者は、ミレニアル世代の消費者としての習慣に基づいて販売チャネルをモデル化する必要性を認識し、テクノロジーとソーシャルネットワークを活用したシンプルで即時的なコミュニケーションに重点的に取り組むことが不可欠です。観光部門が未来への対応として将来性のある商品やサービスを設計するには、このような世代間の変化を考慮しなくてはならないのです。デジタル時代に生まれ、海外旅行が増加しているこの「インターネット世代」（Özkan and Solmaz, 2015: 93）は、観光と観光地を変容させる可能性を秘めており、その点は最も若い世代であるZ世代に引けをとりません。

　最も若い世代（Z世代）は真のデジタルネイティブで、オンラインで育った最初の世代で、膨大な量のタイムリーでグローバルな情報に接続していて、瞬時に全世界と社会的につながります。インターネットと共に育ち、「世界のどこにいる誰とも数秒で連絡を取り、情報を共有することができ」ます（Berkup, 2014: 224）。Tapscott（2008）のこの世代の特徴パターンを用いるなら、彼らと観光との結びつきを述べる尺度は、カスタマイゼーション、自由、精査、スピード、イノベーション、持続可能性であると言えるでしょう。また、Z世代はいくつかの研究が示すように、個人主義、消費主義、情報通、デジタル（Tavares, et al., 2018）であると説明できます。

　45カ国にわたって行われた調査によると、Z世代のおよそ60％が、財布よりも携帯電話がないときに不安を感じると言っています（Global Web Index, 2019: 5）。この世代は、まだ独自の価値観、習慣、信念、経済的自立を育む途中にありながら、ICTがますます浸透する環境のなかで成長してきました（Carty, 2019）。Z世代はマルチタスクを行う傾向にあり、購買前には幅広い情報にアクセスして評価することを求めます（Wood, 2013）。過剰な（ハイパー）接続と、重大な地球規模の問題が組み合わされることで、彼らは人類が地球と未来に与える影響について懸念を抱いています（Wunderman Thompson Commerce, 2019）。頻繁に旅をするZ世代なら、気候変動やオーバーツーリズ

86 第2部 観光におけるテクノロジーとシェアリングエコノミー

ムを意識し、また心配しており、予約や旅行に関してより望ましい決定を行うことで、こうした現象を和らげる責任の一端を引き受けたいという気持ちを持っています。実際、Z世代は社会・環境意識が高く、モバイルファーストのアプローチを望み、真正な現地体験を望むと表現されてきました（Bec, et al., 2019）。ニュージーランドで行われたZ世代の観光に関する調査もまた、Z世代は「デジタルに精通しておりソーシャルでモバイル、ICTは重要な要素であり、サービスや外部世界へつなぐものである」（Robinson and Schänzel, 2019: 94）と改めて示しています。「Campmate」などの、モバイルアプリの広範な活用とソーシャルメディアへの依存が、本調査の参加者に共通する特徴でした。技術の進歩は、情報と、施設や場所へのアクセスを容易にします。したがって、旅行先でのZ世代の行動パターンや体験は、ICTの進歩による影響を受けうると考えられます。European Travel Commission：欧州旅行委員会（ETC, 2020）は、中国、ドイツ、英国、米国に居住するZ世代の人々を対象に回答を集めました。Z世代、観光、テクノロジーの関係を掘り下げたこの研究は、Z世代のいくつかの興味深い側面を取り上げています。第一に、オンラインでつながり合ってリアルタイムに体験を共有することが、Z世代の旅行習慣において重要な役割を果たしています。各国で40％を超える回答者がインスタント・メッセージやライブ写真・動画の投稿を定期的に行っていると回答しました。興味深いことに、中国のZ世代がリアルタイムで写真やビデオを共有することを好む一方で、アメリカ・イギリスのZ世代は旅行後にその体験を共有する傾向がみられます。これはおそらく、インスタグラム（英米市場で高い人気）のようなネットワークでは、写真の選定や編集にやや時間がかかるためと思われます。デジタル化の加速とともに、旅行中には時折インターネットから離れることを求める旅行者もいますが、この傾向は中国、イギリス、アメリカのZ世代には当てはまらないようです。ドイツ人のZ世代は、旅行中に接続を断とうとする意向がやや高い（31％）のに対し、その傾向が最も低かったのが中国人のZ世代でした（17％）。この調査では、この世代は携帯電話が最も重要な機器である世代であることを指摘しており、それは彼らの旅行習慣にも表れています。政府観光局（NTO）や民間企業がモバイルフレンドリーなプラットフォームの構築を促進すべきことは以前にも述べましたが、これらの調

査結果は、NTO が容易に共有できて「インスタ映え」する体験を Z 世代向け
に提供することも同じくらい重要であることを示唆しています。さらに、各国
の Z 世代旅行者の 40％強が、グリーン技術を搭載していないフライトには税
金を課す、あるいはフライト数を減らすべきであるとの考えに同意していま
す。Z 世代にとって旅行は人生の重要な一面であるにもかかわらず、のちの運
賃値上げにつながる追加課税の導入を、気候変動対策やエコロジカル・フット
プリント（人間の活動が地球環境に与える影響）削減の観点から合理的な判断で
あるとしているのです。若者や若年層の旅行者、人口動態の変化、最先端の技
術機器は、観光および観光地の発展にとって重要な現象であり、新たな機会と
課題の両方をもたらす可能性があります。一部の学者（Gardiner, et al., 2014 な
ど）は、今後は世代間で旅行行動が異なってくるだろうことを指摘しています。
つまり、各世代のニーズや需要に効果的に応じていくうえで、継続的な研究や
調査を各集団について行う必要があるということであり、したがって、異なる
消費者グループとそれら特有のニーズや欲求を特定する世代別研究が重要とな
ります（Chhetri, et al., 2014）。一例として最近の調査結果は、テクノロジー面
での能力に限界がある観光地でも、現代的な原則や手法を活用することで、デ
ジタル化やゲーム化による豊かな観光体験を求める新世代の観光客のニーズに
応えることができると示しています（Skinner, et al., 2018）。ミレニアル世代と
Z 世代はどちらも、現代の観光を社会性とアイデンティティの構築を促進する
社会的・文化的体験と捉えていますが、それが新しい観光実践やニッチな提案
への関心の高まりと並行して起きており、観光客としての彼らの選択肢に新た
な意味を与えています（Monaco, 2018a）。前例のない接続性を持ち、旅行が手
軽な時代に育ったミレニアル世代と Z 世代という 2 つの世代は、旅は人間に
とっての必需品で、人には「移動する権利」があると考えるようになりました
（Monaco, 2019b）。同時に、観光が害をもたらす可能性についても理解してお
り、過剰な数の観光客は地元住民にとって有害になりうるとの共通認識を持っ
ています。この観点からみると、世代別観光に対応するユニークな商品を開発
する観光地やアトラクションの出現が予測されるのは妥当なことです。デジタ
ル観光プラットフォームやアプリがやむことなく成長を続けるなか、若い旅行
者のクリエイティブなトレンドに助けられて、観光地マップには新しい観光地

が加えられていくでしょう。しかし、観光地のスマートさは、テクノロジーツールや新しい世代だけに依存するものではありません。技術の進化が生み出す機会を最大限に活用するには、観光地の関係者全員が共有する戦略が欠かせませんし、それぞれの地域や観光の状況に適応したソリューションが必要なのは明白です。これら重要な旅行世代は、さらなる社会調査の余地をたくさん残しています。特に、旅行の動機や行動が旅行経路のさまざまな段階でどのように変化するかを明らかにする必要があります。社会調査研究者は、異年代の若者たちには時間経過とともに異なる行動がみられることを示すべきですが、それを確認するにはより長期的な調査が必要です。可能性の一つとして、異なる世代の旅行者の旅行経歴を作成し、質的・量的データを用いて、ここ数十年の若者の旅行の世界史を再構築することができるでしょう。それは、旅行の幅広い社会的、経済的、地理的背景と、若い世界旅行者の行動との関連性を理解するうえでも役に立つかもしれません。

まとめ

　この章では、観光とネット世代の相互のつながりの重要性を検証しました。特に、ミレニアル世代とZ世代が、新しいテクノロジーを使いながらマスツーリズム形態を抜けだし、より持続可能な観光形態に関心を寄せている点を強調しました。

　デジタル技術は現実世界と仮想世界の境界を減らし、観光体験における持続可能な関与のレベルを高める可能性を与えています。なかでも人工知能、VR、AR、ソーシャルメディアは、観光地でも、観光地を訪れる前段階でも、また重要なことに観光地を思い出すという点でも、訪問者の体験を強化する力を有しています（Little, et al., 2018）。現代の旅行者の習慣やニーズは、過去のそれとは大きく異なります。特にミレニアル世代とZ世代においては「コンシャス・ツーリズム」（地球環境や地域社会など、あらゆるサステナビリティを意識した新たな旅）や、イノベーションと真正性をできるだけうまく結びつけることができる体験が常に求められています。このような観光体験への意識的な関わり方は、観光地がより持続可能なホスピタリティを実現するのを助け、さらに

重要な役割を果たすものと言えます。これらの若い観光客はまさに真正性を求めて行動しているために、例えば変容的な旅行体験や、特定のスキルの習得、文化交流、ボランティア活動などが可能である、自己成長に重点を置いた旅行が増えています。実際、一方では多くの旅行者がハイテクを駆使したより高水準の旅行体験に関心を寄せていますが、他方では旅をうまく利用して、少なくとも旅行期間中はまさにスイッチを切って世界から切り離されようとする人たちもいます。

　ICT とソーシャルメディアが登場するまで、旅行の特徴は物理的な空間的制約とそれに伴う時間的制約によって制限されていました。観光の特徴は、何よりも限定された地域に根ざすその旅行者に依存していたのです。インターネットの発達とソーシャルメディアの誕生は、旅、旅の体験、その感情を、ウェブ上の訪問者全員と共有できるようにしました。特に、同世代のソーシャルネットワークとの恒常的なつながりを生み出したデジタルメディアは、観光客のアイデンティティを構築する重要なソースとなっています。つまり、もはや現実の「観光のまなざし」（Urry and Larsen, 2011）ではなく、ソーシャルネットワークに媒介された距離のあるまなざしが観光客のアイデンティティに大きく影響を与えているのです。旅の「コダック化」[4]が生み出した「常時オンライン」の観光客は、彼らの情報機器を使って観光体験をその場でリアルタイムに共有しています。情報の表示、識別、検索、そして観光体験の共有は、新しい世代とソーシャルメディアが観光を変容させた最も重要な 2 つの点とされています（Corbisiero, 2020）。全体として、ソーシャルメディアは若者が旅行情報を消費する方法だけでなく、それを伝達・共有する方法に大きな影響を与えており、それがまた、若い旅行者が観光地を選択し体験する方法に影響しています。「みんなが私を見ている」症候群もまた、観光地における若い旅行者の行動を変えてきました。旅先で何を見て何をするのか、ランドマークとどう関わるのか、「社会的に望ましく」自己向上につながる感情や観光行動として何を外在化して伝え「なければならないか」などはその一部です。伝統的なフォトアルバムとは異なり、インスタグラム、Facebook、TikTok への写真や動画の投稿は日常生活の流れに組み込まれており、即時に配信され、どこでも手に入り、満足感が期待されるという即時性の文化を強調する傾向にあります。自己宣伝

の追求と理想化された観光体験の探索のなかで、若い旅行者たちは、自身の人気を高めるという直接的目的と、自身の「デジタル活動」の起点となる旅行者のためのエリアの人気を拡大するという潜在的目的とをもった旅行者集団を成しているのです。

　新型コロナにより、2020年6月時点で欧州外を旅行する欧州人の数は、2019年6月と比較して98％減少しました（Eurostat, 2020）。ネット世代の欧州外への旅行はほぼ完全に消え失せています。しかし、このターゲット集団は今後、新しい機会となっていくことが見込まれます。GlobalData（2020）の調査によると、若い旅行者は旅行・観光部門の回復にとって欠かせない存在です。規制が解除されたときには、こうした若い旅行者が最初に海外旅行に出かける可能性が高いとされています。全体的な先行きはまだ不明瞭ですが、確かなことは、パンデミックがグローバル化に与えた影響によって新しいテクノロジーの利用が不釣り合いに促進され、新・旧世代のデジタル化を加速させているということです。現在、私たちは一時的に「身体の観光」に取って代わった「マインドの観光」と向き合っています。パンデミックの最中に発表されたメガトレンドについての論文（Corbisiero, 2020; Corbisiero and Paura, 2020）は、ユース・ツーリズムは、パンデミック後の観光のあり方を発見する主要な情報源であると書いています。流行の仕掛人である若者の旅行者は、これまで発見されずにいた場所を、アクセス可能で持続可能な観光地にします。多くの若い旅行者には、ロックダウンによって押さえつけられた旅行需要のために、観光体験で新しい感覚を味わいたいというニーズが高まっています。Topdeck Travelが行った最近の研究（Topdeck Travel, 2020）では、調査したZ世代の28％が近い将来に有意義で真正な旅行体験を求めると答え、23％は新型コロナが広まる以前に彼らが慣れ親しんでいたものとは違う文化を体験したいと望んでいることが明らかになりました。2023年までに2019年の水準へと回復させる強い観光成長力の復活を願いつつ、観光のまなざしは、再び世界に目を向けようと戻ってくることでしょう。未来の旅行体験では、若い旅行者と新技術がシームレスに存在しており、そこでは機械が今以上に多くの「機械」の仕事を担うようなったおかげで観光地は自由と力を手にしてより良いサービス体験を提供できるようになり、また、若い世代には今以上に有意義な社会的つな

がりを生み出す役目が任されているでしょう。

　世界各国での幾度にもわたるロックダウンを経て、若者たちはホームでの日常生活から逃れたいと望むでしょう。若い旅行者たちは、ソーシャルメディアやソーシャルネットワークを通じて、新しい人々と出会い、新しい視点を得、有意義な思い出を作りたいと思うでしょう。こうした動きは急速に進んでいくものですので、注意深く様子をうかがうようにする必要があるのです。

注

（1）タイムレス・タイム（timeless time）：近代社会では、時間は「時計の時間」であり、場所は「地図上の位置」であった。インターネット時代では場所や時間の感覚が曖昧になり Timeless Time と Space of Flows が発生した（Castells, 1996）。富田（2023: 2）は、インターネットにより 2 つの場所が瞬時につながることである。時間の圧縮とは、1 週間の時間を数日に圧縮して作業をすること等であり、物理的な距離を短縮してくれるのではなく、「グローバルなものをローカルなものの中に、ローカルなものをグローバルなものの中に再配置することを可能にする、と述べている。

（2）オムニチャネル：小売業における販売戦略の一種で、「企業が消費者に対して持っているすべての接点」を連携させる手法です。（中略）実店舗、通販サイト、SNS、カタログ、アプリケーションなど、さまざまな販売経路（チャネル）を統合して商品の情報提供・販売促進を行います。あらゆるメディアを活用して消費者との接点を作ることで、消費者に各チャネルの違いを意識させることなく商品の購入につなげることが可能となるのです（NTT 西日本　ICT 辞典より引用）。

（3）DMO（デスティネーション・マーケティング組織）：観光物件、自然、食、芸術・芸能、風習、風俗など当該地域にある観光資源に精通し、地域と協同して観光地域作りを行う法人のこと（JTB 総合研究所　観光用語集）。

（4）観光の「コダック化」とは、「見る場所、見る方向、さらに視覚的文化の回路の枠組みが明確に示されること」を指し、それは「他者」を構築し表現するために広く使用されています（Crouch and Lübbren, 2003, p. 9）。

第4章
シェアリングの世代に向けて

Salvatore Monaco
（サルヴァトーレ・モナコ）

はじめに

　社会学の視点から興味深いことは、世界レベルで現代の若者たちが徐々に、これまでの伝統的な市場のルールとは異なった、新たな消費と経験の主人公となっていることです。言い換えれば、ポストモダン社会において、現代の若者たちは前例のないような新たな価値の創造を行っているのです。特にいくつかの研究では、これまで市場というものを特徴付けてきた需要（消費者）と供給（企業）といった典型的な関係性について、若い世代の人たちが強い疑問を呈する傾向にあるということを強調しています。つまり、この若い世代の人たちは「共同」（collaborative）と定義されるような新たな消費形態を実際に行っているのです。この「共同」（collaborative）という概念は、1970年代の後半に、アメリカの学術論文で初めて提示されたものです（Felson and Spaeth, 1978）。このトピックに関する研究は2010年から、活発に行われ現在に至っています（Algar, 2007; Hamari, et al., 2015; Rogers and Botsman, 2010; Tuttle, 2014）。

　人類学や社会学の研究（例えば、Gouldner, 1960; Simmel, 1950; Westermarck, 1908）によれば、売り手と買い手の間の交換の対象は単なるモノだけではなく、象徴的なモノやコトにまで及び、それが人類の進化と生存をもたらし、人と人の社会的な結びつきをもたらしてきたといいます。誰かを助ければ、いず

れ自分も助けてもらえるといった互酬性（reciprocity）は社会科学の分野で活発に議論が行われてきたテーマで、一部の研究者は人類のことを「互酬的ホモサピエンス」（homo reciprocus）（Becker, 1956）とも呼んでいます。

シェアリングエコノミー（sharing economy）は、2008年から2011年の経済危機を受けて登場しました。テクノロジーが普及し、共同消費（collaborative consumption）プラットフォームの利用が広まるなかで、所有（possession）ではなく、共有（sharing）に焦点を当てた新たな経済モデル、つまりポストモダン版の互酬性（post-modern version of reciprocity）に注目が集まってきたのです。言い換えれば、このシステムは、商品やサービスの購入（purchasing）よりも、それらの利用（use）に焦点を当てたものなのです（Smith, 2016）。このような状況で、デジタル仲介役（digital intermediaries）としての役割を果たすさまざまなオンラインプラットフォームは、10年以上にわたって、非常に多様なサービスの普及に貢献してきました。これによって、観光分野でも、個人間で、それぞれが持ちうる資源に価値を見出し、相互に利用しあうといったピア・エクスチェンジと呼ばれる活動（peer exchange practices）（Schor and Fitzmaurice, 2015）が可能となりました。Botsman（2017）は、こうした行動を通じて、新しい世代の若者たちは「私たちの文化」（culture of the us）と呼ばれるものを暗黙のうちに受け入れていると指摘します。そして、これはそれまでの世代の特徴だった、より個人主義的な考え方や行動様式を（部分的に克服されつつも）支えるものであるとも言います。Botsmanは、こうした共有が急速に進んだのは、ネットワークの常時接続を通じて、人と人の共同（コラボレーション）を実現するためのテクノロジーが進化したためだと捉えています。ポストモダンの互酬性が過去のそれと違うのは、贈与や交換、貸し借りの相手が、友人・親戚・隣人・知人などの狭い範囲に限定されず、グローバルな規模で行われるようになったことにあります。実際、「オンラインのSNSプラットフォームによって広まった接続性の向上は、人と人の間でのモノやサービスへのアクセスを共有できるようになった」（Tussyadiah and Inversini, 2015: 817）とも指摘されています。

多くの場合、オンラインプラットフォームのユーザー同士は、たとえお互いに知り合いではなくても、取引を成立させるといった互いに共通の目標を持っ

てさえいれば、このプラットフォームを通じて、実際に取引を成立させることができます。こうした現象は最近、フォーブス誌の掲載記事で「NOwnership」（無所有）と名づけられています（Morgan, 2019）。そこでは、若い世代の人たちが、モノを所有することに関心が低いことが強調されています。こうした傾向について、法学者のPerzanowski and Schultz（2016）は「所有の終わり」（end of ownership）と呼んでいます。

　実際に、現在では、ありとあらゆるものを他の人と共有できるサブスクリプションというものが存在します。その共有相手は知り合いであっても知り合いでなくてもだれとでも行われるものであり、サブスクリプションの対象もまた、スポーツから映画まで、多岐にわたります。Zuoraの最高経営責任者（CEO）であるTien Tzuoはこれを「サブスクリプション・エコノミー」（subscription economy）と呼んでいます（Tzuo and Weisert, 2018）。いまや"何を所有しているか"が重要ではなく、一連の経験を通じて、"何をしているか"が重要になっています。言い換えれば、人は購入するよりも、サブスクリプションやレンタルを好む傾向が強まっているのです。

　観光分野で最も一般的な共有の方法としては、交通手段の共有、一時的な住宅の交換、自宅の空いている部屋を無償で提供する無料宿泊、物品の貸し出しなどが挙げられます。他の興味深い共有の方法として集団である商品やサービスを購入するといった共同購入（team purchase）が挙げられます。これは、少なくとも2人で構成される「チーム」のために提供される高水準の割引や特別なオファーを利用できるように、個人の消費者が、すでにあるチームに参加したり、SNSでチームのメンバーを呼びかけたりするものです。

自動車と住宅の共有

　所有から利用への移行によって、以前の世代がステータスシンボルと捉えていた一部のモノに対して、現代の若い人たちはこれまでと同じような価値を感じず、優先的に買いたいと思えるものでもなくなっています。典型的な例として、自動車と住宅が挙げられます。長年、自動車や住宅は購入しなければいけない類のものであり、それらを所有することが人生における夢の実現や社会的

96 第 2 部 観光におけるテクノロジーとシェアリングエコノミー

地位を証明するものとして捉えられてきました（例えば、Belsky, et al., 2014; Zinola, 2018）。最近まで住宅を購入することは投資とみなされ、子や孫に受け継がれていく価値あるものとしてみられていました。しかし、ミレニアル世代以降の若い世代にとってこうした考え方はほぼ時代遅れのものであり、実体ある商品を購入することの価値は親や祖父母の世代とは大きく異なるものとなりました。ニールセンがグローバルで行った世代別のライフスタイル調査（Nielsen, 2019）によれば、住宅の所有を最優先事項と考えているミレニアル世代は 22％に過ぎないことが明らかになっています。この調査データは、アジア太平洋、ヨーロッパ、中南米、中東／アフリカ、北米の世界 60 カ国、3万人を対象としたオンライン調査によるものです。同様に、アメリカで行われた調査でも、これまで一時的な選択とされてきた住宅の賃貸が、新たなライフスタイルとして静かに台頭していることが示されています（例えば、Derber, 2015; Dunn, 2019; Sengupta, 2017）。しかし、賃貸だけが唯一の選択肢というわけでもありません。デンマークの「Space 10」という「IKEA のスピンオフ」企業とアメリカの「Anton and Irene」という企業は、「One Shared House 2030」プロジェクトを立ち上げ、共同生活ソリューションを提案し、これまでに世界中で 8 万人以上が参加しています。

　住宅の共有について、東洋文化では西洋世界と異なる捉え方がなされています。例えば、伝統的な儒教哲学の影響を受けて、中国人は今でも「住宅は家族よりも優先される」、「住宅は結婚の必要条件である」、「自分で所有する住宅は幸福感や帰属感をもたらす」といった伝統的な考えを持っています。また、Ioannides and Rosenthal（1994）は、住宅が強い満足感と帰属感をもたらすと考えている消費者であるほど、住宅を購入する可能性は高いと主張しています。さらに、Wang（2016）は、87 人（うち 97.7％がミレニアル世代）を対象としたアンケート調査を実施しています。その結果、40 人の回答者が将来的に住宅を購入するつもりであるものの、現在は一時的に住宅の賃貸を選択していると回答しています。また、この調査では、都市部に住む人は、収入などの客観的条件を基に、住宅を購入するか賃貸にするかという合理的な選択を行っていることも示されています。つまり、中国では経済力の違いによって、住宅の賃貸と購入という選択がなされているのです。中程度の収入がある新卒者や

ホワイトカラーは、多くの場合、ある程度の蓄えができた後に小さな住宅を購入することを見据えて、しばらくの間、住宅を借りておくという選択をまずします。そして、蓄えができた後に、小さな住宅を購入し、さらにそれを売却または賃貸することで得た資金と合わせて、最終的に大きな住宅の購入を行って落ち着くことになります。また Wang は政府に対しても、住宅賃貸市場に関する法律や規制を策定し、不動産開発業者や投資家が安定した賃貸住宅を供給できるように促し、その健全な発展を後押しするように呼びかけています。近年、中国の若い世代の人たちの考え方に劇的な変化が見られるだけでなく、テクノロジーの進化によって、住宅賃貸市場にも変化が生じています。『中国住宅賃貸業界安全白書2019年版』（the 2019 White Paper of China's House-Renting Industry Security）に掲載されている最近の調査によれば、中国の都市や郊外で住宅を賃貸で借りることを選択する中国人は約 1 億 6,000 万人で、これは住民人口の 21％を占めています。大学を卒業したての新入社員層がこのうち主要な部分を占めています。この分野の客観的な需要と供給の関係分析からは次のような事実が示されています。

（1）中国政府は、主要都市の人口抑制と不動産市場の安定化に成功。特に北京や上海などの大都市では住宅購入の制限政策が継続され、住宅賃貸市場の成長を促進している。

（2）消費の高度化を背景に住宅を購入するよりも長期的に賃貸住宅に住むことで生活の質を求める若者が増えている。

（3）2017 年末までに、中国には 2 億 4,400 万人の出稼ぎ人口と 2 億 4,000 万人の独身者がいて、賃貸市場への需要が高まった。

（4）2017 年までに、中国の賃貸住宅の空室率は 21.4％に達し、ほとんどの所有者は投資として物件を賃貸することに前向きであった。

　中国における住宅価格の高騰は、人が購入か賃貸かという選択を決定する主な要因となっています。中国の 1 線（級）都市（北京や上海など）において、相対的な物件の購入のしやすさを表す価格と家賃の比率（the price-to-rent ratio）は 500 対 1 に達しています。つまり、中国人の平均月収の 500 カ月分

でやっと自分の住宅の購入費用をまかなうことができるというものです。国際的な水準は 250 対 1 程度で、中国の半分程度です。この水準は、中国人の住宅購入熱を示すとともに、他方では高いコストパフォーマンスを示しています。その結果、中国の中年層が不動産投機に没頭する一方、Y 世代はあることに気づきつつあります。Y 世代の若者は欧米の新たな価値観の影響を受けて、住宅を購入することが最終目的ではないことに気づき始めているのです。彼らは、毎月の給料のほとんどを住宅ローンの支払いに費やして、「ローン奴隷」（生活水準が低い人を指す中国で一般的な言葉）になることを拒否し始めています。

　このような中国の住宅賃貸市場の動向を受けて、ホワイトカラーや新卒者向けの短期・長期賃貸住宅を提供する企業や不動産仲介業者が近年急増しています。ZiRoom は、この分野の大手企業です。Ziroom は、長期賃貸住宅市場において O2O モデルを採用しています。O2O は、小売業者がオンラインとオフラインの双方のチャネルを集中的に活用する新しいビジネスモデルです。同社は、中国 9 大都市で 50 万戸近くの賃貸住宅を提供し、300 万人以上の入居者にサービスを提供しています。同社のサービス名は、中国語で「安心」を意味するもので、入居者が安心して生活できるよう、家具付き、おしゃれな内装、アプリでの家具メンテナンスの予約、定期的な清掃（清掃やその他の家事サービスを含む）など、さまざまなサービスを提供しています。また ZiRoom は、中国第 2 位の EC 企業である JD.com Inc の金融子会社 JD Finance と提携して、「今買って、後で支払う」（Buy Now, Pay Later）方式の分割払いであるインターネットクレジット決済サービス「Baitiao」を開始しています。このサービスは、特に増加の一途をたどる新卒者（2020 年には過去最高の 874 万人に達した）や、快適な住宅を借りる余裕のない低所得のミレニアル世代のホワイトカラーにとってとても有益なものです。

　もう一つの典型的な例として、Danke Apartment が挙げられます。Phoenix Tree Holdings（Danke Apartment）は、2019 年 9 月 30 日時点で中国全土の主要 13 都市に 40 万 6,746 戸の安定した物件網を確立しています。従来の C2C 賃貸仲介とは異なり、Denke はインターネットを基盤としたビジネスを展開するにあたって、C2B2C のビジネスモデルを採用しました。同社が物件を集

中管理し、業務を標準化することで、国内最大かつ急成長中の共同生活（co-living）サービスプロバイダーの一つとなっています。2020年1月17日、同社は米国株式市場に上場（IPO）し、960万株の米国預託株式（ADS）が「DNK」のティッカーシンボルで取引されました。2020年上半期、Denkeは入居者にあらゆるサービスを提供する目的で、化粧品、飲食、ヘルスケア、オンラインショッピング、エンターテイメント、宅配など、生活関連サービスを提供する12社と提携しました。例えば、中国有数の宅配サービス会社であるShunfengと共同で、新卒社員向けの宅配サービスプロジェクトを開始しました。PCでマウスを数回クリックするか、スマートフォンを数回タップするだけで、発送クーポンが発行され、1〜2時間以内に集荷の予約ができます。レジャー面では、週末に郊外でハイキングを楽しみたい会社員のために、Dankeはレンタカー会社と提携し、アプリ上でレンタカー予約申し込みサービスを提供しています。クーポンを手に入れてから「予約」することで、より低価格で旅行を楽しむことができます。またアプリ上の「クレジット」は、入居者がよりよい物件を借りたり、割引を利用したりするのに役立つものです。

　ZiRoomやDenkeなど、さまざまな賃貸住宅関連企業の登場は、経済的な負担を軽減し、住宅を見つけることを容易にするだけではなく、ミレニアル世代の交流ニーズにも応えています。こうした若い世代の人たちの感情的なニーズを満たすために、ZiRoomは北京、深圳、上海で「ZiRoom Quality Community」というサービスを開始しました。入居者は、カフェパーティー、サッカーの試合、パルクール大会、料理、コスメサロンなど、さまざまなソーシャルアクティビティに参加することができます。これらのアクティビティを通じて、入居者のさまざまなニーズに応えています。

　観光分野で、ZiRoomは「ZiRoom Minshuku（民泊商品）」サービスも開始しています。旅行者は、使いやすいアプリで家主と連絡を取り、場所を確認することができます。中国で最も美しい民泊を提供するという決意のもと、ZiRoomはプロのインテリアデザイナーやアーティストを採用しました。2016年に、ZiRoomはデザイナーのShen Hongと提携し、上海のShudefangにある築80年以上の歴史を持つアンティークヴィラを改装するプロジェクトを展開しました。この建物は、上海の単なる庭付き別荘ではなく、上海に暮ら

す人々の本当の生活や文化、習慣を象徴したものです。このリニューアルは、建築とライフスタイルの両面で、現代への一歩を踏み出すものであり、この別荘に滞在する観光客は、古いレンガに触れながら過去を読み解くような感覚を味わうと同時に、現代的なテクノロジーの利便性も享受することができるのです。

　同様に、今日では「自動車への執着」（car obsession）（Cross, 2018）も薄れつつあります。最近の研究（Sivak and Schoettle, 2016）によれば、多くの国で2001年と比較して新規の免許取得数が20～30％減少しています。特に30歳未満の人の自動車購入割合は2008年の15％から2017年には8％へと減少しています。世界的に見て、数年前まで18歳の若者が自動車に対して抱いていた共感を伴う関係性は、事実上崩壊しています（Bain & Company, 2019）。これは、自動車の購入費用だけではなく、駐車場代、保険料、メンテナンス費用など、潜在的な費用が発生するためです。若者は自動車を購入する代わりに、カーシェアリング、ライドシェアリング、カープーリングを利用することが多くなっています。実際、35歳未満のほとんどの若者にとって、自動車を所有することよりも、必要なときにだけ自動車を利用できることの方が重要です。自動車はもはや優先的な事項ではなく、若者たちは自動車を便利なものであると認識しているものの、それは必需品ではなく、単なる移動手段であり、単なるモノ以上のものではないと考えています（Pilia, 2019）。若い消費者の嗜好や行動は、すでに自動車業界に根本的な変化を引き起こしています。経済学者Jeremy Rifkinは、2011年時点で、25年以内には「カーシェアリングが常識となり、逆に自動車の所有が非常識になる」と主張したほどです。最も先見の明がある企業は、すでにこうした将来のトレンドを予測しています。特に、メルセデスからゼネラルモーターズ、FCAから中国のLynk and Co. に至るまで、大手自動車メーカーの一部はカーシェアリングの取り組みを推進し、カーシェアリング用途に標準化された自動車を、主に若年層に向けて設計し、製造しています。

　共有型の移動サービスは、スクーターレンタル、自転車シェアリング、ステーションベースのカーシェアリング（車を専用スペースでピックアップし、そこに返却）、フリーフローティングカーシェアリング（運営会社が許可する範囲

第 4 章　シェアリングの世代に向けて　**101**

内で車を借りて好きな場所に駐車）など、さまざまな形態があります。また、個人の移動手段を共有する方法もあります。個人間での共有は、個人のユーザーが自分の自動車を友人、同僚、特定の SNS のメンバーなど、他の人々に提供するものです。理論的には、全員が利益を得ることができ、都市のスペースも空けることもできます。

　北米では、1994 年にケベック市で、Benoit Robert 氏と Communauto 社によってカーシェアリングサービスが始まりました。2000 年代にカーシェアリングはアメリカ人の注目を集めるようになりました。これは、ユーザーの期待に応えようと、さまざまな企業がよりパーソナライズされた製品やサービスを次々と市場に投入したおかげで実現しました。Zipcar、Flexcar（2007 年にZipcar が買収）、City Car Club の成功によって、アメリカやヨーロッパの多くの国でレンタカー会社がカーシェアリングサービスを開始しました。さまざまなサービスの中でも、Avis On Location by Avis、Hertz On Demand（以前はConnect by Hertz として知られる）、U-Haul Car Share（U-Haul が所有）、WeCar by Enterprise Rent-A-Car などが挙げられます。2000 年代最初の 10 年間で、世界中に合計 73 万人の会員がいて、合計 1 万 1,000 台の車両を共有していました（Chan and Shaheen, 2012）。カーシェアリングは徐々に他のグローバル市場にも広がり、アルゼンチン、ブラジル、中国、インド、メキシコ、ロシア、トルコなど、人口密度の高い都市部を中心に定着しています。2018 年時点では、カーシェアリングが盛んな世界の主要都市は、東京、モスクワ、北京、上海でした（Shaheen, et al., 2015）。

　現代の環境問題を受けて、新たな社会経済モデルを推進するために、多くの国がカーシェアリングの普及を支援しています。イギリスはシェアリングサービスを活用することで CO_2 排出量を削減する取り組みにおいて、ヨーロッパで最も模範的な国の一つとなっています。

　イギリスでは、Carplus という全国規模の慈善団体がカーシェアリングを推進しています。Carplus は、自動車の利用に伴う経済的、環境的、社会的コストを軽減するために、責任ある自動車の使用を奨励することをミッションとしています。Carplus は、交通渋滞や駐車場の混雑緩和、環境への負荷軽減、交通起因の大気汚染の削減を目的としたイギリス政府のイニシアティブのもと、

102 第2部 観光におけるテクノロジーとシェアリングエコノミー

ロンドン交通局からの支援を受けています。

　アジアに目を向けると、中国でも若者の自動車購入意欲が低下傾向にあります。2018年には、中国の自動車小売総販売台数が初めてマイナス成長を記録しました。翌年も前年比3.4%減となっています。こうした危機的な状況を受けて、自動車市場は「厳しい冬の時代」を迎えているとする研究も複数発表されています。この現象の背景にはさまざまな要因が考えられます。第一に、多くの中国の家庭では住宅費や教育費など、日常的な経済的支出にストレスを感じています。経済的な困難は、二人っ子政策（中国の高齢化対策として、すべての中国の家庭に2人の子供を持つことを認める政策）によってさらに深刻化している可能性があり、自動車の購入費用や維持費、保険料などの関連費用も無視できないものとなっています。第二に、北京などの大都市では、特定の日に偶数もしくは奇数のナンバープレートの自動車を禁止しています。また天津市や北京市など、一部の中国の都市では、交通渋滞や大気汚染の軽減を目的として、交通量を制限し、自動車のナンバープレートを入札や抽選で発行しています。その結果、若者は自動車のナンバープレートを取得することが難しく、取得しようとしても数カ月から数年待たされる可能性もあります。こうしたことが自動車の購入や所有意欲を大きくそぐことになっています。最後に、中国ではシェアリングエコノミーが導入され、さまざまなオンラインレンタカーアプリがサービスを開始したため、若者は自動車を所有するよりも「借りる」ことを好むようになっています。それは、自動車を所有しても思った通りの満足感や幸福感が得られるとも限らず、むしろ経済的な負担が増え、ナンバープレートに基づく使用禁止日には自動車を利用できないという不安を抱えることになる可能性があるからです。中国でカーシェアリングが始まったのは2015年でした。この年から、中国北部のいくつかの企業が地域限定の実験的な取り組みとして始め、その後、中国全土の200社を超える企業へと、カーシェアリングの地域限定パイロットスキームが拡大しました。「新しいエネルギーによる自動車」（new energy automobile）と「ライドシェア」（ride sharing）という新しい概念が提案され、多くの優秀な人材や投資家がこの新しい産業に魅了されています。2017年、DiDi（ワンストップのモビリティサービスを提供する中国のプラットフォーム）は、the Global Energy Interconnection Development and

Cooperation Organisation（GEIDCO）との提携によって、新しいエネルギーによる自動車の新たなグローバル企業を設立することを発表しました。また、同社のプラットフォーム上では100万台以上の新しいエネルギーによる自動車のレンタルサービスを開始する予定とも発表しました。2017年末から2018年初頭にかけて、中国でモビリティサービスを提供する大手企業であるMobaiとXiechenの両社は、大都市圏だけでなく、住民の移動需要がある近隣の都市でも、シェア自動車のレンタルサービスを正式に開始しました。iResearch（2020）によれば、2019年2月時点で、中国の市場には1,600社以上のカーシェアリング関連企業が登録されています。そして11万〜13万台のレンタルカーが市場に出回っていて、28億5,000万元の巨大な市場規模を生み出しています。1980年代、Yongjiuと書かれた自転車を持つことが贅沢品と見なされていた時代は、すでに終焉を迎えているのです。改革開放政策が実施され、現代では自転車を購入することは一般的になり、ほとんどの中国人が購入できる価格にもなりました。2007年には早くも、自転車シェアリングのモデルが中国に登場し、自治体によって運営されました。しかし、2014年以降、モバイルインターネットが急速に発展するにつれて、インターネット基盤の自転車シェアリングサービスが普及していきました。ユーザーは、最も近くで利用可能な自転車を探して、アプリで自転車のロックを解除することができ、1時間あたり1元（人民元）の料金しかかからないというものです。調査によれば、自転車シェアリングは、週に3〜4回自転車に乗る25〜35歳の年齢層のユーザーを魅了しています。2016年には、サービスの開発がピークに達し、ついに25の新しいブランドが市場に参入し、MobikeとOfoが業界最大のリーダーとなりました。シェア自転車は環境にやさしい交通手段であるだけでなく、ファッショナブルな行動としても見られています。中国のポップスターであるLuhanとLiu Haoranは、OfoとDiDiのシェア自転車を支持していて、そのファンや若者たちがそれに賛同しています。

　しかし、世界中でカーシェアリングが奨励されているわけではありません。例えば、ハンガリーでは、対価と引き換えに車を貸し出すことは、運転手自身がタクシー運転の免許証を所持し、請求書を発行し、サービスの最後に税金を支払わない限り、税法違反と見なされています。イタリアでは、2018年に

500万人以上のイタリア人が何らかの形態のシェアリングモビリティを利用し、前年比25%増となりました。イタリアでは、カーシェアリング、スクーターシェアリング、カープーリング、バイクシェアリングなど、さまざまなサービスが提供されていて、271の自治体で363のサービスが展開されています。そのうち57%はイタリア北部にあるもので、ミラノが最も充実したサービスを提供する都市であることが確認されています（ONSM, 2019）。最近では、FCA Bankとその子会社Leasysが、イタリアでCarCloudという新しい自動車のサブスクリプションサービスを立ち上げました。CarCloudは、イタリアの主要都市で、500からJeep Compassまでの7車種から選択して車を借りることができ、定額料金を支払えば月1,500kmの範囲で利用することができます。登録から支払い、車種の選択に至るまで、すべての操作はオンラインで可能となっています。サービスの利用にはまず、Amazonアカウントの登録が必要で、登録後は、2つのパッケージ（Fiat 500が月額249ユーロから、Jeepが349ユーロ、登録料別途）から選択できます。この料金パッケージには印紙税、保険料、メンテナンス、タイヤ交換は含まれています。顧客はイタリア国内にある提携店舗、150店舗のうちの1店舗で車を借りることができます。

節約のための共有

　共同消費の最も明らかなメリットの一つは、このような活動によって、経済的な余裕がなくても旅行する機会が得られるという点にあります。シェアリングサービスの主な特徴は、中間業者を排除することができ、低コストでさまざまな経験が得られるという点です。人が経験を共有する特定のコラボレーションプラットフォームは、ユーザーに観光業の中間業者のいくつかを介さずに、個人間であれ直接お互いに連絡を取る機会を提供します。

　この現象を社会学的に解釈すれば、共同消費は観光へのアクセス格差を縮小するという社会的ニーズに応えるもので、代替的な再分配モデルの実施を可能にするものであると捉えられます。つまりシェアリングサービスによって、少なくとも一部の特定分野において、不平等に対処しうるものとなっているのです。

最近の研究（例えば、Kurz, et al., 2018）によれば、アメリカのミレニアル世代は、ベビーブーマー世代やX世代がその年齢だった頃と比べて、収入も資産も少ないことが指摘されています。実際、以前の世代は一人当たりGDP（国内総生産）が成長する時期に20年間を過ごしたのに対して、ミレニアル世代は一人当たりGDPが減少した状態で成人を迎えています。その結果、現代の若者はX世代と比較して可処分所得が少ないという状況になっています。不況が長期的な影響を与え、若い世代の人たちは、以前の世代と同じような消費財に対して消費欲求を持つものの、より価格などの経済的な側面を気にかけています。最近の調査では、アメリカのミレニアル世代（サンプル数500人）の94％が、AirbnbからUberまで、少なくとも一度はシェアリングエコノミーを利用したことがあると回答しました（Lab42, 2019）。この調査は、新しい世代が即時性、効率性、多様性を求める消費傾向があることを裏づけています。そのため、シェアリングエコノミーのサブセグメントである「レンタルエコノミー」はますます勢いを増しています。テレビ、美術品、高級ハンドバッグ、ロックバンドの最新アルバムなど、欲しいものは何でもレンタルできるのです。レンタルサービスを利用すること若者は欲しいものを手に入れ、お金を節約し、興味がなくなった時点でレンタル品を返却します。この調査によれば、アメリカのミレニアル世代が最も多くレンタルする商品は家具だといわれています。IKEAはすでに、30カ国でいくつかのサブスクリプションリースプログラムの実験を検討しています。家具市場における他の企業の動きは、IKEAの実験がうまくいくのか次第であるとみられています。ビデオゲーム、業務用の各種ツール、衣類がそれに続きます。より具体的に、衣類は主に特別なイベント（フォーマルな式典やセレモニーなど）（77％）や仕事（54％）のためにレンタルされています。この調査では、性別による違いもいくつか指摘されています。女性はファッションや家具のレンタル、男性はビデオゲームやDIYツールのレンタルを主に利用しています。衣類やアクセサリーに関して、アメリカの若者に最も利用されているサービスは「Rent the Runway」で、このサービスと競合するスタートアップ企業「Nuuly」など、多くの企業が次々と誕生しています。この企業は、100以上のビンテージブランドから選べる衣類のレンタルサービスを提供していて、その料金は月額88ドルです。より競争力のある

価格設定を行っている競合他社のサービスは、特に自由に使えるお金が限られている若い人や学生たちの注目を集めています。例えば、「American Eagle's Style Drop」は、月額約50ドルの費用で会員に衣類のレンタルサービスを提供しています。明らかに、アメリカの若者の行動は、アメリカの社会的、経済的、政治的背景によって左右されています。しかし、今後の予測という観点から言えば、アメリカの若者の行動は、中長期的にはヨーロッパでも再現される可能性があります。

レンタルエコノミーは、まだ初期段階ではあるものの、今後の成長の可能性を秘めているため、将来の世代から注目を集めたいと考えている大手グローバル小売企業は、今こそビジネスモデルの転換を検討すべきときかもしれません。

東洋の国々において、衣類のシェアリングサービスというコンセプトは、多くの中国人女性の支持を集めています。主な顧客層は大学生やホワイトカラーです。Ycloset、E-Cool、Ms Paris など衣類のオンラインシェアリングプラットフォームでは、ユーザーはさまざまな衣類を無期限でレンタルできます。Ycloset は、数回にわたる投資と LVMH との戦略的提携によって、最も注目を集めています。Ycloset の広告宣伝によれば、Kenzo、Pinko、Self-portrait などの国際的なデザイナーブランドやその他の人気ブランドを含む 100 万点以上のファッション衣料をラインナップしています。ユーザーは月額 499 元で、さまざまなアイテムを無期限でレンタルできます。一度に 3 点までレンタル可能で、ユーザーがレンタルするのは、主に特別な機会に着用するガウンスタイルです。Ycloset は「仮想ワードローブ」（virtual wardrobe）という概念を打ち出し、ユーザーは会費を支払うことですべてのアイテムにアクセスすることができるようになります。また、レンタル後にアイテムを所有したいという場合には購入することもできます。これはまさに「経験消費」（experience consumption）の概念を体現したものと言えます。Ycloset の報告書によれば、同社の顧客は 28 歳前後の女性、つまりミレニアル世代の女性が多いそうです。この世代、ワードローブをアップグレードする方法をほとんど知らない新卒者と、消費力が高い成熟したホワイトカラーの間にある年代でもあります。Ycloset は、この年代の女性の「もっと良い服を着たい」、「消費を減らしたい」

という願いを叶えるため、顧客の行動パターンに応じて自動的に商品を提案する「スタイリスト＋アルゴリズム」のシステムをアップグレードしています。また、クリーニング、消毒、梱包機能を備えた倉庫を中国全土に複数設置しています。2020年上半期には、中国の電子商取引大手Alibaba傘下の中古品マーケットプレイス「Xianyu」も、さまざまなカテゴリのレンタルを開始しました。このマーケットプレイスでは、中古品と新品の両方を売買・レンタルすることができ、数回のクリックやタップで、Taobao（中国最大の電子商取引プラットフォーム）で購入した商品を数時間以内に販売またはレンタルすることができるようになります。

　観光分野で共同消費をもたらす要因を詳細に検討すると、おそらく最も期待され、予測可能な経済的側面が、「持続可能性」と「関係性」の2つのベクトルを伴っていると言うことができるでしょう。この後で見ていくように、これら2つの要因は、経済的側面と同様に中心的役割を果たしているのです。

持続可能な消費へのアプローチ

　予想される通りではあるものの、この前例のない消費の時代において、経済的側面は他の要因を補完するものとして現れています。共同消費を後押しするもう一つの重要な側面は、持続可能性（sustainability）です。すでに本書で触れられたように、若い世代は、生態系の保護に関する問題について、それ以前の世代よりもはるかに高い環境意識を持っています。数年前、The Economist（2017）は、ミレニアル世代が、いわゆる社会的責任投資（SRI）に最も熱心な世代であると説明するオンライン記事を掲載しました。実際、ミレニアル世代は、経済や金融面での意思決定は、各個人の倫理的・道徳的価値観と切り離して考えることはできないと考えています。2008年の経済危機や、長年にわたってメディアの注目を集めてきた環境問題によって、この世代は投資だけでなく、消費、ライフスタイル、移動手段においても持続可能なアプローチを求めるようになっています。そのため、この世代の消費行動の多くは、地域社会や地球環境を保全したいという思いから生じているのです。いくつかの研究（例えば、Carty, 2019; Cavagnaro, et al., 2018; McDonald, 2015; Ottman, 2011;

Syngellakis, et al., 2018）が強調していることは、若い世代の旅行者は施設を選ぶときに一定の感応度を見せ、同じ隠れたコストの条件であれば、環境へやさしい（天然原料の使用、リサイクル、省エネなど）施設を選ぶことを好むというものです。

　世界中の若い世代の旅行者が実践しているもう一つの環境に配慮した行動は、紙のチケットを印刷せずに、デジタルの予約チケットを持参したり、スマートフォンの QR コードを利用したりすることです。交通手段や住宅の共有は、節約のための解決策であるだけでなく、大気汚染を減らすための方策でもあることが分かります。例えば、中国ではすでに電子乗車券が導入されています。乗客はもはや紙の乗車券を使って電車に乗る必要はありません。乗客は、リアルタイムの通信アプリ「WeChat」や第三者の決済プラットフォーム「Alipay」で電子 ID カードをスワイプするか、物理的な ID カードで乗車前に乗車券を購入することができるのです。北京、上海、杭州などの大都市では、バスや地下鉄でも QR コード形式の電子チケットを使用できるようになっています。

　駅でこの QR コードをアプリまたは Alipay に表示すると、アプリ内のネットバンクを通じて運賃が自動的に引き落とされます。このデジタルソリューションは、チケット購入や移動を手早くするだけではなく、パンデミック時には感染を監視するツールとしても活用されました。実際、2021 年 12 月から、中国東部の浙江省の省都である杭州の地元公共交通当局は、Alipay に組み込まれた「QR コード」を更新することで、その人が訪れた主要な交通拠点を追跡できるようになったと発表しました。つまり、この QR コードは、スタッフが人の健康状態をチェックする際にも役立つようになったのです。中国では、乗客の健康状態を確認するための QR コードと過去 14 日間の移動記録の確認が、感染症予防対策の重要な一部となっていました。

　電子乗車券はロンドンをはじめ、世界中の多くの都市にも広がっていて、利用者は乗車券の代わりにクレジットカードを使って改札を通ることもできます。

　この新しいアプローチは、都市環境に長期的な利益をもたらすものです。自家用車の利用が減ることで交通渋滞は緩和され、大都市の大気汚染は改善さ

れ、住民の生活水準は向上していくでしょう。また駐車スペースは少なくて済み、多くの都市エリアが緑地に生まれ変わるかもしれません。カーシェアリングの環境面での利点は、電気自動車の利用によってさらに高まります。これは、ますます持続可能なモビリティの普及を促す重要な組み合わせといえるでしょう。

　環境問題に対する若者の関心の高まりは、サステナブル投資の増加からも明らかです。ヨーロッパの金融市場におけるサステナブル金融を推進する団体、Eurosif の 2019 年のデータによれば、欧州は国際的なリーダーとして認められていて、世界中で SRI 基準に基づいて運用されている資金の約 50％ を占めています。このような状況にあって驚きをもたらしているのはまさにミレニアル世代です。ミレニアル世代の人たちはシニアの投資家よりも責任ある投資に親近感を持っています。データによって、新しい世代は、それ以前の世代よりもはるかに社会や環境に対する感受性が発達していることが実証的に確認されているのです。持続可能な方策が十分に支持されないこともよくあるものの、実際に多くの人々がサステナブル投資に興味を持ち始めているのも事実なのです。

人生経験としての観光

　前章で強調されたように、若い世代に共通する特徴は、特に観光分野において経験に対して強い関心を持っているということです。休暇を通して得た経験は、時を経て若者たちの思い出の中で特別な意味を持つようになります。休暇中には、地域社会やそこに住む人、有形無形の文化資産と直接触れ合うことで、自分自身や世界、そして他人について知ることができるのです。観光において、地元の人と直接触れ合うことは、個人のアイデンティティや文化的な成長のチャンスとなります。現代の観光に対するこのような社会学的な解釈によって、共同消費は社会性の異なる形態であり、また共同消費によって社会資本が生み出される可能性があると言えます。

　こうした認識のもと、「経験経済」（experience economy）（Pine and Gilmore, 2001）という概念は生まれました。これは、ブランドが若者との深い対話を

築こうとすることで、若年層の消費者を引きつけようとする姿勢を指しています。新しい世代が経験を得たいという意欲を示すことで、企業はマーケティング戦略を見直し、顧客に利益をもたらすだけでなく、こうした世代の人たちの感情を刺激することのできる商品やサービスを提供するようになりました。マーケティング分野における最新の研究では、ミレニアル世代以降、購買行動はまず感情的な理由から、そして次に合理的な消費価値に基づいて行われることが明らかになっています（Hunnicutt and Pine, 2020; Pine and Gilmore, 2019）。言い換えれば、若い世代の人たちは何かを所有するためにお金を費やすのではなく、自分の個性を豊かにする経験のためにお金を使いたいと考えているのです。この意識の変化は、それ以前の世代に典型的な外的な所有から、内的な充実へと関心の対象が移行していることを意味します。1987年以降、アメリカでは経験重視型の消費者が70％増加したことは偶然ではありません。ヨーロッパでも同様の増加傾向が見られています。これらの傾向は、グローバル消費者調査 2018（Accenture, 2018）でも確認されています。この調査によれば、経験経済は企業にとって大きな可能性を秘めています。経験に対する消費支出は、2016年の58億ドルから2030年には8兆ドルに増加すると予想されています。巨大な潜在市場である中国は、高級ファッションブランドのマーケティング戦略において特別な位置を占めています。ダウンジャケットで有名なカナダのブランド、カナダグースは中国市場に進出する際、北京の店舗にコールドルーム（試着室）を設置しました。その名の通り、氷でできた部屋で、気温は華氏マイナス27度。カナダグースの有名な製品の保温性を、この部屋で体感することができるのです。このコールドルームプロジェクトは、顧客の好奇心に応えるだけでなく、冬に製品が持つユニークな機能性をアピールする役割も果たしています。これは、若い顧客とブランドとの距離を縮めることを目的とした、経験型小売の素晴らしい例であります。ポップアップストアやオフラインサロン、VIP向けティーパーティーなどを開催することで、ブランドは顧客と直接触れ合う機会を得ることができます。一方、顧客は商品に触れられたり見られたりするだけでなく、これまでに感じたことのない親密さをブランドに感じることができます（**図4-1**、**図4-2**）。

　2011年、プラダは中国市場に焦点を当てた新たなプロジェクトを開始しま

第 4 章　シェアリングの世代に向けて　　**111**

図 4-1　カナダグース　　　図 4-2　コールドルーム

写真：試着室（Cold Room）の様子。
出典：Galeries Lafayette Store, Beijing, Canada Goose CA

した。このプロジェクトは、上海の歴史的な邸宅を修復するというものです。ブランドの公式ウェブサイト[1]によると、修復された邸宅は「国際的な文化の融合であり、この歴史的な邸宅を最初に依頼した家族、それを創り上げた中国の建築家や芸術家、そして本来の素晴らしさを取り戻すことができた中国とイタリアの職人チームに敬意を表した、ミラノと上海の対話」であるとしています。また、この邸宅はプラダリゾート 2018 のランウェイや修復に関する展示会、ブランドの他の建築物展示にも使用されました。ブランドの最新シーズンと文化・建築の歴史を鑑賞しながら、顧客は気づかないうちに、過去と現代のスタイルが融合した邸宅でブランドと感情的に結びついていきました。

　Euromonitor が実施した調査（Dutton, 2018）によると、観光業において参加する価値の高い経験を提供する企業は、特に若年層の潜在顧客を獲得する可能性が高くなるといいます。この研究では、ヨーロッパ地域に限っても、経験型の要素に関連した購買額は 10 年以内に 8 兆ドルに達すると推定しています。ユーザーが経験を通して感情を形成するのは、ある時は能動的に行い、ある時は受動的に行われることもあります。Pine and Gilmore（2019）によれば、経験には 4 つのタイプがあるといいます。「娯楽経験」（entertainment experiences）は、人が受動的にイベントを経験するものです。その反対には、「教育経験」（educational experiences）があります。これは、人が能動的にイベントに参加するだけでなく、直接的な関与を通して学習し、自分が知らなかったことを学んだという認識を持ってイベントを終えるものです。その中間に位置するのが「審美経験」（aesthetic experiences）で、人が能動的にイベントに参加するものの、そこでの経験は受動的なものにとどまる場合に得られる経験です。最後に、いわゆる「脱日常経験」（escapist experiences）というものもあります。これは、個人がある経験に没頭するだけでなく、用意された取り組みに能動的に参加する場合に得られる経験です。例えば、レクリエーション活動へ参加する場合などがこれに当たります。

　近い将来、最新のインタラクティブ技術によって、消費者の注意をより惹きつけることが可能になるでしょう。これによって、消費者はより深く関与していると感じることができるため、ブランドとより密接な関係を築くことができるようになります。企業と消費者のこの関係性は、単なる商業的側面にとどまらない関係性を構築することができるようになるのです。企業に関わり、企業との経験を求める消費者は、単なる顧客ではなく、むしろパートナー（affiliates）であると考えることができます。最新のテクノロジーによって、ユーザーは商品やサービス、そして地域との積極的な交流ができるようになります。モノのインターネット（IoT）、機械学習、人工知能、ビッグデータ分析によって、今日はこれまでにないほどユーザーとのエンゲージメント戦略を洗練できるようになってきています。

　最近の予測研究（Gilovich, et al., 2014; Gilovich and Kumar, 2015）では、純粋に心理的な理由から、今後、経験経済はさらに成長する傾向にあると強調されています。イベントに参加することは、家具や衣類などの物質的なモノを購入するよりも消費者を幸せにするからです。経験は、購入の瞬間に終わらず、人の心の中に、人生の重要な一部として残るため、好まれるのです。この意味で、旅行者の経験は、旅行者自身の知識を深める経験となります。旅行中に地元コミュニティや出会った人との交流を積極的に行う人は、その場での経験のみならず、その経験が記憶に残り、旅行が終わった後もよい気分がもたらされるといった感情を経験するのです。

第 4 章　シェアリングの世代に向けて　**113**

　観光分野においてより具体的には、世界中の若者が主に利用しているプラットフォームとして、家や部屋の貸し借りができるというものが挙げられます。なかでも Airbnb は、短期宿泊の需要と供給をつなぐポータルサイトとして際立っていて、前述のライフスタイルを完全に体現したものです。このサイトでは、需要側と供給側の両者間で住宅の交換や、観光客への住宅の全体または一部の貸し出しが可能です。Airbnb は、すべてのビジネスにおいて「本物」（authenticity）を追求しています。ユーザーは、経済的な理由（節約）だけではなく、地元の住民と直接交流できることを理由に、このサービスを楽しんでいます。同じ理念を持つ他のプラットフォームとしては、BeWelcome や CouchSurfing があります。それらのサービスでは、旅行者は他のユーザーの自宅（またはその一部）に一定期間無料で滞在することができます。また、若い旅行者の興味を引くサービスとしては、旅行先の地元の人の家で食事をし、その土地の料理を味わいながら、その土地に関する知識を教えてくれたり、ライフスタイルや日常生活の一部を紹介してくれたりする地元の人と交流できるというものもあります。

　一部の観光客にとって、地元の住民の人たちと直接関わることは非常に魅力的な経験です。滞在先について、そこに住む人たちの目を通して知ることができるからです。さらに、Monaco（2019b）によれば、この種の慣習は「変容」（transfigured）と定義できる観光体験も活性化させます。つまり、ホストとして他の地域から訪れるゲストを受け入れ、自分の家の中で自分とは異なる生き方、考え方、行動様式を持つゲストをもてなし、移動することなくポストモダン的な観光体験で求められるあらゆる恩恵を享受することができるのです。Trua（2016）が CouchSurfing.com ポータルでのホストとしての経験を語っていることは、自宅に他の国の人が滞在することで、彼女の日常は情報や逸話、経験の交換の場へと一変したというものです。明らかに、変容した観光は、旅の出発地であると同時に目的地でもある、新しいハイブリッドな空間性を生み出すことができます。このようなことは、人が自宅に居ながらにして観光客になるという経験を生み出します。ホストとなる人は、他の地域からやって来るゲストに対して扉を開き、彼らの日常生活に入り込み、彼らのアイデンティティに大きな影響を与えるような要素を提供することができるのです。この観

114　第 2 部　観光におけるテクノロジーとシェアリングエコノミー

光宿泊の方法は、消費と文化の相互浸透のプロセスにおける持続可能性とともに、関係性の本質的な信頼性を支える相互活動を実際に支えています。

共有の影

　共同消費や、特に若者が新しい形の観光体験を実践できるプラットフォームの利用に関心を持つことは、時間をかけて成熟してきました。しかし、こうした成熟も、シェアリングエコノミーに何らかの形で悪影響を及ぼす一連の要因によって相殺されてきました。まず、新型コロナによる緊急事態がもたらした困難に触れないわけにはいきません。この緊急事態は、間接的ではあるものの、お互いに知らない人との間に不信感を生み出し、感染の可能性によって信頼の水準を低下させる要因となりました（Monaco, 2021）。前述の通り、シェアリングエコノミーに関連したさまざまな分野やサービスがさまざまな形で影響を受けていることは明らかです。

　移動手段に関して、配車サービスの大手企業の一部は世界的に大きな危機に直面しました。2020 年、Uber 社は前年と比較して走行回数が 80％減少し、財務上の問題をしのぐため、従業員の 4 分の 1 を解雇しました。また、破産を回避するため、3 月下旬には Bird 社が従業員の 3 分の 1 にあたる 400 人以上を解雇せざるを得なくなりました。しかし、新型コロナの拡大が落ち着いた後、人は公共交通機関を利用するよりも、このようなサービスを利用することを好み、その状況は徐々に回復しつつあります。したがって、このようなシナリオでは、シェアモビリティソリューションや相乗りは、旅行者の絶対的な安全性を保証するために必要な規制や衛生・健康上の予防措置に従う必要があります。より具体的には、人の間に依然として根強く残る感染への不安は、モビリティ事業に携わる企業が乗客の健康と安全に配慮するという考え方を広く知ってもらうことができれば、さらなる成長を促す原動力ともなり得ます。企業は適切な衛生管理を保証するだけでなく、乗務員と車両の状態を常に注意深く監視することが何よりも重要です。新型コロナが最初に発生した中国では、DiDi（Uber のようなオンライン配車プラットフォーム）も、CEO の Liu Qing が CNBC のインタビューで明らかにしたように、乗客数の減少という危機を経験

しました。2020 年 1 月初旬に新型コロナが流行したことを受けて、DiDi は迅速に必要な緊急措置を講じました。DiDi のドライバー全員にマスクと消毒液が配布され、乗客とドライバーを隔てる透明カバーが設置され、ドライバーは毎日特定の時間帯にアプリで体温を記録し、ドライバーと乗客はマスク着用を義務づけられ、マスクを着用しない乗客をドライバーは拒否できる権利を持つことなどが定められたのです。2020 年 5 月、乗客数は新型コロナ発生前の 60〜70％まで回復し、2 月の最低時の 5 倍に達しました。

　同様に、ホスピタリティ業界は世界的にロックダウンによって大きな打撃を受けました。Airbnb は予約件数が約 90％減少し、従業員の 4 分の 1 を解雇しました。これは、休暇を諦めるか諦めたがっているユーザーに返金する必要があったためで、その金額は 10 億ドル以上にのぼりました。この状況のすべてが同社の時価総額の暴落につながったことは間違いありません。この緊急事態に対処するため、パンデミック後の期間に、この巨大企業は一連の方策を実施しました。ホストに柔軟なキャンセルポリシーの適用を奨励し、すべてのユーザーが必ず従わなければならない清掃と消毒のためのプロトコルを導入し、自宅に長期滞在する旅行者に有利な価格保証を提供するいくつかのプロモーションキャンペーンを開始しました。さらに、この苦境に対応するため、Airbnb はネットワークが持つ可能性を最大限に活用し、ユーザーにオンライン観光体験を楽しむ機会を提供しようとしました。国際的な移動が再開される前から、このプラットフォームは、ポータルサイトにデジタル経験専用のセクションを設けることで、ビジネスに何らかの代替案を示そうとしてきました。これによって、旅行者は自宅に居ながら、訪問予定の場所の文化を楽しむことができました。1 ユーロから 40 ユーロの料金を支払うことで、世界中の旅行者は、語学コース、料理教室、ガイド付きツアー、美術館や修道院の見学、ダンスレッスンなどの一連のデジタル経験だけでなく、ショー、フェア、イベントなどの典型的なアクティビティにも参加できたのです。すべてのアクティビティは、Zoom を通じてアクセスできました。Airbnb は、最初の期間に、世界 30 カ国で開催される 100 以上のデジタルアクティビティをユーザーに提供しました。短期から長期の目標は、これらの経験を楽しめる地理的範囲を拡大し、100 カ国以上を巻き込むことで、感染の恐れからまだ行動が制限されている人々

116 第2部　観光におけるテクノロジーとシェアリングエコノミー

が、オンデマンドでさまざまな場所を発見し、訪問できるようにすることでした。

　経験を共有するうえで悪影響を及ぼす可能性のあるその他の要素としては、サービスの質が低いこと、オンライン上でしか知らない人に対して信頼が欠如すること、個人情報を共有することへの不安などが挙げられます。これらの悪影響は、旅行者とホストを保護する単一の明確な規制が存在しないことによってさらに深刻なものとなります。

　欧州議会（2015）の報告によれば、シェアリングエコノミーの急速な発展は、チャンスであると同時に課題でもあります。実際、シェアリングエコノミーサービスの大部分は、まだその市場占有率は非常に限られているものの、観光業に影響を与えています。その創造力と競争の代替形態の出現は、主なチャンスです。しかし、必ずしも単純明快で明確に定義されているわけではない税制や法律は、主な課題となっています。

　ヨーロッパのシェアリングエコノミーの地理的広がりを捉えるために選ばれた6つのヨーロッパの国（ドイツ、イタリア、オランダ、ノルウェー、スイス、イギリス）で実施された定性調査（Ranzini, et al., 2017）によれば、ミレニアル世代は人種、性別、性的指向に基づく差別を時折経験していることが明らかになっています。多くの回答者にとって、このようなネガティブな経験に遭遇する不安が、積極的な政策立案へ声を上げていくことに躊躇してしまっています。

　このような状況下で、これまで取り上げてきた関係性重視の観光形態が将来的に移動経験の中心的な位置を占めるようになった場合、政策立案者による介入が、新しいシェアリングサービスの透明かつ規律ある管理を保証するために必要となることは確実です。

まとめ

　要約すると、新たな世代は、それ以前の世代が示したものよりも、より全体的なアプローチで幸福を追求していると言えます。こうした世代の若者たちは、仮想世界と現実世界の境界線を曖昧にするメディアやソーシャルネット

ワークによって支えられています。若い世代の人たちが示す姿勢は、学術界で
も長らく根強く存在していた、新たなテクノロジーが世界の本質的価値を低下
させるという説を完全に否定するものです（Mandich, 1996）。新たなテクノロ
ジーと仮想空間は、世界観を豊かにし、可能性の幅を広げるうえで大きく貢献
する重要な資源なのです。言い換えれば、新しいテクノロジーは、不在と存在、
ローカルとグローバル、近さと遠さ、といったものの融合を可能にし、個人の
成長、社会的交流、文化的交流の機会を増やし、拡大させていくのです（例え
ば、Colombo, 2005; Couldry and McCarthy, 2003; Nyiri, 2005; Monaco, 2018a;
Moores, 2012）。

　この重要な観点から、経験経済は、経済的な余裕のなさに対する具体的な対
応策であると同時に、時代を超えて続く幸福な状態を享受するための戦略であ
ると解釈できます。ミレニアル世代以降、若者はブランドとの対等な対話を通
じて得られる真実や本物への継続的な探求として、消費経験を積むようになり
ました。このような状況から、ブランド企業は、将来的に若い世代の注目を集
めることに成功するかもしれない、かつてないインタラクション戦略を採用す
るよう迫られています。特に観光分野では、企業はソーシャルネットワークの
強みを巧みに活用し、対等な会話を活性化させ、単に販売しようとする商品や
サービスではなく、興味深いと考えられる体験を提供できなければなりませ
ん。先駆的な企業の一例として、多感覚マーケティング（multisensory
marketing）による顧客経験関連プロジェクトに多額の投資を行っている航空
会社ブリティッシュ・エアウェイズが挙げられます。近年実施されたさまざま
な取り組みのなかで、空港ターミナルのラウンジに広がる芝生の香りが、搭乗
待ちの乗客の気持ちを和ませています。また、ロンドンのコヴェントガーデン
を訪れる人を対象としたゲーム「Top 18 2018」では、優勝者に航空会社が就
航する 18 の旅行先のうち一つのチケットが贈呈されたりしています。

　今後、企業は社会貢献や意思決定の根底にある倫理規範をこれまで以上に適
切に強調し、可視化していく必要があるでしょう。例えば、Airbnb が新型コ
ロナの緊急事態のピーク時に経済的な困難に直面していたにもかかわらず、
ユーザーに、経済的利益だけでなく社会福祉にも関心があることを示すことを
目的とした一連の称賛に値する取り組みを開始したことも偶然ではありませ

ん。具体的には、世界レベルで緊急事態がピークに達した期間、Airbnbはホストに自宅を開放し、医療従事者や医療スタッフに無料または割安な宿泊施設を提供するよう呼びかけました。同時に、Airbnbは、医療危機にあって、宿泊先を必要とする医療従事者へ宿泊施設を提供するための募金活動を開始しました。これは、危機的状況においても、より責任ある支援方法でホームシェアリングを促進する戦略でした。

　結論として、特定の地域の背景やターゲットとなる個人の希望に関わらず、シェアリングエコノミーの進展といったこの新たな展開は、利益の追求という論理からは多少逸脱するかもしれないが、持続可能なイノベーションに向けてビジネスモデルを再構築する機会となるかもしれません。もちろん、この視点は観光業に関わるすべてのプレイヤーに適用できるわけでもありません。

　過去には、シェアリングエコノミーが観光地に悪影響を及ぼしたことも忘れてはなりません（例えば、Bocken, et al., 2014; Jackson, 2009）。シェアリングエコノミーのモデルすべてが必ずしも「環境にやさしい」または「公正」というわけでもありません。なかには基本的な経済理論に従ったものもあるからです。また、一部のシェアリングエコノミーモデルは、既存の安定した雇用を不安定で低賃金、時には搾取的、あるいは違法な労働関係に置き換え、労働者の権利を損なう危険性もはらんでいます。

　Verboven and Vanherck（2016: 24）の報告によれば、「シェアリングエコノミーのビジネスモデルは、補助金配分のミス、所得格差の拡大、体系的な健康・安全対策の欠如といった負の外部性によって、常に社会利益を最大化できるとは限らない」ことが指摘されています。

　中長期的に見ると、横断的に関わる対象は多岐にわたるものの、将来は、技術革新と持続可能な開発に基づく責任ある社会経済へと向かうべきであり、権利保護と社会正義の向上に不可欠な手段として、技術の果たす中心的役割を明らかにする必要があります。

　絶えず変化し続ける新たなパラダイムにおいて、観光業と新たな世代の両方が、共有財産、労働者および市民の権利の尊重、そして積極的な関与を考慮に入れなければなりません。そうすることで初めて、国の内外における社会そして環境面での公正の問題に対処する「公正な移行」（just transition）が可能に

なるのです（Morena, et al., 2020）。

　公正な移行を推進するための第一歩は、過去の過ちを繰り返さないこと、そして何よりも、若い世代から生まれる最も革新的で責任ある声に耳を傾け、社会的格差や不平等も解消することです。

注
（1）プラダ・グループ　ホームページ　https://www.pradagroup.com/（2024 年11 月 8 日閲覧）

第3部

世代、ジェンダーと
観光における LGBT 問題

第5章

ジェンダー、世代と観光（ツーリズム）

はじめに

　この章では、世代交代および特に若い世代（ミレニアル世代とZ世代）に焦点を当てたジェンダーと観光との関係について考察します。この章の目的は、観光体験とその活動世代の分析にジェンダーの視点を取り入れることです。ジェンダーの視点とは、男女の身体的、生理的な違いによって社会的なカテゴリを分ける、社会構造としてのジェンダーを概念化したもので、人を性別という分類をベースに、それぞれの社会生活や人との付き合い方、それぞれの機能と責任を決定づける価値観や規範、社会慣行の制度化されたシステムのことを言います（Lorber, 1994; Millett, 1971; Ridgeway and Smith-Lovin, 1999; Risman, 2004; Rubin,1975; Scott, 1986）。ジェンダーの概念は社会の中で長い時間をかけながら、複雑な慣習や共通の理解を通じて生まれ、文化的な背景によって変化し、維持され、そして更新されて行きます。「ジェンダーらしくふるまう」場面は、実は日常生活の中で数えきれないほど遭遇するのです（Thompson and Armato, 2012; West and Zimmerman, 1987: 130）。

　Swainが言うように（Swain, 1995: 247）、レジャーとしての観光は人間関係から成り立っているので、地域レベルのみならず世界レベルでもジェンダーシステムに相互に影響を与え合います（Kinnaird, et al., 1994）。観光体験も、ジェンダーの社会構築（構成）主義に関するわれわれの一般的な理解に基づいているので、当然のことながらその影響を受けることになります（Hall, et al.,

2003)。つまりジェンダーは、あらゆる観光活動の社会的な構成過程を分析・説明するうえで重要な要素となります。このような背景から観光研究の世界ではジェンダーに配慮した研究への関心が高まっていて、特にこの分野はまだまだ改善の余地があるといわれています（Chambers, et al., 2017; Pritchard, 2018; Segovia-Pérez, et al., 2019）。観光ジェンダー研究の軌跡を概説した Cohen and Cohen（2019）は、1980年代に観光とジェンダーに関する研究が出現し始めたことに触れ、その基礎として観光研究年報（ツーリズム研究史）（Swain, 1995）の「観光におけるジェンダー」特集に焦点を当てています。Figueroa-Domecq and Segovia-Pérez（2020）が強調したように、ジェンダーの視点は観光研究の分野内のさまざまな領域、例えば消費者行動研究、観光活動と行動、観光開発、ホストと観光の関係、観光における不平等なジェンダーの力関係、ジェンダーの固定観念（Kinnaird and Hall, 2002; Swain, 1995; Pritchard and Morgan, 2000）に取り入れられています。最近では女性による観光研究を収録した本が出版されました（Correia and Dolnicar, 2021）。

　こうした重要な貢献があったにも関わらず、観光研究の世界ではこれまで、ジェンダーの要素を積極的に取り入れることをしてきませんでした。批判的思考と批判的ジェンダー研究が欠如していることは多くの学者が指摘していることであり（Figueroa-Domecq, et al., 2015; Figueroa-Domecq and Segovia-Pérez, 2020; Pritchard, 2018; Pritchard and Morgan, 2000; Westwood, et al., 2000）、そのために観光体験評価の中にジェンダー要素とフェミニスト視点を取り入れる研究が相対的に不足しているとも指摘されています。例えば、観光学の中で創出されるべき知識自体が少なくなり、女性が置かれる状況が危ぶまれる懸念が高まっています（Munar, 2017; Pritchard and Morgan, 2017; Tribe, 2006）。今こそ観光研究におけるフェミニストとジェンダーの研究をより深める時なのです。

　ジェンダー観やその他の固定観念によって、女性と男性では消費者としても生産者としても（例：Gilli and Ruspini, 2014; Pritchard, et al., 2007; Swain, 1995; Swain and Henshall Momsen, 2002; UNWTO, 2011b）、観光への参画の仕方や体験が異なります。長い歴史の中で、男女で異なる役割の価値と必要性を強調する伝統的なジェンダー観は、女性の移動性を著しく制限してきました（Wearing, 1998; Wearing and Wearing, 1988）。この移動性の制約というものは、

「家庭という空間とそこでの仕事」＝「女性のもの」だとみなすジェンダー観と密接に関係しています（Kelly, 2012）。第二次世界大戦以前は、外での余暇活動への参加率はジェンダーによって大きく異なり、女性の活動のほとんどは屋内で起こっていました（Collins and Tisdell, 2002）。しかし過去数十年の間に女性の移動性は徐々に変化し、今日では女性旅行者の数は世界中で増加しています。次の段落でその要因について説明しますが、歴史的に見た時に今の状況は、過去との強いつながりによって特徴づけられていることがわかります。一方では空間、場所、移動の概念が浸透した伝統的なジェンダー観は（Hanson, 2010）、現代社会においても根強く残っていて、余暇活動におけるジェンダーギャップと二分法は依然として存在しています（Godtman-Kling, et al., 2020; Jackson and Henderson, 1995; Khan, 2011; McGinnis, et al., 2003; Shaw, 1994; Wearing, 1998）。その一方、社会の変化は、別の観点から男性と女性のライフコース（人生の歩むべき道）の接近を促してきました。そうした変化のなかで最もよく知られているものとしては、女性の教育と雇用の増加、成人期への遅れ、結婚と出産の減少傾向、そして以前であれば男性だけが担っていた責任を女性が引き受けるようになったことです（Beck and Beck-Gernsheim, 2001; Hantrais, 2004; Jacobsen, et al., 2015; Lamanna and Riedmann, 2009; Oppenheim Mason and Jensen, 1995）。こうした変化の過程は、新しい世代の旅行に対する動機と行動そのものに大きな影響を与え、現代の観光業の大きな課題となっています。今日、若い女性は若い男性よりも旅行をしているような印象があり（Tilley and Houston, 2016）、女性自身が望んで一人旅をするケースが世界中で増加しています。

　女性のレジャーや観光への参画が増加している状況において、世界的パンデミックと前例のない課題は、この良い流れを覆す可能性があります。新型コロナの発生と、ウイルスとの戦いから起きた多数の制限は、世界の人々のライフコース、公共サービス、経済、行動機会に劇的な影響を及ぼしました。世界保健機関に報告された 480 万人を超える死亡者数、世界中で約 2 億 4 千万人の新型コロナの感染報告があり（WHO コロナウイルス疾患ダッシュボード、2021年 10 月 15 日）、新型コロナの大流行、9.11（アメリカ同時多発テロ）と 2008年の世界的金融危機（リーマンショック）に続く 21 世紀で 3 番目に大きい経済、

金融、社会的ショックと位置づけられています（OECD, 2020）。新型コロナとの戦いでメインとなった極端な隔離政策は、孤立を増大させ、不安と恐怖を引き起こしました。大小さまざまな規模のロックダウン（社会の隔離および自己隔離、移動や旅行の制限、国境封鎖、観光地の閉鎖）により、旅行と観光業界は新型コロナの影響を最も受けている分野の一つとなっています（UN Women, 2020; UNWTO, 2020a; 2020b; 2020c）。また、このような健康上の緊急事態のなかで既存のジェンダー不平等が悪化する可能性があるため、新型コロナが女性や女児に不利な影響を与えるのではないかという懸念も高まっています。

　こうした複雑な前提を踏まえて、この章ではまず理論的かつ実証的な研究の進歩の概要に基づいて、女性の旅行の歴史と女性の余暇活動への参画を制限してきた要素について概説します。次に、ミレニアル世代とＺ世代の旅行者の特徴を分析し、ジェンダーの役割と価値観の移行について取り上げます。最後に、コロナの流行が女性の旅行と、ポストコロナの女性の観光に与えた影響について考察し、両世代の回復力と変化に対する前向きな姿勢について紹介します。

過去

　レクリエーションへの参加機会は、今も（これまでも）社会全体で平等に分配されているとは言えません。女性は長い間、レジャー、旅行、観光において不利な立場に置かれてきました（Khan, 2011）。これまでの研究によって、女性のレジャーへの参加が制限される理由が明らかになってきています（Henderson, 1991; Jackson and Henderson, 1995; Wearing, 1998）。そのなかで重要な役割を果たすのが社会人口学的特性で、そこには家族の状況、民族グループ、社会階級、所得レベルといったものがあります（Godtman-Kling, et al., 2020）。レクリエーションへ参加の制約は、支配される側のグループに属する人々にとってより顕著であり、性別が重要な要因となります（Shores, et al., 2007）。対照的な特性を持つ「性別」は、レジャーや観光を含む現代社会で今も昔も変わらず重要な要素となっています（McGinnis, et al., 2003）。伝統的なジェンダー観では、男女の異なる役割の価値を強調し、男性は家計を支える活

動を通じて家族の役割を果たすべきで、女性は世話役であるべきだと示唆しています。これらのイデオロギーは、一方では、女性と女性らしさを家庭、プライベート、家庭空間、制限された移動性（日常の交流ともいうべきもの）と同一視し、他方では、男性と男らしさを公共、都市空間、広範囲にわたる移動性（刺激、挑戦、新しい経験、未知との遭遇をもたらす交流につながる：Hanson, 2010: 9）とみなしています。女性は出産できるため、主要な世話役だと見なされがちで、社会化[1]の過程を通じて、世話をすることが女性にとって「避けられない当たり前のこと」であり、「（女性としての）自然な役割を実現するために必要なこと」であり、「道徳的義務」であると理解されています。実際、女性は世話役としての役割を放棄した途端に社会的圧力を感じることになります（Friedemann and Buckwalter, 2014）。伝統的な家父長制の思想により、男性と女性は余暇活動への参画や、余暇活動に費やす時間に不平等性があります。女性は家族内での世話役であり、正規雇用に加えて無給の家事労働を伴うことが多いため、余暇活動への参加に制約がかかる傾向がありますが、男性は余暇活動に多くの時間を費やし、幅広い余暇への参加機会を持つ傾向にあります（Hargreaves, 1989; Shaw, 2001; Wearing, 1990; 1998）。制約の主なものとして時間、独立した収入、育児、安全な移動などのリソースの不足が関係しており、最も深刻な制限は、失業、シングルマザー、幼い扶養家族がいる女性、介護を抱えている女性、移民女性、高齢女性など、特定の女性グループが実際にこうした制約を経験してきています（Deem, 1982; Green, et al.,1990）。移動性の男女差はこれまでよく研究されており、女性は男性に比べて移動距離が短いことがわかっています（Pooley, et al., 2005; Tilley and Houston, 2016）。また、過去何世紀にもわたって女性の旅があったにも関わらず、最近まで、旅行、観光、探検に関する文献では女性の旅は一般的に見過ごされてきました（Wilson and Little, 2005: 156; Clarke, 1988; McEwan, 2000; Towner,1994）。

　昔は女性が旅行することは社会的に受け入れられず（Khoo-Lattimore and Wilson, 2017）、男性家族が同伴しない限り、女性の一人旅は決して許されない風潮がありました。Robinson（1990; Richter, 1994: 392 で引用）によると、「16世紀までは旅をし、尊敬を集める女性というのは通常女王か巡礼者のどちらかであった」。16世紀ヨーロッパの社会構造では、女性が家庭の外で過ごす機会

は非常に限られていました。女性のいるべき場所は家庭であり、公共の余暇は男性の領域であり、特権階級の女性だけが例外でした（Khan, 2011; Rybczynski, 1991）。17、18世紀になっても、女性の地位や状況に劇的な変化はありませんでした。女性は、主に家庭内の活動を通じて社会で重要な役割を果たし続けましたが、その役割は認められませんでした。女児への教育は彼女たちを良き妻や母親にするための方法だと考えられており、女児たちは学ぶために学校に行くことはなく、将来の手本となる母親から自宅で教育を受けました。高度な識字率を持つグループであっても、少女たちは基本的な読み書きと、裁縫やダンスなどの女性らしい活動しか教えられていなかったのです（Friedman, 1985）。18世紀には、良い結婚生活を確保することが、女性にとって唯一ではないにしても最も重要な目標であり、特に上流階級において女性は良い妻や母親になるために必要なことはすべて学ぶことが求められました（Jordan, 1991）。旅行はというと、家族の目標をサポートするため、宗教的な巡礼、もしくは健康や医療上のよほどの理由がない限り起こりませんでした。それとは対照的に、特権階級に属する男性には教育旅行を行う機会が与えられました。独身女性が一人で旅行するとその女性の評判が下がり、その後の結婚に悪影響を与えることすらあったのです（Richter, 1994; Rybczynski, 1991）。

　17世紀半ばから、上流階級では20代の子息を海外に送るのが習慣となっていきました。これはいわゆるグランドツアー（17世紀から19世紀半ば）と呼ばれる、紳士教育を身に付けるのに良いとされていた旅行のことです（Cohen, 2001）。一般的には英国貴族が行っていたというイメージが強いですが、ヨーロッパ各地（デンマーク、フランス、ドイツ、オランダ、ポーランド、スウェーデンなど）の裕福な家庭も、経験のために子息を海外に送り出していました。この長期旅行には、通常ヨーロッパ大陸を2年から4年かけて周遊し、若者に西洋文明の発祥地とされるイタリア芸術と文化に触れさせることを目的とした長期滞在も含まれていました。またそこには勉強の監督も兼ねた年上の経験豊富な家庭教師が同行することが多く、グランドツアーは完全に男性の通過儀礼として始まったのです。しかし、18世紀後半になると、所得の増加に加え旅行に関わる費用や安全性が改善され、ヨーロッパの政治情勢も変化したことから旅行は女性にとっても身近なものとなっていきました（Gleadhill,

2017）。ただし、男性の親族と一緒であることが条件でした（Dolan, 2001; Lindeman, 2017）。女性のグランドツーリストの有名な例としては、M. W. Montagu（1689-1762）、A. R. Miller（1741-1781）、H. L. Piozzi（1741-1821）、M. Starke（1761-1838）、E. Holland（1771-1845）、C. Wilmot（1773-1824）などが挙げられます（Olcelli, 2015; Watts, 2008）。

そして現代へ

　19世紀の旅行は民主主義化され、また女性化が進みました（Haynie, 2014）。初期の女性旅行作家の多くは、宗教団体に属する女性か、貴族や外交官の妻であったのに対し、19世紀には夫に同行するだけでなく、単独で旅行する女性の数が増加しました（Robinson, 1994）。1800年代半ばまでには、単独の女性旅行者が明らかに増加傾向を見せはじめました（Pemble, 1987）。この進歩は、女性や女児への教育機会の促進、産業化および都市化、新たな繁栄の恩恵を享受する中流階級の登場、科学的革新と技術の向上など、多くの社会的、文化的、経済的変化の上に成り立っていました。19世紀には、女子に対する義務教育が拡充され、女性は教師としても学習者としても教育の中心的な役割を担うようになりました。ただし、学校のカリキュラムは男女で異なっていたため、西洋諸国では19世紀後半になってようやく女子学生を受け入れはじめました。鉄道を筆頭に近代的な交通手段が発達したことで旅行に関する課題が解決され、旅行をする女性が増えていきました（Bourguinat, 2016）。
　そしてこの時期、ヨーロッパで最初のフェミニスト運動が形成されました。1850年代にイギリスとスカンジナビア地域で始まったこの波は、西ヨーロッパと中央ヨーロッパへ、そして1870年代と1880年代には東ヨーロッパと南ヨーロッパに広がっていったのです（Briatte, 2016）。女性たちは未踏の地に、多くの場合一人で旅することでそれまでの伝統的な空間と境界の概念を覆し、社会的、性別で定義された慣習に逆らい始め（Sambuco, 2015）、その結果、女性旅行者数が増えその重要性も増していきました。よく知られている例としては、二度の世界旅行（1846〜1848と1851〜1855）を敢行したオーストリアの探検家であり旅行作家のI. Pfeiffer、1849年から1851年にかけて米国全土

を旅行したスウェーデンのフェミニストで作家の F. Bremer などが挙げられます。母親とともにノルウェー（1856）、シチリア島、カラブリア（1857）を旅したイギリスの旅行作家 H. Lowe、アジアと太平洋を旅したスコットランドの旅行作家で画家の C. F. Gordon-Cumming、西アフリカ（1893〜1895）の英国人旅行家であり民族学者の M. H. Kingsley、19 世紀に中東を旅した数少ない女性の一人である英国の作家で考古学者の G. Bell、そして、時に男装をして北アフリカに住み、旅をしたスイスの探検家 I. Eberhardt などがいます。

　20 世紀の観光業の発展は、時期を分けることができます。初期の急成長期、第一次世界大戦による停滞期、戦時中の旅行と観光業の著しい成長、第二次世界大戦、そして戦後の観光業の急成長期です。1930 年代後半は、マスツーリズムの種がまかれた時期です。労働組合の圧力によって、ヨーロッパの労働者は平均 1 週間から 2 週間の有給休暇を勝ち取りました（Vukonić, 2012）。1936 年、国際労働機関（ILO）は「有給休暇条約（第 52 号）」を採択、1 年間の継続勤務後少なくとも 6 日間の年次有給休暇（16 歳未満の労働者は 12 日間）を付与することを規定しました。年次有給休暇は、第二次世界大戦後に普及しました。1930 年代初頭には自動車の普及により観光業がさらに刺激され、自動車観光が急速に成長しましたが、戦時中は航空機がその役割を果たし始めました（Sezgin and Yolal, 2012）。第二次世界大戦後の経済的、社会的変革により、西側諸国では観光業が民主化され休暇は決して富裕層だけの活動ではなくすべての社会階級の人々が楽しめるものとなったのです（Gardiner, et al., 2013: 311）。この時期に観光業を変え、若い世代の形成期の経験のみならず信念や価値観、行動にまで影響を与えた文化的、経済的、技術的発展は、戦後の経済好況と結びついており次のようにまとめられています（Sezgin and Yolal, 2012）。経済的繁栄の向上、民主主義と平等意識の高まり、個人輸送の普及、航空輸送の急速な成長、1960 年代に文化勢力となったテレビの爆発的な普及、旅行業者という役割の重要性、有給休暇を享受する人の増加、などが挙げられます。1960 年までに、ヨーロッパ大陸のほとんどの労働者は 2 週間の有給休暇（ノルウェー、スウェーデン、デンマーク、フランスでは 3 週間）を法的に取得する権利を得て、自宅以外の場所で休暇を取る労働者が増えていきました（Judt, 2005: 340）。1960 年代初頭から 1970 年代にかけてのカウンターカル

チャーの波は、世界中のあらゆる世代に大きな影響を与え、新たな考え方や旅行の形態を生み出しました。とりわけ若者世代にヒッピー文化が与えた影響は大きく、自由への欲求を加速させる新しい行動や感覚体験といった、これまでになかった価値観が生まれました（Pereira and Silva, 2018）。初期の国内需要に続いて、1960 年代後半から 1970 年代初頭にかけて国際観光が急速に成長しました。それと同時に、消費者はこれまでよりも個人的な体験を求めるようになり、その結果、観光商品はより多様化し、コモディティ化（付加価値が無くなり汎用品になること）（商品化）が進みました（White, 2005）。当時の経済状況と戦略的イノベーションに呼応して、ツアーオペレーターや旅行会社は新しい目的地や異なるタイプの休暇スタイルを導入しました（Gardiner, et al., 2014; Gyr, 2010）。休暇や旅行は、年齢や性別（女性、独身者、高齢者）で定義された社会集団をはじめ、これまで以上に幅広い層の人々が利用できるようになり、それぞれのニーズに合わせた特定の商品が活用されるようになったのです。

　女性の移動パターンの変化は、1960 年代後半から 1970 年代の文化革命、第二次世界大戦後のフェミニズム運動（第二波フェミニズム）の影響、機会均等法、女性の教育の向上と労働力参加の増加、サービス部門と知識経済の拡大、移動手段へのアクセスの向上（Khan, 2011）など、主要な社会文化的および経済的傾向が複雑に作用し合う状況に照らして見る必要があります。Rosenbloom（2006）が指摘したように、過去 30 年間にほとんどの先進国で 3 つの主な傾向が見られました。女性、特に子供を持つ女性の有給労働への参加の増加、家事責任における分担の変化、世帯や家族構造の大きな変化（子供の数の減少、ひとり親家庭の増加、社会の高齢化）などです。こうした要素は旅行に大きな変化をもたらし、女性の旅行を促進し、移動における男女の差を減らすことに貢献しました（Frändberg and Vilhelmson, 2011; McQuaid and Chen, 2012; Rosenbloom, 2006）。家庭の外で働き、キャリアを追求する女性の増加により、休暇というものの位置づけが仕事の疲れを癒すためのもの、という部分で男女のニーズが一致したわけです（White, 2005）。運転免許証の所有割合は男性の方が高い傾向がありましたが（これは現在もそうである）、女性の免許証保有者割合はかつてないペースで増加しており、女性向け専用の旅行会社も急速に増えています（Tilley and Houston, 2016）。ビジネス旅行、アドベンチャー旅行、エコツーリ

132 第3部 世代、ジェンダーと観光における LGBT 問題

ズムなど、女性の旅行はここ数年で大きな一つの現象となっています。そんななかで最も注目すべき側面は、女性が世代に関わらず一人旅を選択することが増えていることで（Pereira and Silva, 2018; Wilson and Little, 2008）、多くの研究者がこのことを調査しています（Bialeschki, 2005; Bond, 1997; Chiang and Jogaratnam, 2006; Matthews-Sawyer, et al., 2002; McNamara and Prideaux, 2010）。これまでの研究で、一人旅をする女性の動機が特定されています。自分自身に挑戦したいという願望（Jordan and Gibson, 2005; Wilson and Little, 2005）、自立心や独立心を育みたいという願望（Butler, 1995; Wilson and Harris, 2006; Wilson and Little, 2008）、新たな経験として、リラックス目的、自己発見、自己認識の探求（Bond, 1997; Chiang and Jogaratnam, 2006）といったものまで、さまざまな理由があります。もう一つの特筆すべき理由は、社会化および他の旅行者や現地の人々との交流の重要性です（Jordan and Gibson, 2005; Wilson and Harris, 2006; Wilson and Little, 2005）。今日、一人旅をする女性たちは、いま最も成長し影響力のある市場セグメントを体現していると言えるでしょう。

　しかし、移動における男女差は、雇用（水平的および垂直的分離の両方において）、介護および家事労働、伝統的なジェンダー観や偏見による多大な不平等のために依然として大きいのが現状です（Transportation Research Board, 2006）。過去の研究（Whyte and Shaw, 1994; Wilson and Little, 2008: 181-182）で指摘されているように、女性の一人旅は常に安全上のリスクにさらされており、「女性のあるべき旅行行動」という社会的偏見との戦いでもあります。女性の一人旅については、「女性の旅行恐怖地図」（Valentine, 1989）に詳しく書かれています。ここでは女性の旅行および独立した観光体験の動機が、依然として家父長制の社会統制の構造によってある程度影響されていることを示唆しています。観光は性的でジェンダー化された空間であり、そのなかで行う女性の一人旅は自らリスクを取る行動と見なされています。女性の単独旅行者は、旅行中に男性から暴力や嫌がらせ（不快な視線、不適切な発言、身体的または性的暴行）を受けるのではないかという恐怖を常に感じているのです。

現在と未来の間で　ミレニアル世代とＺ世代

　第１章で述べたように、Mannheim が言うところの「世代」とは、同じ状況下で人生が形成されていった人々を見分けるための概念とも言えるでしょう（Mannheim, 1928; 1952）。各世代にはそれぞれの個性があり、これはその時代の文化、技術、経済、社会の出来事がその時代を生きる人々の人格形成やライフコースそれぞれに異なる影響を相互的に与えるためです。この相互作用は、世代全体のアイデンティティに影響します。これまでの研究では、歴史的な傾向として、平等主義的観点から見たジェンダーの役割は世代の変化に起因し得ることが示唆されています。ジェンダー平等主義への支持が高まっている理由として最もよく聞こえてくるのは、教育の拡大（Thijs, et al., 2019）と女性の労働への参画の増加です（Brewster and Padavic, 2000; Brooks and Bolzendahl, 2004; Cotter, et al., 2011）。一方で、教育には自由化の影響力を与え、多様性と平等について考えさせ、ジェンダーの固定観念に疑問を抱かせ、公私すべての領域における新しい男女の役割観に対する個人の許容性を高める力があるとされています（Bolzendahl and Myers, 2004; Thijs, et al., 2019; Vogt, 1997）。人が成人期に差し掛かる頃に暮らす社会の教育水準が高いほど、その人は男女平等主義を強く支持する傾向があり、この傾向は男性よりも女性の方が強く見られるのです（Thijs, et al., 2019）。一方、女性の労働参加率の上昇は、女性に幅広い経済的機会を提供し、収入を増加させ、職業を通して社会とつながることができ、男女間および男女内の不平等の様相を変えていきました（Morris and Western, 1999）。

　ミレニアル世代とＺ世代は、彼らの祖父母の世代よりもはるかに教育水準が高い傾向にあります。例えば、Pew 研究所の報告書「ミレニアル世代の生活：現代の若者と前世代との比較」（Bialik and Fry, 2019）では、米国のミレニアル世代がそれまでの世代よりも高等教育レベルが高いことをはっきりと述べています。米国のミレニアル世代の 25〜37 歳の 10 人中 4 人（39％）が学士号以上の学位を取得しているのに対し、サイレント世代では 15％、ベビーブーマー世代では約 4 分の 1、Ｘ世代では 10 人中約 3 人（29％）でした。こうし

た教育水準の向上は特に若い女性において顕著です。ミレニアル世代の女性は、同年齢で同程度の教育を修了する可能性がサイレント世代の約4倍（43%）です（Bialik and Fry, 2019）。Pew研究所の報告書「成人期の終わりとあいまいな未来：Z世代とは」（Parker and Igielnik, 2020）によると、アメリカのZ世代の年長者は、それ以前の世代とは異なる教育の軌跡を辿っていることが示されています。彼らは高校を中退することはほとんどなく、基本的に大学に入学しています。2018年に高校を卒業した18～21歳の人のうち、57%が2年制または4年制の大学に在籍していました。対して2003年のミレニアル世代では52%、1987年のX世代では43%でした（Parker and Igielnik, 2020）。女性の労働市場への関与については、前述のPew研究所の分析（Bialik and Fry, 2019）によると、1966年、つまりサイレント世代の女性が22～37歳のとき雇用されていたのはわずか40%で大多数（58%）が働いていなかったことがわかります。今日のミレニアル世代の女性は72%が雇用されており、働いていない人は全体の4分の1に過ぎません。ベビーブーマー世代の女性は転換点となりました。1985年には早くも、ベビーブーマー世代の若い女性では雇用されている人（66%）が働いていない人（28%）を上回っていました。さらに、2015年にPwCが75カ国のミレニアル世代（1980～1995年生まれ）8,756人を対象に、仕事とキャリアについてどう感じているかを聞いた調査では、ミレニアル世代の女性はそれ以前の世代よりも自信があり、キャリア志向が高いことが明らかになりました（PwC, 2015）。キャリアをスタートさせたミレニアル世代の女性のうち、相当数（49%）は現在の雇用主のもとで目指す地位に到達できると考えていますが、ほぼ半数が、社内昇進に関しては雇用主の考えた男性優位に偏りすぎていると答えています。交際中のミレニアル世代の女性のうち、86%は共働きカップルで、42%はパートナーまたは配偶者と同等の給与を得ています。その中の4分の1（24%）は主な稼ぎ手となっています。

　さらに、ミレニアル世代とZ世代のどちらも、ますます平等主義が進む社会環境に馴染んでいて、この世代では男女平等の考えが強くあります。前述のように、彼らはより多様な家族環境（離婚家族、複合家族、ひとり親家庭、別々の場所で暮らす家族（通称LAT）、レズビアン、ゲイ、バイセクシュアル、トランスジェンダー（LGBT）家族など）と、父と母が育児を分担する共働き家庭の両方

で育ち、男女平等は可能であり、良いことであるというメッセージを受け取っています。ミレニアル世代はベビーブーマー世代（および初期の X 世代）の子どもであり、ライフコース、ライフスタイル、制度を作り変えた戦略的世代とも呼ばれます（Edmunds and Turner, 2005; Leach, et al., 2013）。ベビーブーマー世代は人種差別や男女不平等と闘い、反戦デモに参加し、性の解放を支持しました。1960 年代後半から 1970 年代にかけての文化革命は、戦後の繁栄によって人々が非物質的な関心や脱物質的な価値観に興味を持つようになったことで推進され（Inglehart, 1977）、ジェンダー、結婚、家族生活に対する見方を再構築するうえで重要な役割を果たしました。この成長における男性中心主義的な偏見への政治的挑戦として、フェミニズムが経済成長と伴い台頭しました（Lang, et al., 2013）。1960 年代から 1970 年代に盛んになった第二波フェミニズムは、教育と雇用の平等、中絶と避妊の実現、性暴力（GBV）と夫婦間レイプに関する意識の向上、女性の性的解放など、最も代表的なフェミニスト運動の一部を網羅し、そこには平和と軍縮を支援するキャンペーンも含まれていました（Ryan, 1992; Schulz, 2008 を参照）。第二波フェミニズムは、戦後の西洋社会において、学生運動、ベトナム戦争反対運動、レズビアン・ゲイ運動、そして米国では公民権運動やブラックパワー運動のなかで成長しました（Kroløkke and Sørenson, 2005）。この時期を皮切りに、先進国のほとんどの地域で伝統的なジェンダーの役割が大きく変化していきました。実際、ミレニアル世代はオープンマインドで、男女平等、LGBT の権利、少数派の平等な権利をより支持している世代とみなされていて（Taylor and Keeter, 2010; Rainer and Rainer, 2011; Risman, 2018; 第 6 章も参照）、結婚や家族に対する考え方も変化しています（Parker, et al., 2019）。この点に関して、トランスジェンダーやジェンダークィアの若者の経験を含む 100 人以上の若者への詳細なインタビューに基づく研究で、Risman（2018）は、ミレニアル世代は家庭でも職場でも伝統的な男女の区別を嫌がるだけでなく、性に関する決めつけを完全に拒否することで境界線を押し広げているとしています。しかし、Risaman（2018）が言うように、ミレニアル世代は、ジェンダーに対する理解や自らの位置づけ、また進行中のジェンダー革命を推し進めるために使う戦略において大きく異なります。同時に、ミレニアル世代は結婚が遅くなり、パートナーシップや出産に関する

136 第 3 部　世代、ジェンダーと観光における LGBT 問題

長期的に人生の時間を割くことを控える傾向が強まっています。男女ともに、家族を築く前にまず貴重な人生経験を積み、仕事で地位を築きたいと考えているのです（Oláh, et al., 2018）。

　Z 世代とミレニアル世代は多くの点で似ていますが（Parker and Igielnik, 2020）、Z 世代はリベラルな姿勢と新たな社会動向に対するさらに高いレベルでの開放性を持って成人期に向かっています（Parker, et al., 2019）。Z 世代において伝統的なジェンダー観（女性は家にいて、男性は仕事に行く）は、多くの国でもはや標準ではありません。Z 世代は、異人種間の結婚や同性間の結婚に対して、年上の世代よりも肯定的な見方をしていて、完全な異性愛者や特定の性別にとらわれない人との交流が多い傾向があります（Deloitte, 2018; Ipsos Mori, 2018）。Pew 研究所の分析[2]（Parker, et al., 2019）によると、Z 世代は一人称に性別に中立な代名詞を使うことを好む人を知っていると答える傾向が高く（35％）、ミレニアル世代では 25％です。年齢が上がるにつれてこの割合は低下し、X 世代では 16％、ベビーブーマー世代では 12％、サイレント世代では 7％となります。最年少世代は、人の性別を尋ねるフォームやプロフィールには「男性」や「女性」以外の選択肢を入れるべきだと答える傾向が最も高く、おおよそ、Z 世代の 10 人中 6 人（59％）が同じ考えですが、ミレニアル世代では半数、X 世代、ベビーブーマー世代、サイレント世代では 10 人中 4 人以下となります（詳細は第 6 章を参照）。

　若い世代は、従来の「男らしさ」からの脱却も象徴しています。男らしさという偏見に疑問を抱く男性の数が増え、ミレニアル世代の男性や父親は、前の世代よりも平等主義的です（Ruspini, 2019; Ruspini, et al., 2011）。一方で、かつて女性が主流だった職業（カウンセリング、看護、小学校教師など）への男性の参画が増えています（Perra and Ruspini, 2013）。また男性の家事労働や介護へ参加、子育てへの関心の高まりも見られます（Dermott, 2008; Doucet, 2006; Oláh, et al., 2018; Parker and Livingston, 2018 などを参照）。良い親であることは、ミレニアル世代の生活における優先事項の一つであり、今（今日）の若い男性は、子育てに積極的に関わる親になりたいという強い願望を持っています（Parker and Livingston, 2018）。ただ同時に、変わりゆく父親像は、ある程度のプレッシャーを伴うため、新たな課題となっています（Ruspini, 2019）。ボス

トン大学のファミリー＆キャリアセンターが 2016 年に実施した調査（Harrington, et al., 2016）は、ミレニアル世代の父親が子育て、キャリア、仕事と家庭のバランスをどう捉えているかの理解を目的として行われ、関連するプレッシャーについてうまく要約しています[3]。ミレニアル世代の父親の大多数にとって、男女平等の推進と、育児を平等に分担する必要性に関する大きな動きがありました。同時に、伝統的な性の役割と価値観が依然として存在していることも示しています。ミレニアル世代の父親は、職場が求める仕事像として「仕事が最優先事項」であり、従業員は 24 時間 365 日対応可能で、長時間働くことが美徳とされることが未だに主流だと感じています。ほとんどの男性は、父親として子育てに関わりたいという願望と、キャリアを追求したいという願望のバランスを見つけようとするなかで複雑な葛藤に直面しています（Crespi and Ruspini, 2016）。したがって、ミレニアル世代の父親は、ミレニアル世代の母親と同程度の仕事と家庭の葛藤を経験する可能性があります。当然、労働者の視点と期待も変化しています。以前の研究では、世代が進むにつれてワークライフバランスの重要性と必要性が一般的に高まっているという一貫した見解が示されています（Buzza, 2017; Insead, Head Foundation and Universum, 2014; Lyons and Kuron, 2014）。父親の役割が大きくなるにつれて、その役割に対する期待と、情報に対するニーズも大きくなります。多くのミレニアル世代の父親は、オンラインで子育て情報を探しており、父親としてのヒントやガイドを求めて、家族や友人だけでなくインターネットにも頼っています（Pecorelli, 2016）。第 2 章で予想したように、ミレニアル世代の親が子供を持つことをアイデンティティの中心に考えているという事実は、観光の選択に影響を与えています。ミレニアル世代の親は、子供と一緒に旅行することをためらわず、上の世代に比べて旅行回数が多く、旅行期間も長い傾向にあります。例えば、「MMGY Global Portrait of American Travellers」では、ミレニアル世代が複数世代の旅行を好み、カップルや独身者より旅行する頻度も高いと述べられています[4]。また、子どもがいるミレニアル世代は、他のどの世代よりも海外旅行をしています。Boston Consulting Group on US millennials が米国のミレニアル世代を対象に実施した調査（Barton et al., 2013）[5]によると、ミレニアル世代は配偶者や子どもと一緒に旅行することが多く、他の世代よりも、団

体旅行や大家族、大人の友人との旅行をする傾向が強いことがわかりました。Skift Research によるオンラインの「ミレニアル世代および Z 世代旅行者調査2019」(Carty, 2019) では、オーストラリア、中国、インド、米国、英国[6]の5大旅行市場に居住する 16 歳から 38 歳の旅行者たちによる回答から、ミレニアル世代の親は、さまざまなタイプの旅行や旅行アクティビティに興味があり、環境に配慮した旅行に関心が高いことがわかりました。最後に、「MMGY 2019–2020 Portrait of American Traveller's」の調査では、安全性に対する懸念の高まりやシェアリングエコノミー導入が急速に進んでいることなど、旅行者の優先順位が急速に変化している様子が描かれています。

　若い世代がテクノロジーを信頼し、ロボットや人工知能（AI）に頼る傾向が高まっているというのは明らかです（詳細は第 3 章を参照）。2017 年のDeloitte Millennial Survey[7]によると、多くの人が生産性と経済成長の面で自動化のメリットを認識しています。また、自動化によって付加価値や創造的な活動、または新しいスキルの習得の機会が得られることも認識しています(Deloitte, 2017)。IEEE が実施した「Generation AI 2019: Third Annual Study of Millennial Parents of Generation Alpha Kids Second Annual Generation AI Survey」(2019) では、9 歳以下の子供が少なくとも 1 人いる 23〜38 歳の親2,000 人（ブラジル、中国、インド、米国、英国で各 400 人）を対象に調査が行われ、ミレニアル世代の親が AI や新しいテクノロジーをアルファ世代の子供の健康のために使用することに全くためらいがないことが明らかになりました。ミレニアル世代はロボット工学などの新興技術に精通しているため、近い将来、観光宿泊部門がこうした技術を導入してエンターテイメントを提供し、ゲストの体験を向上させることが可能になっていくでしょう。

過去、現在、未来の展望

　この章の目的は、世代間の違いを見ることによってジェンダー、世代交代、観光のつながりについて議論することです。

　男女の異なる役割の価値と必要性を強調する伝統的なジェンダー観は、歴史を通じて女性の移動と旅行体験を著しく制限してきました。19 世紀には、女

性の教育の大幅な向上、フェミニスト運動、女性の活動主義、さまざまな社会状況の変化、経済的要因、技術革新のおかげで、女性が旅行に参画できるようになりました。若い世代では、女性の旅行と観光が飛躍的に増加しています。いまや女性の一人旅は世界中で増加しており、パートナー（男性または女性）の同伴やツアーパッケージ旅行が無くても、一人旅を選択する女性が増えています。例えば、2018年のブリティッシュ・エアウェイズの「世界一人旅調査」では、ブラジル、中国、フランス、ドイツ、インド、イタリア、英国、米国の18〜65歳の約9,000人を対象に調査が行われ、女性の50％以上が一人で休暇を過ごし、女性の75％が今後数年以内に一人旅を計画していることが明らかになりました。イタリアでは、インタビューを受けた女性の63％が他の国を一人で旅行したことがあり、ドイツの60％がそれに続いています（British Airways, 2018）。この傾向は、世代を超えて女性をつなぐオンラインコミュニティ「The Solo Female Traveller Network」、世界中の女性旅行者を刺激し、つながり、力づけることを目的とした「We Are Travel Girls」、女性の旅行への取り組みを刺激し、教育し、サポートすることを目的とした旅行ソーシャルネットワーク「She Roams Solo」など、世界的な旅行コミュニティの台頭と結びついています。

　ジェンダー平等に向けたこうした動きが活発な状況で、ますます多くの女性がジェンダーの固定観念をくつがえすべく自律性と主体性を高め、具体的な旅行を行っています（UNWTO, 2019）。そんな折に新型コロナウイルスのパンデミックが発生しました。2019年の新型コロナ発生は私たちの生活を劇的に変え、個人レベルでは孤立、不安、恐怖を、より大きい視点では経済不安と雇用の不安定を招きました。新型コロナは人々の政府や機関への信頼を損ない、われわれは他人との関わり方についてかつてないほどに意識するようになりました。ロックダウン、旅行や移動の制限、国境の閉鎖などにより、観光業は新型コロナによって最も大きな打撃を受けた産業の一つです（UN Women, 2020; UNWTO, 2020a; 2020b; 2020c）。2020年の国際観光客到着数と収入の予測はすべて大幅な下方修正がなされており、将来の観光に関するすべての予測を再評価する必要があります。UNWTO（2020b）によると、2020年上半期の国際観光客到着数（宿泊訪問者）は2019年の同時期と比較して65％減少し、6月

140 第 3 部 世代、ジェンダーと観光における LGBT 問題

の到着数は 93％減少しました（UNWTO, 2020c）。2020 年 1 月から 6 月にかけての国際旅行需要の大幅な落ち込みは、国際観光客到着数約 4 億 4,000 万人の減少と国際観光からの輸出収入約 4,600 億ドルの減少につながります。新型コロナ危機は、世界中の旅行・観光セクターで数百万の雇用を危険にさらしており、若者と女性が特に失業の影響を受けやすい状況にあります。

　ミレニアル世代は、前の世代よりも貧しいだけでなく、その多くが家庭を持ち、子供を持つ傾向にあるので、最も苦しむ世代になる可能性が高いでしょう。経済諮問委員会（The Council of Economic Advisers, 2014）にあるように、ミレニアル世代の最も重要な特徴は、世界経済が非常に困難な時期に成人したということです（Martin and Lewchuk, 2018）。彼らは、前の世代の同時期の人たちよりも裕福でなく、収入が低く、資産や財産が少ない状態にあります。Z 世代はほとんどが 23 歳以下で、まだキャリアをスタートしていないため、コロナの流行が世界中でこの世代にどのような影響を与えるかを予測するのは簡単ではありません。ミレニアル世代とは異なり、この若い世代は失業率の低い、強い経済を受け継ぐはずでした。しかし、今ではすべてが変わってしまいました。新型コロナが社会的、政治的、経済的な世界情勢を再形成し、非常に不確実な未来を描いているからです（Parker and Igielnik, 2020）。Z 世代は、まだ学生かキャリアをスタートさせたばかりなので、景気後退の影響はおそらく何年も続くでしょう。10 代の若者は非常に不確実な未来に直面しており、これが人間関係に悪影響を及ぼす可能性があります。Fuse（2020）が最近、Z 世代の年長者 1,000 人を対象に行った調査では、ソーシャルディスタンスと隔離による不安や抑うつ、ソーシャルメディアの消費が増加していることが明らかになってきました。

　しかし、新型コロナによって引き起こされたかつてない健康と経済の危機に直面して、ミレニアル世代と Z 世代もより良い未来を築くビジョンを表明しています。「2020/2021 年デロイトグローバルミレニアル世代調査」[8]（Deloitte, 2020; 2021）では、両世代が回復力を維持し、より良い未来へのビジョンを共有し、地域的にも世界的にも前向きな変化を推進する決意を持っていることが明らかになりました。2020 年の調査では、ミレニアル世代と Z 世代は、個人的な課題や不安があるにもかかわらず、新型コロナの発生前も後も、より大き

な社会問題に焦点を当て続けていることも説明されています。新型コロナ危機により、これらの傾向が強化されたのかもしれませんが、回答者の4分の3近くが新型コロナによって他者のニーズに共感するようになり、地域社会のために行動を起こすようになったと回答しています。例えば気候変動は、新型コロナ危機前も危機中も、ミレニアル世代とZ世代にとって重要な問題として浮上しました。大多数（80％）は、政府と企業は環境保護にさらに力を入れるべきと考えていますが、新型コロナの経済的影響により、これらが後回しになるのではないかという懸念があります。

　ジェンダーに関しては、現在進行中の新型コロナ危機が女性に不都合な影響を与えるのではないかという懸念が高まっています。これは、既存のジェンダー不平等が悪化し、女性に対する差別や暴力のリスクが高まる可能性があるためです。脆弱なグループの女性（重い介護責任を負っている女性、シングルマザー、移民女性、家事労働者、不安定な仕事に就いている女性、農村地域の女性など）は、男性よりもはるかに高い経済的コストに直面することになります（Durant and Coke-Hamilton, 2020; UN Women, 2020; UNFPA, 2020）。公衆衛生を保護し、医療サービスの崩壊を防ぐことを目指す隔離措置の適用は、実際にはジェンダーニュートラル（中立）ではありません（OAS-CIM, 2020）。まず考慮すべきは、新型コロナ流行によって女性の無給介護労働の負担が大幅に増加しているということです。新型コロナによる健康上の緊急事態以来、制度的支援がない（または大幅に減少している）状態で、女性が不当に主な介護者の役割を担うようになっています。学校、託児所、高齢者・障害者施設の大規模な閉鎖は、介護の責任の多くを依然として担っている女性に特に影響を及ぼしています。女性は、有償労働（自宅または外出先でのオンラインとオフラインの両方）と通常の無償の家事労働を同時にこなす必要があるため、特に困難に直面しています。両親が在宅勤務をしながら子どもと他の親戚の世話をしている家庭では、状況はさらに困難です。ミレニアル世代の女性は、今や幼い子どもがいる年齢であるため、特に大変な状況です。新型コロナ以前に育児責任に苦労していた多くの女性が、今後さらなる障壁に直面することになるでしょう。新型コロナの流行自体は最終的には終息するとしても、若い女性のキャリアに長期的な影響を及ぼすのではないかと懸念されています。仕事の性質の変化と非典型的な雇用

142 第 3 部　世代、ジェンダーと観光における LGBT 問題

形態の拡大は、労働時間の柔軟性など、間違いなく新たな課題を提起しています（Lu, 2009）。

　雇用に関しては、女性は不確実で不安定な雇用である二次労働市場に密集しているため、男性よりも職を失う可能性が高くなっています（Durant and Coke-Hamilton, 2020; UN Women, 2020; UN, 2020a; 2020b）。また、新型コロナの影響が最も大きいと予想される業界では、女性の割合が突出しています。マッキンゼー・グローバル・インスティテュート（Madgavkar, et al., 2020）は、新型コロナの影響で世界的に女性の雇用者の 4.5％が危険にさらされているのに対し、男性の雇用者は 3.8％であると推定しています。これは、宿泊や飲食サービスなど最も影響を受けやすい部門で女性の雇用数が平均以上を占めているからです。前述のように、現在のパンデミック下では観光部門がどこよりも大きな影響を受けており、最も大きな打撃を受けるのはその中でも立場の弱い労働者です（UNWTO, 2020d）。観光業は世界的に女性労働者が過半数を占め（54％：UNWTO, 2019）、そのほとんどがスキルを必要としない、もしくは非正規の仕事に就いているため、女性は新型コロナによる観光業への経済的打撃を最も早く、そして強烈に感じることになるでしょう。非正規雇用（工芸品、食品、ビーチの屋台店員など）には法的保護がないため、女性は特に危機にさらされています。同様に、中小企業を経営する女性も危機に瀕しています。

　もう一つの重要な懸念は、女性の健康、幸福、そして性暴力（GBV: Gender Based Violence）です。女性は特に新型コロナ流行による健康と生命へのリスクにさらされており、その多くは新型コロナとの戦いの最前線に立ち、必要不可欠な医療サービスを提供しています。医療・社会福祉部門で働く女性は非常に多いのです。世界的にこれらの部門の労働者の 70％が女性であり、特に感染に対する適切な対処がない場合、病気にさらされるリスクが大幅に高まります（UN Women, 2020）。国によっては、女性の医療従事者の新型コロナ感染率が男性の 2 倍となっています（UN Women, 2020a）。移動が制限され、人々が隔離され、保護システムが弱体化すると、女性と女児が GBV や虐待を受けるリスクが大きくなります（OECD, 2020; UNFPA, 2020）。観光業界ではセクハラやその他の形態の GBV が蔓延しており、女性は観光の消費と生産において、身体的、性的、感情的、社会経済的虐待など、複数の相互に関連した暴力に遭

遇しているのです（Vizcaino-Suárez, et al., 2020）。したがって、観光業界の回復と共に、この業界を女性にとってより安全な働き場所にするため家庭内暴力やあらゆる GBV に対する法的保護を強化することが強く求められています。

　女性の存在は回復力を高め、支え、より大きな意味での責任ある持続可能な経済の達成に貢献することができます。女性は間違いなく民間と公共の両方で新型コロナへの対応に大きな役割を果たしています。母親、娘、看護師、助産師、地域の保健従事者として、女性は新型コロナの影響を最も受けたコミュニティの回復に貢献しています。女児と女性の能力開発を目的とした、将来を見据えた社会経済的計画と政策が今こそ必要であり、女性と女性団体の両方を新型コロナの世界的対応の中心に置くことが重要なのです（UN Women, 2020）。「私たちが知っているこれまでの世界旅行と観光の終わり」は、持続可能性を達成するための重要な要素であるジェンダー平等と女性の能力開発の課題に対処するために、「より責任ある、バランスの取れた観光」という正しい方向に進むための絶好の機会となるかもしれません。この意味で観光業が果たすべき取り組みは数えきれないほどあります。観光教育や研修への女性の参加を促進し、参入障壁を減らし、観光の計画や管理への女性の参加を支援しワークライフバランスを実現し、個人の安全に関する実践と認識を改善し、GBV に対する保護を強化することなどやらなければならないことは多岐にわたります（UNWTO, 2020d）。

注

（1）社会化とは、規範、価値観、信念、行動を将来のグループメンバーに伝えるプロセスであり、ジェンダー社会化とは、潜在的な男性と女性に、その特定のグループのメンバーとしてどのように行動するかを教育し、指導するプロセスです。

（2）2018 年 9 月 24 日から 10 月 7 日までの間に Pew 研究所の American Trends Panel（ATP）を使用して実施された 1 万 682 人の米国成人を対象とした調査と、2018 年 9 月 17 日から 11 月 25 日までの間に NORC AmeriSpeak パネルを使用して実施された 13 歳から 17 歳のティーンエイジャー 920 人を対象とした調査で、合計サンプル数は 1 万 1,602 人でした。

（3）この調査では、5 つの大手グローバル企業のいずれかに勤務し、少なくとも 2 年間の職業経験を持つ 22 歳から 35 歳の個人を対象に調査を行いました。こ

の調査には、定量的要素と定性的要素の両方が含まれていました。定量的調査はオンラインで実施されました。すべての企業はグローバルな範囲にありました。調査は米国事業所内でのみ実施されました。5つの企業で合計 1,100 人の従業員が調査に回答しました。従業員の調査への参加は任意でした。ミレニアル世代の父親に関するこの調査では、調査対象者（327 人）の 33％（親）と特に 151 人の父親の回答を主に参考にしています。

(4) 「MMGY Global Portrait of American Travellers」調査は、過去 12 カ月間に 75 マイル以上の旅行を少なくとも 1 回行ったことがある約 3,000 人のアメリカ人成人を対象とした年次調査に基づいています。

(5) この調査は、米国のミレニアル世代（16～34 歳）4,000 人と非ミレニアル世代（35～74 歳）1,000 人を対象に実施されました。調査には、ビジネス旅行とレジャー旅行に関する好みに関する質問が含まれていました。

(6) 「Millennial and Gen Z Traveller Survey 2019」調査では、世界 5 カ国に住む 16～38 歳の回答者を調査しました。中国（1,143）、インド（1,015）、米国（1,046）からはそれぞれ約 1,000 件の回答が収集され、これらの市場は規模が大きいため、オーストラリア（523）と英国（509）からはそれぞれ約 500 件の回答が収集されました。回答者は、過去 12 カ月間に少なくとも 1 回のレジャー旅行に行ったことを示す必要がありました。

(7) 「2017 Deloitte Millennial Survey」では、30 カ国で約 8,000 人のミレニアル世代に質問しました。参加者は 1982 年以降に生まれ、この世代の特定のグループつまり大学または大学院の学位を持ちフルタイムで雇用され、主に大規模な民間組織で働いている人々を表しています。

(8) 2020 年のレポートは 2 つの調査に基づいています。最初の調査は、COVID-19 の発生前にオンラインインタビューを使用して開始されました。現地調査は 2019 年 11 月から 2020 年 1 月にかけて行われ、43 カ国のミレニアル世代 1 万 3,715 人と 20 カ国の Z 世代 4,711 人が調査対象となった。2 回目の調査は、世界的なパンデミックが続いた 2020 年 4 月から 5 月にかけて同様の方法で実施され、13 カ国でミレニアル世代 5,501 人と Z 世代 3,601 人が質問された。調査対象となったミレニアル世代は 1983 年 1 月から 1994 年 12 月の間に生まれた世代で、Z 世代は 1995 年 1 月から 2002 年 12 月の間に生まれた世代である。全体のサンプル数 2 万 7,500 人は、デロイトグローバルがこのレポートを発行してから 9 年間で、ミレニアル世代と Z 世代を対象に実施した調査としては最大規模となる。前者の調査の回答者は後者の調査では質問されませんでした（https://www2.deloitte.com/global/en/pages/about-deloitte/articles/millennialsurvey.html）。2021 年のレポートでは、北米、ラテンアメリカ、西ヨーロッパ、東ヨーロッパ、中東、アフリカ、アジア太平洋の 45 カ国から 1 万 4,655 人のミレニアル世代と 8,273 人の Z 世代（合計 2 万 2,928 人の回答者）

の意見を集めています。この調査は、オンラインの自己記入式インタビューを使用して実施されました。フィールドワークは 2021 年 1 月 8 日から 2 月 18日に完了しました（https://www2.deloitte.com/content/dam/Deloitte/global/Documents/2021-deloitte-global-millennial-survey-report.pdf）。

第6章

LGBTQ＋と次世代観光

Fabio Corbisiero
（ファビオ・コルビシエロ）

はじめに

　本章ではレズビアン、ゲイ、バイセクシュアル、トランスジェンダー、クィ
ア、そして性的マイノリティ（LGBTQ＋）の人々と観光の関係を、特に若い世
代（ミレニアル世代とＺ世代）を重視して考察します。また観光のプロセスにお
ける世代分析には社会学的観点を取り入れます。この社会学的観点からすると
LGBTQ＋問題は、ジェンダー、性的指向、人種／民族、社会経済的地位に対
して多様なグループの連合を指す「コミュニティ」として概念化されます。

　そこで本章では、頭字語 LGBTQ＋で包括されるコミュニティに焦点を当て
ていますが、「L」、「G」、「B」、「T」で表わされる各集団が独自の特別な社会的
懸念とニーズを持つ独特のグループであることを認識することが重要です。セ
クシュアリティとジェンダーアイデンティティに関する個人や社会の理解は常
に変化しています。LGBTQ＋の概念は、さまざまな文化やアイデンティティ
が頭字語 LGBTQ＋の各性的アイデンティティの役割と責任を定める信念とセ
クシュアリティの多様な構成要素を表現しています（Plummer, 1981）。

　レジャーの際の移動における LGBTQ＋世代の研究は比較的最近のものです
が、これは世代交代と密接に関連した観光研究の近代後期の発展における重要
な問題を示しています（Corbisiero and Ruspini, 2018）。

　確かに LGBT ツーリズムは、同性愛者の知名度、役割、認識を高めることに

148 第 3 部　世代、ジェンダーと観光における LGBT 問題

貢献し、ブランドイメージを包括性と多様性と結び付けることで観光地にも利益をもたらします。またこの分野が最近拡大し続けており、観光関係者と観光地にさまざまな機会をもたらしています。この分野の可能性を活用するには、多様な LGBTQ＋旅行者の好みやニーズを正しく理解し、それに合わせて観光サービスを調整するという課題を克服する必要があります（Corbisiero and Monaco, 2022）。

　世界中で同性婚の問題や同性愛者の権利を取り巻く法律や規範の大きな変化や関心の高まりにも関わらず、社会科学分野を含む観光研究における LGBTQ＋の問題は、十分に取り上げられていないようです。最近では、観光におけるジェンダーや性的アイデンティティなどの特定の「ニッチ」な科学分野は社会学から研究の注目を集めていますが、同性愛者の観光はその複雑さから、学術的探究においては無視された領域のままです（Monterrubio, 2018）。

　この見地から観光学者たちが関わる地域においては同性愛者の包摂度の高さとむすびつける地理学的観点もあります。LGBTQ＋の人々を受け入れ始めるには、地域によってはもう少し時間がかかるかもしれません。

　2019 年の Pew 研究所の調査によると、調査対象となった 34 カ国のうち16 カ国で過半数が、同性愛は社会に受け入れられるべきだと答えているものの、世界的には意見の相違が残っていることがわかりました。スウェーデンでは、調査対象者の 94％が同性愛は受け入れられるべきだとされたのに対し、ナイジェリアではわずか 7％でした。調査対象となった 34 カ国全体では、同性愛は受け入れられるべきだと答えた人が中央値で 52％、同性愛は奨励されるべきではないと答えた人が 38％でした。地域別に見ると、同性愛の受容度は、西ヨーロッパと北アメリカで最も高くなっています。しかし、中央ヨーロッパと東ヨーロッパでは意見が分かれており、中央値で同性愛は受け入れられるべきとした人は 46％、受け入れられるべきではないとした人が 44％でした。サハラ以南のアフリカ、中東、ロシア、ウクライナでは、社会が同性愛を受け入れるべきだと答えた人はほとんどいません。南アフリカ（54％）とイスラエル（47％）のみで、4 分の 1 以上がこの見解を持っています。同じ調査によると、オーストラリアでは調査対象者の 4 分の 3 以上（81％）が同性愛は受け入れられるべきだと答えており、フィリピンでも 73％が同意している一

方で、インドネシアではわずか9％です。調査対象のラテンアメリカ3カ国では、大多数が社会で同性愛を受け入れています。

世代間のデータは、同性愛者に対する寛容さに良い影響を示しています。一部の統計では、複数の国では若い世代の方が同性愛者に対して寛容な見方をしているようです。例えば、2013年にPew研究所が39カ国の3万7,653人の回答者を対象に実施したオンライン調査では、若い回答者は一貫して年配の回答者よりも同性愛は社会で受け入れられるべきだと答える傾向が、強いことがわかりました。調査では、LGBTQ＋人口の若年成人の態度や経験は、さまざまな点で年配の人と異なることがわかりました。これは、若年成人が育ってきた社会環境がより寛容だったことを反映しているのかもしれません。例えば、若いゲイやレズビアンは、年配の同性愛者よりも、人生の早い段階で性的指向を明らかにする傾向があります。年齢差は特に韓国、日本、ブラジルで顕著で、30歳未満の若者は30〜49歳の人よりも寛容で、またその30〜49歳の人は50歳以上よりも寛容でした。さらに、調査はメキシコと中国の18〜29歳が年長のグループよりも同性愛者に対して寛容である一方、ロシア連邦、エルサルバドル、ベネズエラの30歳未満は、50歳以上よりも同性愛者に対して寛容でした。北米の成熟した海外旅行者の中にはミレニアル世代の回答者の容認度レベルがより高くなっています。スペインが90％、ドイツ87％、カナダ86％、イタリア79％、英国と米国では70％で、いずれも年長のグループよりも許容レベルが一貫して高いことを示していました。同性愛を受け入れるという態度は人々が住んでいる国によって形成されます。西欧やアメリカの人たちは東欧、ロシア、ウクライナ、中東、サハラ砂漠以南のアフリカの人たちよりも一般的に同性愛をより受け入れます。アジア太平洋地域における人たちは一般的に意見が分かれています。

このような態度の世代間の変化は国の経済発展だけでなく、宗教と政治的イデオロギーの影響もあるようです。この変化は、将来のLGBT＋の人々向けの旅行の進展にとって大変重要な結果です、なぜならこの未発達の顧客層に接近しようとする世界の地域は、性的志向で決めつけられない、世間から隠れる必要がないと感じられるような魅力的な観光地にする革新的な方法を見出す必要があるからです。同時に旅行の選択を通じて、自分たちは主流とは違っている

ということを伝えたい人達を歓迎する必要性を認識することが、重要なのです。ミレニアル世代が労働市場の大部分を占め、Z世代が大学進学を始めるなか、LGBTQ＋旅行者の新たな潮流を理解することはきわめて重要です。社会の態度が変化し、成功の鍵は単なるマス・マーケティングではなく、特定の消費者層に独自のものを提供する強力な「niche position（ニッチポジション）」(Novelli, 2005)であるという認識から、観光研究は現在、この急成長中のセグメントに焦点を当てるよう呼びかけています。一つ確かなのはミレニアル世代とZ世代双方にとって常識を打ち破ることはあまり抵抗がないということです。彼らは密接につながっており、テクノロジーの面でも進んでいて、グローバルな視点もあり、自身の祖父母や両親よりもはるかに新製品や新しいコンセプトを試すことに抵抗が無いのです。本章では、理論的研究と実証的研究のレビューを通じて、ミレニアル世代とZ世代のLGBTQ＋旅行者に焦点を当て、「レインボーツーリズム化」（注：多様な人々を受け入れる観光地に変えていくこと）について議論します（Corbisiero, 2016）。

　社会現象として、ミレニアル世代とZ世代のLGBTQ＋観光は、単に若さの問題であるだけでなく、社会的、政治的、経済的不平等に対抗する手段でもあると主張できるようになります（Murray, 2007: 49）。社会調査により、平等な権利（同性婚の導入など）に向けた進展があれば、観光地のブランド力向上や、若い世代の社会的ニーズに関連する観光客数と支出の増加という恩恵を受けることが証明されています（Hartal, 2020; Monaco, 2018b; Ram, et al., 2019）。

グランドツアーから現在まで：
レインボートラベル

　完全な市民権を獲得するための最初で最も強力な抗議運動で1969年、ニューヨークのクリストファー通りで襲撃されたストーンウオールイン（現在は国定記念物で、当時はニューヨーク市で最も人気のある同性愛者のバー）以来、LGBTQ＋の人々は異性愛中心の世界に対して次第に抗議するようになり、移動や旅行を通じても差別のない包括的な社会を要求してきました。それ以来、北米、そして後には現代世界の多くの民主主義国が、同性愛者の市民の平等を

保証し、ゲイの旅行者特有の問題に注目度を高めることに尽力してきました。ゲイコミュニティにとって重要な節目になったのは、1970年代初頭にアメリカ精神医学会が精神疾患のリストから同性愛が削除され、彼らのアイデンティティが非病理化されたことです。かなり後の1990年、世界保健機関も「国際疾病分類」から精神疾患としての同性愛を削除しました（Drescher, 2015）。

それ以来、ジェンダーおよび性的少数者に対する広範な法的、政治的機会が広がる傾向があり同性愛者の平等な権利に関する肯定的な社会の態度が高まるとともに、観光を含むさまざまな分野で社会経済的利益がもたらされています（Guaracino and Salvato, 2017）。この流れから、より効果的に運用された「ゲイに配慮した」観光活動が生まれました。例えば、1983年に設立された国際ゲイ・レズビアン旅行協会（IGLTA）は、同性愛者観光の発展を支援し、その社会的および経済的重要性を強調しました。今日、IGLTAは同性愛者観光部門で最も重要な組織であり、世界70カ国以上の多岐にわたる事業者に多くの関連会社があります。

同性愛者の旅行は最近の現象ではなく、彼らは何世紀にもわたって、母国ほど同性愛が疎外されない「安全な理想郷」（Aldrich, 2004）を求めて旅をしてきました。例えば、Aldrich（1993）は、性的な動機で地中海を旅した人々の調査で、19世紀後半から20世紀初頭にかけての多くのゲイの男性が「文化的、政治的信条」を共有していたことを発見しました。Aldrichはこれを「地中海神話」と定義しています。

旅行とセクシュアリティの関係は、ヨーロッパの植民地主義者によるエロチックで異国情緒あふれる旅に関しての研究として社会科学者によって初めて特定されました。Littlewood（2001）は、そのような旅行者を「性的巡礼者」と言い表し、同性愛者の男性が、そのなかの重要な存在であったとしています。「同性愛者のグランドツアー」は、ブルジョア階級の旅行習慣の一部として、またイギリス、フランス、オーストリアなどの同性愛嫌悪の母国から、イタリアなどの寛容な国への「文学的国外避難」の一部として研究されてきました。

これは、観光が今ほど形式化、制度化されていなかった時代でした。その主な目的は、文化的で社会教育的なものでしたが、グランドツアーはレクリエーションの機会であり、旅行者の社会的地位の承認でもありました（De Seta,

図 6-1 Art on the Grand Tour 1750–1820

出典：Johann Zoffany（1733–1810), The Tribuna degli Uffizi, 1772–1778/9, oil on canvas, 123. 5 x 155 cm（48 5/8 x 61 inches), Royal Collection.

1993)。ヨーロッパを発見するための旅行期間に、（グランド）ツーリストは地中海文化と地中海地域に見られる古典主義の膨大な歴史的・芸術的遺産に触れました（Hersant, 1988)。この経験は、貴族が同性愛志向のために「変質者」とみなした子供や親戚を故郷から遠ざける手段でもありました。言い換えれば、勉強と教育という口実で、若い同性愛者の親戚は、旅行が何らかの形で彼らを「正気に戻す」ことを期待して、彼らを故郷から遠ざけることができたのです（Fagiani, 2010）。

しかし同時に、当時の多くの若いゲイ男性も、故郷を離れて自分たちのアイデンティティで自由に生きるという隠れた意図を持ってグランドツアーを経験しました（Clift and Wilkins, 1995）。彼らは他の地中海諸国よりも若い同性愛者

に自由と自己実現の場を提供できた、主にイタリアとギリシャに滞在しました。当時の多くの北欧諸国とは異なり、イタリアのほとんどの州では反同性愛法がなかったか、法律が施行されていなかったのです（Beccalossi, et al., 2015）。イタリア、特に南部が英国や北欧の同性愛者に非常に魅力的だった理由はいくつかありますが、そのうちのいくつかは極めて実用的なものでした。19世紀を通じて、南イタリアでは男性の同性愛行為は、法的に処罰されず、1889年からは「ザナルデリ法典」の制定により、男性の同性愛行為は、全国規模で非犯罪化されました。国内での訴追により、裕福な英国人男性は、自国を離れて亡命するか、永久に国を離れられない場合は、同性愛に対するイタリアの寛容さを利用するために頻繁にイタリアを訪れるようになりました。さらに、イタリアではヨーロッパの他の国々よりも少ない資金で裕福な暮らしができました。

　IGLTAによると、同性愛者観光は、施設、宿泊施設、アメニティなど、同性愛者向けに特別に設計された観光商品やサービスの開発とマーケティングのおかげで、特定の観光セグメントとして認識されるようになりました。したがって、ゲイの男性旅行者を対象とした出版物の制作は、おそらく、この人口層が特定の関心とニーズを持つ市場セグメントとして認識された最も初期の事例です。その例は、1960年代のゲイ男性向け旅行ガイド「The Damron Address Book」で、ゲイの男性が頻繁に訪れ、彼らに友好的な施設を掲載した住所録を発行しました（Sosa, 2019）。その他、同性愛者の観光の認知度が高まったもう一つの重要な補足要因は、同性愛者のコミュニティが世界規模の移動に参加したことで、1960年代以降、さまざまな性的指向や性自認を持つ人たちを惹きつけた自由な雰囲気をもつ、北米やヨーロッパの主要都市で発生した公民権運動やゲイ解放運動の発展と関連しています。ニューヨーク、シカゴ、サンフランシスコなどのレインボーシティは同性愛者の権利運動の代名詞となりました、多くのゲイ旅行者の移動を引き起こしましたが、ロンドンやパリといったヨーロッパの大都市でバタフライエフェクト[1]も引き起こしました。その後、米国のプロビンスタウンやキーウェスト、ヨーロッパのイビサ島、グランカナリア諸島、ミコノス島などの海岸沿いのコミュニティが同性愛者観光の成長を支え、現在では同性愛者の旅行者は世界の観光産業の主要ターゲット市場の一

154 第 3 部　世代、ジェンダーと観光における LGBT 問題

つとなっています。

　なぜ私たちは LGBTQ＋観光について考える必要があるのでしょうか？　この傾向を説明するデータが絶えず求められるなか、LGBTQ＋旅行者はより頻繁に旅をすることや平均よりも多く支出する傾向のあるセグメントとして認識されるようになりました。社会の変化と、世界中で LGBTQ＋の人々に対する法的承認と保護の改善により、LGBTQ＋観光客は徐々に目立つようになり、これにより「消費者セグメント」としてターゲットにされやすくなりました。Hughes（1997）は、休暇、特に海外で過ごす休日は、同性愛者、とりわけゲイの男性に、母国では得難い LGBTQ＋の文化、慣習、ライフスタイルを体験する機会を提供すると主張しました。とりわけ、同性愛に関する西洋の見方では、海外旅行は、他を見て己を知るがごとく、新たな環境で自己発見と自己表現をする個人旅として理解されるのです（Hughes, et al., 2010）。

　時が経つにつれて、旅行は同性愛者にとってさまざまな形や意味を持つようになりました（Vorobjovas-Pinta, 2021）。この特定の移動形態が行われる方法は、単純な個人的傾向を超えた一連の要因の結果です。実際、現代社会の異性愛者は自分の性向や情熱に従って自由に旅行できるのが理想ですが、同性愛者というニッチ市場にとっては地域によって受け入れや扱いが異なるため、状況がまだ異なります（Moreira and Campos, 2019; Stuber, 2002）。同性愛者は依然として偏見や差別に直面しています。したがって、観光地の特性によっては、同性愛者の旅行者は旅行中に性的指向を隠さなければならなかったり、逆にゲイに友好的な観光地ではカミングアウトしたくなったりすることがあります（Friskopp and Silverstein, 1996）。

　幸いなことに、最近では、多くの観光地が差別に対処するための効果的な対策を講じています。これには、合意に基づく同性間の行為に対する刑事罰の撤廃、性的指向、性自認、インターセックス[(2)]などの条件に基づく差別の法的禁止、不当な要件なしでのトランスジェンダーの性自認の法的承認などが含まれます。同性カップルとその家族の法的承認、インターセックスの子供たちの身体的完全性の保護、同性愛嫌悪やトランスジェンダー嫌いをなくすための公教育および意識向上キャンペーン、ホームレスの LGBTQ＋とインターセックスの若者のためのシェルターの設置、学校でのいじめ防止への取り組みなどが含

まれます。世界中で同性愛の人々が完全に社会に溶け込み、特に移動の権利が
保証されていると主張するには、まだ長い道のりがあります。

LGBTQ＋の人たちはどんな旅行者なのか？

　誰しも旅行中は歓迎され、安全で尊重されると感じることを望んでいること
は確かでしょう。この歓迎されるという感覚は急速に増えつつあり、同性愛者
のコミュニティにとってお気に入りの観光地はそのようなことから西ヨーロッ
パの国々や北米で出現してきました。最近作られた「ゲイケーション」（Collins
English Dictionary, 2014）は、旅行または目的地のいずれかに同性愛者の文化
やブランドが顕著に表れる休暇の形態を指し、「共働き、子供なし」（DINKS）
（van Gils and Kraaykamp, 2008）は、この成長セグメントの社会学的指標です。
特に、研究者は、観光地や地域に根ざした旅行者の消費と生産の複合体の研究
に重点を置いてきました（Costa and Lopes, 2013; Zukin, 1995）。しかし、これ
らの現象は批判も受けています。例えば、「ゲイフレンドリー」の経済的メリッ
トが主張され、公式のピンク観光マーケティング戦略や、主に白人のゲイ男性
が市場に「植民地化」されるという新しい（ホモ）資本主義のセグメントが生
まれました（Nast, 2002）。観光は同性愛者のロビー活動を強化し、文化的な近
接性に根ざしたこのような旅行は、異性愛の規範的な資本主義の家父長制に
取って代わる可能性さえあります（例：Knopp, 1992）。
　旅行者としての同性愛者に関する現存の実証研究を概観すると、1990 年代
から 2000 年代初頭にかけて、（特にゲイの）旅行者の経済力やいわゆる「ピン
クドル」の消費能力（例：Holcomb and Luongo, 1996）、同性愛者の好む観光地
や旅行の動機（例：Kinnaird, et al.,1994; Pritchard, et al., 2000; Puar, 2002）など
の問題に焦点を当てた大量の文献が出版されていたことがわかります。その多
くが男性を対象とする社会調査にも関わらず、LGBTQ＋として一括りにして
いるため、これらの人々がすべて同質的な観光プロセスを持っているという
誤った認識を植え付けてきましたが、コミュニティ内の多様性によってこの誤
解は覆されました（Therkelsen, et al., 2013; Corbisiero and Monaco, 2017）。何十
年もの間、性的アイデンティティにおける観光のテーマは、「性的」や「男性」

といった概念に支配されていました。あたかも、LGBTQ＋に関する観光の文献は、扱われるトピックの点では時間の経過とともに比較的均質化していますが、個人の性的アイデンティティの点ではそうではないと言っているかのようです。注目すべきは、ノンバイナリー[3]やトランスジェンダーのアイデンティティは、依然として見過ごされています。トランスジェンダー個人の旅行動機や観光経験は事実上無視されてきました。しかし研究者による仮定の多くは、同性愛者のコミュニティ全体にもあてはまります。

　Hughes（2002）が指摘したように、同性愛の旅行者は、旅行を計画する前に、同性愛について受け入れ可能性のある目的地の規範的、文化的状況を慎重に評価します。彼の研究からは同性愛の人々はジャマイカや中国またはアフリカ、イスラム、アラブの国々といった地域を訪れようとは考えません。これらのデータは同性愛者のコミュニティのごくわずかの割合（11％）しか反同性愛法（ロシア、ジャマイカ、ケニアのような）国を潜在的に興味深い旅行先として見ていないとする最近の研究（CMI, 2014）と一致しています。同性愛観光に関する社会科学的研究の他の一般的なトピックは、性的区別と休暇についての選択（例：Blichfeldt, et al., 2011; Casey, 2009）、例えば同性愛者のレジャースペースの構成（Pritchard, et al., 2002）などです。さらに、一部の学者は、年配のゲイ男性の休暇の構成要素（例：Hughes and Deutsch, 2010）や、LGBTQ＋観光ガイドの急増によるゲイ観光セグメントにおける目的地の競争力（Melián-González, et al., 2011）を分析しました。私たちが主張したように、社会研究者は、ゲイやレズビアンの観光体験とノンバイナリーまたはトランスジェンダーの個人の観光体験を区別できず、これらすべての特定のグループの休暇体験を性的問題によって定義されるものとして誤って報告してきました。Fiani and Han（2019）は最近、「LGBTQ」の「T」（つまりLGBTとクィアまたはクエスチョニング）が観光研究の中では無視されていると主張しました。トランスジェンダーの旅行者に関する最近の複数の研究では、同性愛者のような性的アイデンティティではなく、旅行中に非適合的なジェンダーの側面を肯定することの重要性を強調しています（Monterrubio, et al., 2020; Olson and Reddy-Best, 2019）。レズビアンに関しては、観光研究において社会学的なカテゴリとして無視されていることは、少なくとも一部の国では、レズビアンの市場力が低下している

と認識されていることや、レズビアンの社交的傾向に関係している可能性があります。Hughes（2006）によると、レズビアンは経済的に実力があるか注目すべき存在と見なされておらず、独立した消費者グループとしてターゲットにされてきませんでした。また、LGBTQ＋の人々は都市部に集中しておらず、LGBTQ＋のクラブやイベントで交流する可能性も低く、プライベートな社交活動や娯楽を志向しているため、アプローチがより困難であると考えられています。Hughes（2006）は、レズビアンの女性は、一部のゲイの目的地に典型的に見られる同性愛の男性が優勢の雰囲気は居心地が悪いと感じるため、LGBTQ＋の目的地を訪れることにあまり興味がないと示唆しました。LGBTQ＋の人々の行動の区別の欠如というこの重要な側面以外では、セクシュアリティ（性別）と休暇の選択（Blichfeldt, et al., 2011; Casey, 2009; Hughes, 2002）、ゲイとレズビアンの観光体験（Poria, 2006）、同性愛者のレジャースペースの構成（Pritchard, et al., 2002）などのトピックがあります。

　加えて、多くの学者は年配の同性愛者の休暇の構成要素（Hughes and Deutsch, 2010）や、ゲイの観光セグメントにおける観光地の競争力を分析してきました（Melián-González, et al., 2011）。

　LGBTQ＋の観光客はゲイの社交生活、文化、名所、快適と癒しを追求し‘トレンド開拓者’としてカテゴリ化されており、日常から離れて、安全な環境で性的志向を表現することを求めています。特に、社会的な制約から解放される機会を求める「隠れた」LGBTQ＋の人々がそうです。さらなる旅行動機は、逃避、帰属意識、安全であり、自身の性が冷笑されたり、秘密にしたりしなければならない異性愛者の世界に比べて、自己のアイデンティティで自由に生きることができる機会を求めることです（Pritchard, et al., 2000）。米国の 50 州に住む 5,000 人以上の LGBTQ＋の回答者を対象に実施された別のアメリカの調査では、旅行の主な動機として「休暇／レジャー」、「仕事」、「文化」のほか、「家族旅行」や「ハネムーン」が挙げられ、宿泊施設で過ごす日数は平均 10 泊であることが報告されています（CMI, 2019）。

　「ピンク旅行者」の人口統計、動機、行動そしてアイデンティティの側面は、このデータの枠組で説明されるより複雑かもしれませんが、LGBTQ＋観光に関する文献の多くは今や時代遅れのため、この現象や継続的な変化を評価する

新たな実証的評価が求められます。同性愛者の人生の研究をより魅力的にしているのは、旅行者行動の中でも違いが際立つカテゴリとして同性愛の性向が広く認識されつつあることです。ゲイやレズビアンの人生やライフスタイル、市場、休暇で過ごす目的地や場面に着目する際に、研究者たちは特定の共通点や、少なくとも集団性を想定しようとします（Corbisiero, 2016; Valentine and Skelton, 2003）。これにより、客観的に測定され社会学的に研究されるべきであるにも関わらず、無条件に考えられてしまうアイデンティティまたは行動（これはすべてのセクシュアリティに関係し、多くの場合は疑問視されません）があります。

LGBTQ＋観光を観察する世代の視点

第1章で概観したように、観光研究における世代の分析は明らかに増加しています。異なる世代間で支配的な価値や信念は観光のプロセスやトレンドに顕著な影響を及ぼすことが研究で明らかになっています。この特定の分野における世代研究の拡大は、ここ数年活発になってきています。世代に着目した最新の研究のほとんどはミレニアル世代、Y世代とZ世代、Net世代（Z世代）、アルファ世代の比較です；国際的な文献に今やしっかりと研究が定着しているインターネットが世界的に拡大する前に生まれた世代、あるいは独身者に焦点を当てている研究はそれほど多くありません（Li, et al., 2013; Xiang, et al., 2015）。最近は他の世代—コロナ世代（Harmony, 2020）と呼ばれる—も世代リストに追加されました。これは、新型コロナのパンデミック中に生まれたすべての人々だけでなく、一般的に言えば、大きな未知数の時代における人間の回復力も示しています（**表6-1**）。

社会行動を分析するために世代の視点を取り入れることはLGBTQ＋の人々の社会学的調査にとって有用なツールです（Russell and Bohan, 2005）。現在のLGBTQ＋の若者の生活と年長者の若い頃の生活の根本的な相違、LGBTQ＋コミュニティの中での年齢重視の傾向、今は確かでも明日は無関係になってしまうような極端な変化のスピードは、LGBTQ＋ツーリズムをより明確に説明する際に役立ちます。

第 6 章　LGBTQ ＋と次世代観光　**159**

表 6-1　現世代の類型

世代の名称	出生開始年	出生終了年	2021 年現在[*] 最も若い年令	2021 年現在 最年長年令
ベビーブーマー世代	1946	1964	57	75
X 世代（ベビーバスト）	1965	1979	42	56
ゼニアル世代	1975	1985	36	46
ミレニアル世代，Y 世代 ジェネレーション ネクスト	1980	1994	27	41
Z 世代	1995	2012	9	26
アルファ世代	2013	2025	1	8
コロナ世代	2020		1	2

注：[*] 2021 年現在。

　世代間の違いにより、LGBT ＋コミュニティの社会変革を捉え、過去との決定的な違いを強調し、この人口層の将来のシナリオを推測することができます。Williams 研究所の調査によるとミレニアル世代は、年上の世代よりもLGBT ＋であることを公然と認める傾向がかなり高いとしています。これは社会環境の受容性、文化やメディアの変化、都市部での社会の安全意識の全般的な広がりに起因することは間違いありません。さらに、LGBTQ ＋に寛容な観光地の増加により、LGBTQ ＋コミュニティに対する理解が深まり、ステレオタイプや偏見が減少し、多くの若者が LGBTQ ＋またはクィアであると公然と自認しながら世界中を旅することが一般的に容易になりました（表 6-2）。

　ミレニアル世代は LGBTQ ＋を前の世代よりも公然と支持する傾向であることを踏まえると、彼らは LGBTQ ＋コミュニティの支持者になる可能性もはるかに高い。ミレニアル世代と Z 世代は年上の世代よりも流動的または複数のアイデンティティを表明する傾向があると主張する学者もいます（Gardiner, et al., 2013）。このような信念は特別号の「ミレニアル世代と Z 世代：国際観光の課題と将来の展望」の著者によっても説明されています（Corbisiero and Ruspini, 2018）。

　これらの著者の考えは、世代交代が観光の将来を形成する大きな力となるということです。つまり、目的地や旅行ブランドは、LGBTQ ＋の旅行者が直面する課題に対応しようとしているのです。しかし、若い LGBTQ ＋向けに休暇

160　第 3 部　世代、ジェンダーと観光における LGBT 問題

表 6-2　2017〜2020 年　LGBTQ を受け入れる国および地域別ランキング

順位	国名	GAI
1	アイスランド	9.78
2	オランダ	9.46
3	ノルウェー	9.38
4	スウェーデン	9.18
5	カナダ	9.02
6	スペイン	8.77
7	デンマーク	8.69
8	アイルランド	8.41
9	イギリス	8.34
10	ニュージーランド	8.23
11	オーストラリア	8.03
12	マルタ	8.01
13	スイス	8
14	フィンランド	7.96
15	ベルギー	7.95
16	ウルグアイ	7.9
17	ネパール	7.84
18	ルクセンブルグ	7.82
19	フランス	7.73
20	ドイツ	7.73
21	プエルトリコ	7.52
22	アンドラ	7.48
23	米国	7.42
24	ブラジル	7.22
25	オーストリア	7.2
26	アルゼンチン	7.07
27	イタリア	6.94
28	ポルトガル	6.87
29	チリ	6.83
30	カーボベルデ（アフリカ）	6.78
53	日本	5.26

出典：William 研究所，2021

を提供および販売している宿泊施設や目的地にとって、それは何を意味するのでしょうか。いくつかの研究結果は、利便性の高さとコストパフォーマンスの良さは、ミレニアル世代やZ世代にとって重要ではあるが、アイデンティティの問題や、ホステル（簡易宿泊施設）が感情的なつながりを生む体験を提供すると高まる、ホステルコミュニティへの帰属意識こそが重要な視点だということを示しています。したがって"お母さん"の料理が提供されるファミリーハウスや、スタッフや他の宿泊客と一生の友達になれる可能性のあるホステルなど、感情的な側面を高めてくれるホステルが最高だと思われるのは偶然ではありません（Veríssimo and Costa, 2018: 65）。

　さらにこの「新しい」世代はベビーブーマーを含む他のどの世代よりも旅をし、年上の世代よりも海外旅行に出る傾向があります（Euromonitor International, 2019; ILGA, 2019）。若い世代と観光の関係は観光の将来の包摂性をより理解し、新しいトレンドである性の平等を捉え、同性愛者の目的地という概念を方向づけるために急速に関心を集めています。これは、LGBTQ＋の人々がまだ差別や社会的偏見の犠牲者であり、同性愛の行動が犯罪とされていたり、同性愛の人々は結婚できなかったり、同性カップルが養子縁組できない、などの要因で生活の質が低い国々の不合理な社会制度へ対抗するために特に重要です。この観点から、若い世代の間でLGBTQ＋を認識する割合が増加しています（GenForward, 2018）。

　LGBTQ＋の若い世代は、社会における人格の承認、性的アイデンティティに新たな意味づけを与えることを求めています。それゆえ彼らはGiddens（1993）の表現を使い、「柔軟」と定義できる性向をアピールしています。とりわけミレニアル世代、Z世代は自己認識が高く、自分たちの行動を通して性や性的指向に基づいた固定概念と戦っているのです。旅行者の観点からミレニアル世代は物質的なものよりも体験を求める探検家として見なせます（Resonance Consultancy, 2018）。このような特徴は観光の選択にも反映されます。彼らは頻繁に旅行し、予約にインターネットを使い、珍しい目的地を探し、人間的、文化的観点から豊かな体験をするためにマスツーリズムを避けるのです（Canada Tourism Commission, 2015; Richards, 2007）。彼らは追加の費用を支払ってでも社会と環境の側面を考慮して旅行先を決定します（Barton, et al.,

2013)。所有はもはやこの世代の優先事項ではありません。忘れられない思い出や感動的な経験の方が、物質的な商品よりも価値があるのです。この世代は新しい服や車のようなものは抵抗無く諦め、旅行によりお金をかけるのです。

デジタルネイティブであるミレニアル世代とZ世代は、テクノロジーと特別な関係を持っています。若者は24時間365日デバイスに接続し、特に旅行に関してはあらゆることを楽にするためにテクノロジーを使うことを好みます。あるブティックホテルチェーンでは、若いゲストを積極的に受け入れ、ロボットのベルボーイが接客するよりも、絵文字の文字列（姓と部屋番号を含む）をテキストメッセージで送信して、絵文字ルームサービスメニューから注文できるようにしています。同じようなやり方で「テクノロジー、デザイン、従業員を通じてホスピタリティの世界に革命を起こす」と宣言しているYOTELはチェックインの前後に荷物を運ぶベルボーイの仕事をロボットが行うようにしています。

同様にLGBTQ＋に優しい観光地や若者の旅行に関連した問題に焦点を当てた研究もあります（Szarycz, 2008; Weaver, 2011; Weeden, et al., 2011）。最近のイタリアの研究（Bartoletti and Giannini, 2019）は、同性愛者とレズビアンの若い旅行者を取り上げています。19〜31歳の29人の同性愛の男性と26人のレズビアン女性に55項目の定性的インタビューに基づき、その研究は性向、アイデンティティ、旅行の関係性について探索し「同性愛に優しい」観光サービスに関する回答者の相反する認識を強調しています。観光地の「同性愛に優しい」場所や施設の存在は重要であると回答した人がいる一方で、重要ではないとした回答者もいました。特に独身のレズビアンの女性は、安全で歓迎的な環境があれば性的指向には関係なく旅行体験を楽しめるようです。

支援的で歓迎的な旅行先の問題に関して、フォーカスグループ法（Smith, 2020）に基づくアメリカの調査は、若い世代の同性愛者と異性愛者の態度を比較しています。性的アイデンティティは若者にとって重要な側面です。性的指向やジェンダーを理解し表現すること、そしてそれに関連するアイデンティティを育むことは若者の旅行移動において重要です。多くの若いLGBTQ＋の人々の旅行動機は、異性愛者のそれと何ら変わりません。文化、言語、食べ物、ショッピング、風景、天候、史跡などに対する興味は、一般的にほとんどの人

にとって魅力的です。若いレインボー世代を他の世代と区別するのは、「レインボースペース」の必要性です。すでに LGBTQ＋の人々を対象にマーケティングを行っている観光地では、若い同性愛者が興味を持つと考えられる施設や商品を確実に特定しています。これらさまざまな商品があることで、同性愛者の新しい形の場所の確保や、そこを体験したい人にとってその目的地で出会える歓迎的なコミュニティの構築に役立ちます。LGBTQ＋コミュニティが確立されている目的地であれば、同性愛者にとっては来やすくなります。とはいえ、同性愛者の場所や LGBTQ＋関連のエンターテイメントは、このセグメントのすべての人向けではないことに注意することがきわめて重要です。しかし、そのことは彼らを目的地にいざない、そこで提供されるすべてを楽しむために役立ちます。

　観光システム（Corbisiero and Paura, 2020）に大きく影響を与えたメガトレンドの一つとしてミレニアル世代と Z 世代の旅行者の意思決定と観光事業と管理における SNS の役割と使用は、観光研究で広く議論されてきました。ネット世代の時代に、インターネットは放送メディアから参加型プラットフォームへと進化し、若い世代自らが「メディア」となって協力し情報を共有できるようになりました（Leung, et al., 2013; Li and Wang, 2011; Thevenot, 2007）。SNS は広く利用が可能なので、LGBTQ＋の若者は旅行や移動全般に関して、物語的なアイデンティティの発達を形成することにつながる広い社会文化的な会話に日々アクセスできます（Leung, et al., 2013; Li and Wang, 2011; Thevenot, 2007）。SNS は、LGBTQ＋旅行者の情報源としてますます重要な役割を果たしています。インターネットは、観光関連情報の配信方法と、LGBTQ＋の人々が旅行を計画し、消費する方法を根本的に変えたのです（Buhalis and Law, 2008）。

　世界中にもほとんどなかった魅力的な目的地を発見するためにベビーブーマーたちが使った昔のベストセラー、「スパルタカス国際ゲイガイド」と比べるとインターネットは、根本的にこのレインボーの移動を作り変え、観光システムに大きな影響を与える変化を強めています。ブログ、バーチャルコミュニティ、SNS、タグ付け、人気ウェブサイトで共有されるメディアファイルなど、消費者が生成したさまざまな形式のコンテンツを代表するソーシャルメディアのウェブサイトは、オンライン旅行者のインターネット利用でかなりの人気を

164 第3部 世代、ジェンダーと観光における LGBT 問題

得ています（Gretzel, 2006; Pan, et al., 2007）。これらのソーシャルメディアの
ウェブサイトの多くは消費者が旅行関係のコメント、意見や個人的な経験を投
稿して共有するのをサポートし、それがまた他の人たちへの情報として提供さ
れています。例えば、検索エンジンは旅行関連情報への「入口」として機能す
る強力なインターフェースであると同時に LGBTQ＋にとって優しい観光地を
創りだし「ピンクツーリズム企業」を広め、潜在訪問客を誘致するための重要
なマーケティングチャネルにもなっています。

　観光学者は、組織のウェブサイトを優先することは、若い LGBTQ＋の人々
のための優れたマーケティング戦略の重要な部分であることを認めています。
特に、そのサイトにその世代の旅行者向けの特別な旅程、バー、クラブ、イベ
ントだけでなく LGBTQ＋に焦点を当てた歓迎するコンテンツが多くある場合
です。新聞やオンラインマガジン、出版物、SNS などのメディアパートナーも、
LGBTQ＋の旅行情報を広めるうえで不可欠です。ただし、LGBTQ＋コミュニ
ティ全体は同じではなく、彼らを一括りにしてマーケティングすることはでき
ないことを理解することが重要です。

　若い LGBTQ＋の人々は、包括性、受容性、安全性を最優先しています。彼
らは、同性愛者を歓迎する評判の良い場所を訪れたいのです。世界中の
LGBTQ＋の人々に対する暴力の歴史は、ゲイ、レズビアン、バイセクシュアル、
トランスジェンダーの人々への暴行から成り立ち、また、現在は世界の一部の
地域で同性愛嫌悪の風潮があることを考えると、彼らの安全はやや危険にさら
されており、懸念があると言えます。LGBTQ＋コミュニティにおける安全へ
の恐怖は正当なもので、それは歓迎されないだけでなく、暴力を受けてきた歴
史があるからです。Stonewall Inn の火災（1964 年）と UpStairs Lounge の火
災（1973 年）の例は、暗い時代を浮き彫りにしています。LGBTQ＋ミレニア
ル世代と Z 世代は過去よりも現在は自身を表現するのにずっと安全なのに間
違いはないのですが、それでも前の世代によって形成された同様の、そして新
しい戦いをまだ続けているのです。現代でも Pulse ナイトクラブ銃撃事件
（2016 年）のような大量殺戮は、2020 年でも依然として安全を第一の懸念事
項にしています。ミレニアル世代と Z 世代は、すべての性的指向とジェンダー
アイデンティティにおいて、消費者としても、旅行者としても、彼らの前の世

代とは、行動が異なっています。彼らは、ラベルによって煩わされることが無く、頑強な偏見に対して従うこともなく、一般的には LGBTQ＋の人々をより受け入れるので、一部の目的地で行われている同性愛者の旅行者を別扱いする必要が将来的にもあるのか、あるいは望ましいのかという疑問が生じています（UNWTO, 2017）。

　LGBTQ＋の人々が、どんな状況においても言葉や身体的虐待の被害者になっていることはよく知られています。観光産業においては、たとえ不快ではない言語や行動であっても、同性愛者にとっては不快に感じる可能性があることを理解することが重要です。

　Poria（2006）は、LGBTQ＋の人々が旅行中に経験した否定的な体験の多くがホテルのスタッフからのものであった例を挙げています。レズビアンとゲイの人々が英国とイスラエルのホテルでの体験を調査したところ、同性愛の観光客は、ホテルでの体験の特定の要素にあたる象徴的な意味に大きく影響されていることがわかりました。この研究の結果は、同性愛の男性とレズビアンが、性的指向が知られているときに受け入れられ、歓迎されていると感じることが重要であることを示しています。

まとめ

　この章では、社会学的な視点と観光の世代分析を統合し、LGBTQ＋旅行者という新たな要素を加えて、観光の未来の軌跡を予測しました。私たちは、若い同性愛者の旅行者の視点から観光の未来がよりよく理解されても、LGBTQ＋に配慮した観光客のもてなしの道には依然として障害があると主張しました。

　観光社会学研究で明らかになったことは、同性愛者向けのサービスレジャーの提供やもてなしの両方を主導するのに役立つ可能性があります。LGBTQ＋の人々を歓迎したい地域のコミュニティや観光地にとって、ホテルなどの公共の場で何らかの形の多様なトレーニングを実施し、すべての人が敬意を持って扱われるようにすることが特に重要です。

　幸いなことに、最近では、多くの観光国が差別と闘うための効果的な対策を講じています。数十年にわたり、旅行は、制限的な法律や抑圧的な社会状況か

166 第 3 部　世代、ジェンダーと観光における LGBT 問題

ら、より簡単に同性愛活動にアクセスでき、楽しめる国への、逃避手段となってきました（Waitt and Markwell, 2006）。

　レインボー・ツーリズムの重要性が増すにつれ、少数派を差別せず、むしろ彼らの特性を理解し受け入れる「インターセクショナル[(4)]」観光客のもてなしという感覚が同時に高まりました。ゲイ・ツーリズム業界と IGLA 組織は、ゲイ（およびゲイでない）ガイドブック、そしてもちろんインターネットや SNSとともに、このプロセスでは主要な役割を果たしてきました。彼らは、同性愛行為に対する刑事罰の廃止、性的指向、性自認、インターセックスの状態に基づく差別の法的禁止、不当な要件なしでのトランスジェンダーの性自認の法的承認、同性カップルとその家族または介護者の法的承認、同性愛嫌悪とトランスフォビアと闘うための公教育と意識向上キャンペーン、ホームレスや同性愛者の若者のためのシェルターの設置、学校でのいじめ防止の取り組みなど、複数の国がこの変化を起こすのを支援しました。レインボー・デスティネーションは、同性愛嫌悪やトランスフォビアと戦う先駆者でもあり、それぞれの国で国家レベルの議論を変革し、観光地を解放と民主主義の場所として維持してきました。その際、自由の感覚があるように見えるのは、ゲイの目的地の神聖化、男性化、性的化によって、特定の社会的に受け入れられる「ゲイらしさ」と「白人らしさ」の表現に制限されたため、部分的には矛盾しています。実証研究によると、いくつかの目的地は、LGBTQ＋のもてなしにおいてポスト植民地主義的な姿勢をとっています。例えば、Waitt（2003）のフィールドワークでは、シドニーに住むゲイ男性の中には、登録費用やブランド戦略で採用された「マッチョ」なゲイらしさを創るために、2002 年のシドニーゲイゲームに参加しなかった人がいたことが示されています。

　しかし、この急速に成長しているセグメントは、2030 年までにすべての旅行者にとってますます顕著になると予想されています（IGLTA, 2020）。世界探検、社会的交流、感情体験、コミュニティ意識、ホテル業界の多くのブランドは、これらの側面に対応するために提供するサービスを再考する必要があることに気づきました。ミレニアル世代は、観光サービスと日常生活のより深いつながりを期待しており、その結果、同性愛の旅行者にまさにこの体験を提供しようとする多くの新しいホテルブランドやレジャー組織が生まれています。ホ

スピタリティチェーン全体が彼らのライフスタイルに必要な要件を満たすように調整し、共感とレインボー旅行者のつながりに重点を置きながら、より歓迎的でLGBTQ＋に優しい、何よりもテクノロジーに精通しながら、今後も調整を続けるでしょう。この傾向は、特に最年少のターゲットにとってテクノロジーが不可欠であるため、デジタル化の導入の加速化によってさらに促進されると予想されます。第1章で述べたように、ネット世代、iGen世代、または「クリック＆ゴー」世代（Benckendorff, et al., 2010）は、ベビーブーマー世代や最年長世代からはかなり急進的な変化を表しています。将来の戦略計画に関しては、LGBTQ＋旅行者向けの「特別オファー」を準備する必要は全くありません。このターゲットには、第一に彼らにとって最も重要な安心感と寛容さを示すことが必要です。競争力のある観光地の創出と開発に責任を持つ目的地、観光会社、ホスピタリティ部門は、その目的地がLGBTQ＋に受容的であるというイメージを作り出すのに役立つ適切なプロモーション活動を計画することにより、新型コロナ後の将来において重要な役割を果たす必要があります。

注
（1）バタフライエフェクト：重要ではないと思われる行動や変化が、特に他の場所や世界中でとてつもなく大きな影響となる状況。（出典：ケンブリッジ辞書より筆者翻訳）
（2）インターセックス：男性と女性の中間の身体を持つこと、またはこの状態に関係していること。（出典：ケンブリッジ辞典より筆者翻訳）
（3）ノンバイナリー：単に男性または女性ではない性自認を持つこと。（出典：ケンブリッジ辞典より筆者翻訳）
（4）インターセクショナル：さまざまなタイプの差別（性別、人種などによる不当な扱い）がどのように関連し、影響し合うかと捉えること。（出典：ケンブリッジ辞典より筆者翻訳）

まとめ

今を知り
（観光の）未来に備える

Fabio Corbisiero, Salvatore Monaco and Elisabetta Ruspini
（ファビオ・コルビセロ、サルバトーレ・モナコ、エリザベッタ・ラスピニ）

　これまでの分析で、観光は今、変化の時期にあることが明らかになりました。旅行者の選択を理解、学ぶ方法を定義する要素は、構造的特質（例：価値観、ハイテク機器、輸送手段、代替経済[1]、領土の変革[2]）の側面と、ミクロレベルで起こる社会性[3]の形態に関係しています。

　このシナリオでは、世代の視点を活用することが現代の観光の特徴と将来の発展の可能性を理解する有用なツールになっています。実際、私たちは若い世代に焦点を当て、旅行者の移動に新たな形態やコンテンツを提供する方向性を捉えることができました。

　本書では、新しい世代を社会学的に描くことで、今の若い人たちはグローバルレベルで、変化の担い手であることを議論することができました。彼らの世界観や人生観は年配の人々とは全く異なっています。詳細では、われわれが分析した若い人たちの主な特徴は、年配の世代が、遠く、到達が困難と思っていた地域や目的地を、より近くより簡単に到達できると認識していること、リアルタイムで情報や画像を入手する能力、環境問題や世界への配慮についての関心、平等な権利、ジェンダー不平等や社会的差異に反対する積極的な活動家であることです。

　このようなビジョン、価値観、理想は、当然のことながら、日常生活で起こ

る変化に対応する柔軟性や能力にも反映されているのと同様、観光の選択にも表れています。若い世代が経済、社会、環境の危機を経験し、創造的で革新的な解決策を適用することでそれらの克服に大きく貢献してきたことを忘れてはなりません。世代の視点からは、彼らの回復力と変化への寛容さは、観光分野においてもパンデミックが生み出した新たな課題に立ち向かうのに役立つと言えるでしょう。

新型コロナのパンデミックはその特異な性質から、転換点と見なすことができます。それは全世界を圧倒し、混乱させ、私たちが慣れ親しんできた過去との明確な決別を示しました。実際、新型コロナの急速な世界的蔓延により、すべての人々は日常生活を再定義せざるを得なくなりました（例：Abulibdeh, 2020; Carpenter and Dunn, 2020; Di Nicola and Ruspini, 2020; Jenkins and Smith, 2021; Kenway and Epstein, 2022; Monaco and Nothdurfter, 2021; Trinidad, 2021; Yates, et al., 2020; Žižek, 2020）。「新たな日常」（Jesus, et al., 2020）は、教育から仕事、家族関係から余暇活動まで、生活のあらゆる分野に影響を及ぼし、必然的に観光にも影響を及ぼしています。この特殊な見地から、パンデミック時代の観光は新しいルールを特徴とし、同時に旅行者に新しいニーズを生み出したと言っても過言ではありません。「観光を安全にする」ことは新しいパラダイム（Monaco, 2021）と見なすことができます。なぜなら、人々は世界を探索したいという思いを失っているわけではなく、旅行したいという意志と安全の必要性の間で調整するための最適な戦略を見つけなければならないからです。今や旅行者は最大限の安全性を特徴とする観光地に注意を向け、パンデミックに関連するリスクから身を守っています。この意味で、観光サプライチェーンのすべての事業者は、質の高いサービスと製品を提供するだけでなく、新しいテクノロジーの助けを借りて、現在実施している健康を保護する手順に応じて、安心感を植え付けることにも尽力する必要があります。われわれの分析に基づくと、若者はすでに「コロナ禍」の世界（Pai, 2020）と新しい旅のルールに適応しつつあると言えます。

最初に考慮すべき重要な点は、新型コロナとの戦いにおける新しいテクノロジーの役割です。デジタルテクノロジーはパンデミックの影響に対処するうえで重要な役割を果たしてきました（そして今も果たしています）。当然のことな

がら、2020年に世界は重要なデジタル化の過程を辿りました（European Commission：欧州委員会，2020）。新しいウェブサイト、インターネットサービス、オンラインショップが誕生しただけでなく、予約したり自分の健康状態を確認したりするためのアプリも登場しました（e.g. Akiyama, 2020; Lee and Lee, 2020; Watanabe and Omori, 2020）。同様に、国によって結果は異なりますが、いくつかの技術革新は感染の傾向を監視し制限するうえで優れた味方であることが証明されています。例えば、感染追跡アプリや自動的に人の体温を検出できるスキャナーが世界中に急速に広まったことが考えられます（e.g. Hendl, et al., 2020; Walrave, et al., 2020; Wang, et al., 2020）。

　ご存知のとおり新型コロナの流行前から、ミレニアル世代とＺ世代の主な特徴の一つは、モバイルデバイス（スマートフォンやタブレットなど）を所有し、使用できることでした。結果として、彼らは健康危機によって混乱した新しい日常生活に適応するために、観光に関しても最適な技術を活用した解決方法をすぐに習得したのです。24時間接続のデバイスで、若い世代はウイルスの影響を最も受けている目的地を特定するためにリアルタイムで更新される地図、旅行制限を知るための政府のサイト、携帯電話から興味のあるデジタルコンテンツ（メニューやカタログなど）にアクセスするQRコード、経済取引を締結し、観光業界とのコミュニケーションする新しいサービスの体験に慣れ親しんできました。

　２番目に、このテーマに関する研究（e.g. Das and Tiwari, 2020; Hussain and Fusté-Forné, 2021; Woyo, 2021）では、世界的な危機が地域や国内観光に新たな刺激を与えていることに注目しています。実際、国際的な移動が止まったため、人々は自宅に近い場所を観光地として選び始めました。この現象は、新たな感染の発生が確認されるなど、新型コロナによる突発的な問題が起こった場合に、安心して地元に戻りたいという人々の願望といくぶん説明することができます。

　ある人たちにとっては一時的な後退を意味するこの種の態度は、若い世代にとって非常に歓迎される解決策であるようです。確かにミレニアル世代以降から環境保護に高い関心が払われ、多くの場合環境への影響が少なく限定的な観光の解決を求めることにつながっています。短期間の旅行はこの枠組に完璧

に適応し、より持続可能な旅行者の経験を提供できる解決策を効果的に表しています。

　明らかに新型コロナは、環境問題以外で、人々の健康や幸福に関わる課題を提起しています。しかし、パンデミックは暗黙のうちに社会システムと環境の相互の関係性を浮き彫りにしました。より具体的には健康と気候の危機には共通点があるだけでなく互いに影響し合っているということです。実際、どの緊急事態も、地域、国、世界レベルで重大な影響を及ぼすという点で共通しており、その結果、地域、国、世界レベルで実行できる解決策の特定が求められています（Lord, 2021）。同時にロックダウンと国境閉鎖によって移動制限されたことで、最も汚染の多い交通手段の使用が抑制、屋外での散歩や、自転車やスクーターなどより持続可能な交通手段の使用が促進されました（Corbisiero and La Rocca, 2020）。言い換えれば、地元を離れることができなくなったことで、化石燃料の消費を減らす解決策も生まれ、より持続可能で本格的な観光の普及が大規模に促進されました（Perkins, et al., 2021）。観光客の習慣の革命は環境と地球に興味深い影響を与えました（EEA, 2021）。最も驚くべき短期間の効果の一つはグローバルレベルの温室効果ガスの排出量です。例えば、2020年ヨーロッパだけで温室効果ガスの排出の削減は7.6％でした。この画期的な出来事の背後にある理由は仕事や生活習慣の大きな変化だけでなく、パンデミックが地方の人々に自然の素晴らしさを再発見させたという事実も直接関係しています。その結果、輸送業界全体で自動車、船舶、飛行機、電車の使用が減少し、結果として排出量が減少しました。環境が改善しているもう一つの肯定的な指標は、大気汚染の減少です。実際、輸送の減少によって空気の質を悪化させる最も危険な要素であるNO_2（二酸化窒素）、PM10、PM2.5等の汚染物質の濃度が低下しました。ミラノやマドリードなどの最も汚染された都市では、この減少は70％にも達しています（Collivignarelli, et al., 2020; Donzelli, et al., 2020; Nigam, et al., 2020; Rodríguez-Urrego and Rodríguez-Urrego, 2020）。

　世界の主要都市で、同様の騒音公害レベルが短期間の肯定的な影響が観測され、航空輸送の制限や削減、その他の騒音を伴う活動によって確かに影響を受けています。この封鎖期間は人間によるかく乱が少なかったことによる地方や都市の動物や植物の種がどのように反応したかも示しています。限られた期間

でしたが、観光客が減少したことで、生態系や生息地は再生し、新たな空間や土地のニッチな部分を占める機会となりました。この教訓から過去にはオーバーツーリズムの主役になることが多かった世界都市は、市内の公園や緑地の数を増やし、さまざまな種の共存を促進する必要があります。

この分析からパンデミックからの新たなシナリオはいわゆる「Greta 世代[4]」が世界観を広めるのに意図せず役立つ可能性があり、また、他の世代（過去と未来の世代）に、性別、民族、性的アイデンティティ、宗教の区別がなく、より環境に優しく持続可能な未来を促進するために戦いに参加を促す可能性があると主張することができるのです。

パンデミックから学べる最も重要な教訓の一つは、より持続可能な新しいライフスタイルや観光習慣を採用する可能性に関連しています。マスツーリズムの一時的な中止は新型コロナ以前の観光市場を特徴づける悪い習慣が、地域や人々の運命に悪影響を及ぼす可能性があることを示しました（e.g. Milano and Koens, 2021; Miller, 2021）。地球の繁栄を助けるために環境保全に焦点を当てながら、回復の取り組みをしている疎外された脆弱なグループを支援し、取り込んでいくことが不可欠です。創りだされた「新たな日常」は、持続可能性に対する全体的かつ集合的なアプローチを必要とし、人類と地球の両方に配慮したものでなければなりません。

若い世代は、オンラインやストライキやデモを通じて、これまでの観光客の流れ再考し、再評価し再構築する必要があると以前から訴え、より持続可能で旅行先に生息する動植物の種を尊重する環境への影響の少ない旅行を好んできました。この意味で、パンデミックは社会や国家が利益よりも人々と環境の持続可能性を重視して社会にプラスの影響を与えることに尽力する、より良い世界に貢献したいという若い世代の欲求をより強めることとなりました。私たち知見から、若い世代はパンデミックによって新たな課題に直面して強い回復力を発揮しています（Deloitte, 2021）。一方、若者は経済、財政、新型コロナによる社会的影響を懸念しています。他方、彼らの大多数は、パンデミックは新たな基礎を築き、より公平で持続可能な包摂性のある社会を構築する機会となる可能性があると考えています。世界的にミレニアル世代や Z 世代はパンデミックからより良い世界が生まれると望んでいますし、この変化を主導したい

と考えています。つまり彼らは特にパンデミック後の社会文化の最構築の時期を活用して、自然地域の強化と都市環境の再開発の重要性を訴えるスポークスマンとして行動することができるのです。政策分野で若い人を含めることは回復が持続可能で包摂的であることを確かにするでしょう。

要約すると、2020年と2021年の移動制限の間で観光セクターが経験した危機は、新しい世代がこれまで奮闘してきた戦いをより具体的にし、グリーンツーリストの再スタートをめざす可能性を訴える機会となるでしょう。

このシナリオでは、エネルギー市場に影響を与えた深刻な社会経済危機は、より環境面で持続可能で世界的なエネルギー転換へのインセンティブを提供しました。

これらの世代の目標を広めるために必要で最も重要な要素は、科学との連携、公共政策の介入、国際的な連携です。実際、新型コロナのパンデミックは、異なる地域のセクター間の連携が、緊急の地球規模の課題に取り組むための非常に強力な手段であることが明らかになりました。気候変動や観光業の再編の必要性など、新世代の期待とニーズに沿った将来の課題に対処するために、政府と科学は、新世代の代表者と協調して建設的な二国間対話を開始し、具体的でより一貫した支援を提供できるようにする必要があります。

パンデミックを防ぐための移動制限は、国内と近隣の観光への関心を高めました。二酸化炭素とその他温室効果ガスの排出は純減しており、今後も減少し続けると思われます。当然ですが、最も深刻な危機の段階では、最も影響を受けたセクターに政府は短期的な財政出動と経済的な支援を提供し、できるだけ早く回復するよう重点をおいていました。長期的には、経済と観光を緑と温暖化防止に役だつ方向へシフトできる要素を取り入れながら新たな取り組みがなされるべきでしょう。その特徴は、化石燃料に頼ることを減らし、再生可能なエネルギー資源への依存を高め、エネルギー生産と使用の効率を高めることです。将来を見据えるとわれわれが慣れつつある'新しい日常'は、将来の世代にとっては普通のことになるということも可能です。アルファ世代の子供たちがまだ個人的トレーニングと成長の段階にいると考えて下さい。もし、彼らが旅行の機会があったとしてもまだ非常に若いため自立して旅行体験をすることが可能であるとは言えません。したがって、彼らは、安全上の理由から現在義

務づけられている旅行の新しいルールと手順を自然に学習します。マスクの着用、体温の測定、安全な距離の確保は、若い世代が将来あまり質問することなく吸収する可能性のある社会規範のほんの一部です。そのため、健康上の緊急事態が完全に終わった後も、若者は今、学んでいる行動のいくつかを継続すると想定できます。

　最後に若い世代が体験している困難な社会政治的状況はパンデミック危機でより悪化しています。新型コロナは若い人達に深刻な課題をもたらしました。家族の日常生活や関係の崩壊、家族のストレス、学習や失業、増加する恐怖や不安です。パンデミックが若者に与える影響は、強烈で長期にわたるものとなる可能性が高いです。世代間の不平等を悪化させないためには若い男女を国際的な社会政治的議題に十分含めることが求められます。パンデミック後の社会をうまく設計するための重要な要素は、ミレニアル世代とZ世代の価値観とライフスタイル、女性、男性、LGBTの人々の特殊性を理解することなのです。彼らの将来のニーズを予測し、持続可能な回復に関する進行中の議論への彼らの貢献を支援するためにも。

注

(1) 代替経済：主流の（資本主義の）経済活動とは意図的に異なる生産、交換、労働／補償、金融、消費のプロセスを指す。（出典：Healy, S.（2020）*Alternative Economies, International Encyclopedia of Human Geography*（*Second Edition*）より筆者翻訳加工）

(2) 領土の変革：異質で増殖的な社会空間としての経済の代替表現。Healy, S.（2009）"Alternative economies," In Kitchin, R. and Thrift, N. (eds.), *International Encyclopedia of Human Geography*, 3, 338-344, Oxford: Elsevier. https://www.researchgate.net/publication/292601783_Alternative_economies（2024年8月20日閲覧）

(3) 社会性：人間の社会生活の動機、計画、生産、理解、調整、評価は、主に4つの心理モデルの組み合わせに基づいていると考えられます。共同体での共有では、人々はカテゴリ内のすべてのメンバーを同等として扱います。権威のランクづけでは、人々は線形順序で自分の位置に注意を払います。平等のマッチングでは、人々は自分たちの間の不均衡を追跡します。市場の価格設定では、人々は比率の値に方向づけます。文化は、4つのモデルを実装するために異なるルールを使用します。Fiske, A. Page（1992）"The Four Elementary Forms of

Sociality: Framework for a Unified Theory of Social Relations," *Psychological Review*, 99(4), 689-723. https://web.archive.org/web/20170813083847id_/http://www2.psych.ubc.ca/~ara/Teaching%20407/psych407%20readings/Fiske1992.pdf（2024 年 8 月 20 日閲覧）

（4）Greta 世代：新しい世代にとって、世界を変えるということは、何よりもまず地球を救うことを意味します。彼らはソーシャルネットワークや街頭、学校ストライキなどの市民の不服従運動を通じて、このことを声高に、そして明確に訴えています。25 歳未満の若者が世界中で動員されている規模は、私たちが直面している環境問題の緊急性に見合っています。（出典：The UNESCO Courier より筆者翻訳）

■参考文献

Aboim, S. and Vasconcelos, P. (2013) "From political to social generations: A critical reappraisal of Mannheim's classical approach," *European Journal of Social Theory*, 17 (2), 165–183.

Abulibdeh, A. (2020) "Can COVID-19 mitigation measures promote telework practices?," *Journal of Labor and Society*, 23 (4), 551–576.

Accenture (2018) *Global Consumer Survey 2018*, New York: Accenture.

Adamy, J. (2020) "Millennials slammed by second financial crisis fall even further behind," *The Wall Street Journal*, 9 August.

Akhavan Sarraf, A. R. (2019) "Generational groups in different countries," *International Journal of Social Sciences and Humanities*, 4 (1), 41–52.

Akiyama, I. (2020) "Basic and recent applied technologies of ultrasound in the field of clinical diagnosis," *Acoustical Science and Technology*, 41 (6), 845–850.

Aldrich, R. (1993) *The Seduction of The Mediterranean: Writing, Art and Homosexual Fantasy*, London: Routledge.

Aldrich, R. (2004) "Homosexuality and the city: An historical overview," *Urban Studies*, 41 (9), 1719–1737.

Algar, R. (2007) "Collaborative consumption," *Leisure Report*, 4, 16–17.

Allen, R. S., Allen, D. E., Karl, K., and White, C. S. (2015) "Are millennials really an entitled generation? An investigation into generational equity sensitivity differences," *Journal of Business Diversity*, 15 (2), 14–26.

Alwin, D. and McCammon, R. (2007) "Rethinking generations," *Research in Human Development*, 4 (3–4), 219–237.

Anderson, M. and Jiang, J. (2018) Teens, social media and technology 2018, Pew Research Center, 31 May. See https://www.pewresearch.org/internet/2018/05/31/teens-social-media-technology-2018/ (accessed 8 October 2020)

Andrejevic, M. and Burdon, M. (2014) "Defining the sensor society," *Television and New Media*, 16 (1), 19–36.

Appadurai, A. (1993) "Disjuncture and difference in the global cultural economy," In Featherstone, M. (ed.), *Global Culture, Nationalism, Globalization and Modernity* (pp. 295–310), London: Sage.

Appadurai, A. (1996) *Modernity at Large: Cultural Dimensions of Globalization*, Minneapolis, MN: University of Minnesota Press.

Appiah, K. A. (2007) *The Ethics of Identity*, Princeton, NJ: Princeton University Press.

Ariès, P. (1979) 'Generazioni,' In AA. VV (eds.), *Enciclopedia Einaudi*, Turin: Einaudi.

Artal-Tur, A. and Kozak, M. (2019) *Culture and Cultures in Tourism: Exploring New Trends*, New York: Routledge.

Atzori, L., Iera, A. and Morabito, G. (2010) "The internet of things: A survey," *Computer Networks*, 54 (15), 2787–2805.

Backman, K. F., Backman, S. J., and Silverberg, K. E. (1999) "An investigation into the psychographics of senior nature-based travellers," *Tourism Recreation Research*, 24 (1), 13–22.

Bain & Company (2019) *Automotive and Mobility Insights*, Mexico City: Bain and Company Press.

Barbosa, B. and Fonseca, I. (2019) "A phenomenological approach to the collaborative consumer," *Journal of Consumer Marketing*, 36 (6), 705–714.

Barroso, A., Parker, K., and Bennett, J. (2020) *As millennials near 40, they're approaching family life differently than previous generations: Three-in-ten millennials live with a spouse and child compared with 40% of Gen Xers at a comparable age*, Pew Research Center, Washington CD. 27 May. See https://www.pewresearch.org/social-trends/2020/05/27/as-millennials-near-40-theyre-approaching-family-life-differently-than-previous-generations/ (accessed 18 November 2021)

Bartoletti, R. (2001) "L'innovazione nell'industria culturale globale, tra globalizzazione e indigenizzazione," *Studi di Sociologia*, 39 (2), 147–161.

Bartoletti, R. and Giannini, L. (2019) "Perché devo dire qual è il mio orientamento sessuale se voglio farmi semplicemente una vacanza?," *Fuori Luogo. Rivista di Sociologia del Territorio, Turismo, Tecnologia*, 5 (1), 8–18.

Barton, C., Haywood, J., Jhunjhunwala, P., and Bhatia, V. (2013) *Traveling with millennials, BCG-Boston Consulting Group*. See https://www.bcg.com/publications/2013/transportation-tourism-marketing-sales-traveling-millennials (accessed 27 August 2020)

Bauman, Z. (1998) *Globalization: The Human Consequences*, Cambridge: Polity Press.

Bec, A., Moyle, B., Timms, K., Schaffer, V., Skavronskaya, L., and Little, C. (2019) "Management of immersive heritage tourism experiences: A conceptual model" *Tourism Management*, 72, 117–120.

Beccalossi, C., Babini, V. P., and Riall, L. (2015) *Italian Sexualities Uncovered, 1789–1914, Genders and Sexualities in History*, London: Palgrave MacMillan.

Beck, U. and Beck-Gernsheim, E. (2001) *Individualization: Institutionalized Individualism and Its Social and Political Consequences*, London: Sage Publications.

Becker, H. P. (1956) *Man in Reciprocity: Introductory Lectures on Culture, Society, and Personality*, Westport, CT: Greenwood Press.

Becker, H. A. (1992a) *Dynamics of Cohort and Generations Research*, Amsterdam: Thesis.

Becker, H. A. (1992b) *Generations and Their Opportunities*, Amsterdam: Meulenhof.

Belch, G. E. and Belch, M. A. (2015) *Advertising and Promotion: An Integrated Marketing Communication Perspective*, New York: McGraw-Hill.

Beldona, S., Nusair, K., and Demicco, F. (2009) "Online travel purchase behaviour of generational cohorts: A longitudinal study," *Journal of Hospitality Marketing and Management*, 18 (4), 406–420.

Bell, W. (2009) *Foundations of Futures Studies, Volume 1: Human Science for a New Era*, New Brunswick, NJ: Transaction Publishers.

Belsky, E. S., Herbert, C. E., and Molinsky, J. H. (eds.) (2014) *Homeownership Built to Last: Balancing Access, Affordability, and Risk after the Housing Crisis*, Washington, DC: Brookings Institution Press.

Benckendorff, P., Moscardo, G., and Pendergast, D. (eds.) (2010) *Tourism and Generation Y*, Wallingford: CABI Publishing.

Benckendorff, P. G., Xiang, Z., and Sheldon, P. J. (2019) *Tourism Information Technology* (3rd edn.), Boston, MA: CABI.

Berkhout, P., Achterbosch, T., van Berkum, S., Dagevos, H., Dengerink, J., van Duijn, A. P., and Terluin, I. J. (2018) *Global implications of the European food system: A food systems approach*, Wageningen Economic Research 51.

Berkup, S. B. (2014) "Working with generations X and Y in generation Z period: Management of different generations in business life," *Mediterranean Journal of Social Sciences*, 5 (19), 218–229.

Bernardi, M. and Ruspini, E. (2018) "'Sharing tourism economy' among millennials in South Korea," In Wang, Y., Shakeela, A., Kwek, A., and Khoo-Lattimore, C. (eds.), *Managing Asian Destinations* (pp. 177–196), Singapore: Springer.

Beutell, N. J. and Wittig-Berman, U. (2008) "Work-family conflict and work-family synergy for generation X, baby boomers, and matures: Generational differences, predictors, and satisfaction outcomes," *Journal of Managerial Psychology*, 23 (5), 507–523.

Bialeschki, M. D. (2005) "Fear of violence: Contested constraints by women in outdoor recreation activities," In Jackson, E. L. (ed.), *Constraints to Leisure* (Chapter 7), State College, PA: Venture Publishing.

Bialik, K. and Fry, R. (2019) Millennial life: How young adulthood today compares with prior generations. Pew Research Center Social and Demographic Trends, 14 February. See https://www.pewsocialtrends.org/essay/millennial-life-how-young-adulthood-today-compares-with-prior-generations/ (accessed 10 August

2020)

Biella, A. and Borzini, G. (2004) *L'evoluzione del sistema agenziale verso la vendita online*, Milano: FrancoAngeli.

Bigné, E., Andreu, L., Hernandez, B., and Ruiz, C. (2018) "The impact of social media and offline influences on consumer behaviour," *Current Issues in Tourism*, 21 (9), 1014–1032.

Blázquez, A. (2021) *Consumers Who are Vegan or Vegetarian in the U.S. 2018, by Age Group*, New York: Statista.

Blichfeldt, B., Chor, J., and Milan, N. (2011) *It really depends on whether you are in a relationship: A study of gay destinations from a tourist perspective*, Tourism Today 3, 7–26.

Bocken, N., Short, S., Rana, P., and Evans, S. (2014) "A literature and practice review to develop sustainable business model archetypes," *Journal of Cleaner Production*, 65, 42–56.

Bolton, R. N., Parasuraman, A., Hoefnagels, A., Migchels, N., Kabadayi, S., Gruber, T., Komarova Loureiro, Y., and Solnet, D. (2013) "Understanding generation Y and their use of social media: A review and research agenda," *Journal of Service Management*, 24 (3), 245–267.

Bolzendahl, C. I. and Myers, D. J. (2004) "Feminist attitudes and support for gender equality: Opinion change in women and men, 1974–1998," *Social Forces*, 83 (2), 759–789.

Bond, M. (1997) *Women Travellers: A New Growth Market*, Pacific Asia Travel Association Occasional Paper 20.

Bontekoning, A. C. (2011) "The evolutionary power of new generations: Generations as key players in the evolution of social systems," *Psychology Research*, 1 (4), 287–301.

Bontekoning, A. C. (2018) *The Power of Generations*, Amsterdam: Warden Press.

Book, L. A., Tanford, S., Montgomery, R., and Love, C. (2018) "Online traveler reviews as social influence: Price is no longer king," *Journal of Hospitality & Tourism Research*, 42 (3), 445–475.

Booking.com (2019) Gen Z and the future of sustainable travel. See https://globalne ws.booking.com/gen-z-and-the-future-of-sustainable-travel/ (accessed 10 August 2020)

Booking (2020) *Booking.com's 2019 Sustainable Travel Report*, Mumbai: Booking.com.

Botsman, R. (2017) *Who Can You Trust? How Technology Brought Us Together and Why It Might Drive Us Apart*, London: PublicAffairs.

Bourdieu, P. (1980) *Le Sens Pratique*, Paris: Minuit.

Bourdieu, P. (1990) "'Youth' is just a word," In P. Bourdieu (ed.), *Sociology in Question* (pp. 94–102), Thousand Oaks, CA: Sage.

Bourdieu, P. (1993) *The Field of Cultural Production: Essays on Art and Literature*, Cambridge: Polity Press.

Bourguinat, N. (2016) Women's travels in Europe: 19th–20th centuries, In Encyclopédie pour unehistoire nouvelle de l'Europe [online], published 10 November 2017. See https://ehne.fr/en/article/gender-and-europe/european-circulations-shifting-gender/womens-travels-europe (accessed 3 March 2020)

Bouton, C. W. (1965) "John Stuart Mill: On liberty and history," *The Western Political Quarterly*, 18 (3), 569–578.

Boyd, D. and Ellison, N. B. (2007) "Social network sites: Definition, history, and scholarship," *Journal of Computer-Mediated Communication*, 13 (1), 210–230.

Brewster, K. L. and Padavic, I. (2000) "Change in gender-ideology, 1977–1996: The contributions of intracohort change and population turnover," *Journal of Marriage and Family*, 62 (2), 477–487.

Briatte, A-L. (2016) Feminisms and feminist movements in Europe: XIX–XXI, In Encyclopédie pour une histoire nouvelle de l'Europe [online], published 13 November 2019. See https://ehne.fr/en/article/gender-and-europe/feminisms-and-feminist-movements/feminisms-and-feminist-movements-europe (accessed 31 March 2020)

Bristow, J. (2015a) "Understanding generations historically," In J. Bristow (ed.), *Baby Boomers and Generational Conflict* (pp. 19–41), Basingstoke: Palgrave MacMillan.

Bristow, J. (2015b) "Mannheim's 'problem of generations' revisited," In J. Bristow (ed.), *Baby Boomers and Generational Conflict* (Chapter 3), Basingstoke: Palgrave MacMillan.

Bristow, J. (2015c) "The boomers as an economic problem," In J. Bristow (ed.), *Baby Boomers and Generational Conflict* (Chapter 6), Basingstoke: Palgrave MacMillan.

British Airways (2018) *(Don't) come fly with me*, Press release 10 October 2018. See https://mediacentre.britishairways.com/pressrelease/details/86/2018-247/10174 (accessed 6 April 2020)

British Encyclopaedia (2019) *Instagrammabilty*, Oxford: Oxford University Press.

Brokaw, T. (2004) *The Greatest Generation*, New York: Random House.

Brooks, C. and Bolzendahl, C. (2004) "The transformation of US gender role attitudes: Cohort replacement, social-structural change, and ideological learning," *Social Science Research*, 33 (1), 106–133.

Brosdahl, D. J. C. and Carpenter, J. M. (2011) "Shopping orientations of US males: A generational cohort comparison," *Journal of Retail and Consumer Service*, 18 (6),

548–554.

Buhalis, D. and Law, R. (2008) "Progress in information technology and tourism management: 20 years on and 10 years after the internet – the state of eTourism research," *Tourism Management*, 29 (4), 609–623.

Butler, K. L. (1995) "Independence for western women through tourism," *Annals of Tourism Research*, 22 (2), 487–489.

Buzza, J. S. (2017) "Are you living to work or working to live? What millennials want in the workplace," *Journal of Human Resources Management and Labor Studies*, 5 (2), 15–20.

Canada Tourism Commission (2015) *Special Examination Report*, Grosse Île: Canada Tourism Commission.

Cantelmi, T. (2013) *Tecnoliquidità. La psicologia ai tempi di internet: la mente tecnoliquida*, Milan: San Paolo Edizioni.

Carpenter, D. and Dunn, J. (2020) "We're all teachers now: Remote learning during COVID-19," *Journal of School Choice*, 14 (4), 567–594.

Carty, M. (2019) Millennial and Gen Z traveller survey 2019: A multi-country comparison report, Skift Research. See https://research.skift.com/report/millennial-and-gen-z-traveler-survey-2019-a-multi-country-comparison-report/ (accessed 5 August 2020)

Casey, M. (2009) "Tourist gay(ze) or transnational sex: Australian gay men's holiday desires," *Leisure Studies*, 28 (2), 157–172.

Castells, M. (1996) *The Rise of the Network Society*, Malden, MA: Blackwell Publishers.

Castells, M. (2005) "Global governance and global politics," *PS: Political Science and Politics*, 38 (1), 9–16.

Castells, M. (2007) "Communication, power and counter-power in the network society," *International Journal of Communication*, 1, 238–266.

Cavagnaro, E., Staffieri, S., and Postma, A. (2018) "Understanding millennials' tourism experience: Values and meaning to travel as a key for identifying target clusters for youth (sustainable) tourism," *Journal of Tourism Futures*, 4 (2), 31–42.

CB Insights (2019) *Fintech Trends to Watch in 2019*, New York: CB Insights Research.

CBI (2019) *Tech Tracker 2019: The Must-Know Technology and Innovation Trends*, New York: CBI.

Chambers, D., Munar, A. M., Khoo-Lattimore, C., and Biran, A. (2017) "Interrogating gender and the tourism academy through epistemological lens," *Anatolia*, 28 (4), 501–513.

Chan, N. D. and Shaheen, S. A. (2012) "Ridesharing in North America: Past, present, and future," *Wayback Machine Transport Reviews*, 32 (1), 93–112.

Chen, W.-C., Battestini, A., Gelfand, N., and Setlur, V. (2009) *Visual summaries of popular landmarks from community photo collections*, In ACM Multimedia Conference.

Chhetri, P., Hossain, M. I., and Broom, A. (2014) "Examining the generational differences in consumption patterns in South East Queensland," *City, Culture and Society*, 5 (4), 1–9.

Chiang, C.-Y. and Jogaratnam, G. (2006) "Why do women travel solo for purposes of leisure?," *Journal of Vacation Marketing*, 12 (1), 59–70.

Chiang, L., Manthiou, A., Tang, L., Shin, J., and Morrison, A. (2014) "A comparative study of generational preferences for trip-planning resources: A case study of international tourists to Shanghai," *Journal of Quality Assurance in Hospitality and Tourism*, 15 (1), 78–99.

Choe, Y. and Fesenmaier, D. R. (2017) "The quantified traveler: Implications for smart tourism development," In Z. Xiang, and D. Fesenmaier (eds.), *Analytics in Smart Tourism Design*, Tourism on the Verge (pp. 65–77), Cham: Springer.

Chung, N., Han, H., and Joun, Y. (2015) "Tourists' intention to visit a destination: The role of augmented reality (AR) application for a heritage site," *Computers in Human Behaviour*, 50, 588–599.

Clarke, I. F. (1988) "The right connections," *Tourism Management*, 9 (1), 78–82.

Clift, S. and Wilkins, J. (1995) "Travel, sexual behaviour and gay men," In Aggleton, P., Davies, P., and Hart, G. (eds.), *AIDS: Safety, Sexuality and Risk* (pp. 35–54), London: Taylor & Francis.

CMI (2014) *CMI's 19th Annual LGBT Tourism and Hospitality Survey December 2014*, Corte Madera: Community Marketing and Insights.

CMI (2019) *CMI's 24th Annual Survey on LGBT Tourism and Hospitality: US Overview Report*, Corte Madera: Community Marketing and Insights.

Cohen, M. (2001) "The grand tour: Language, national identity and masculinity," *Changing English: Studies in Culture and Education*, 8 (2), 129–141.

Cohen, S. A. and Cohen, E. (2019) "New directions in the sociology of tourism," *Current Issues in Tourism*, 22 (2), 153–172.

Collins English Dictionary (2014) *'Gaycation,' In Collins English Dictionary – Complete and Unabridged* (12th edn.), London: HarperCollins Publishers.

Collins, D. and Tisdell, C. (2002) "Gender and differences in travel life cycles," *Journal of Travel Research*, 41 (2), 133–143.

Collivignarelli, M. C., Abbà, A., Bertanza, G., Pedrazzani, R., Ricciardi, P., and Carnevale Miino, M. (2020) "Lockdown for CoViD-2019 in Milan: What are the effects on air quality?," *The Science of the Total Environment*, 732, 139280.

Colombo, F. (2005) "La ricerca sulla comunicazione tra locale e globale: territorio e virtualità," *Sociologia della comunicazione*, 37, 85–96.

Comte, A. (1849) *Cours de philosophie positive* (Paris, 1849), IV, 635–641.

Cone Communications (2016) 2016 Cone Communications millennial employees engagement study. See https://static1.squarespace.com/static/56b4a7472b8dd e3df5b7013f/t/5819e8b303596e3016ca0d9c/1478092981243/2016+Cone +Communications+Millennial+Employee+Engagement+StudyPress+Release+and +Fact+Sheet.pdf (accessed 18 March 2020)

Coomes, M. D. and DeBard, R. (2004) "A generational approach to understanding students," *New Directions for Student Service*, 4 (106), 5–16.

Cooper, D., Holmes, K., Pforr, C., and Shanka, T. (2019) "Implications of generational change: European river cruises and the emerging Gen X market," *Journal of Vacation Marketing*, 25 (4), 418–431.

Corbisiero, F. (2014) Homosexing··· in the city: LGBT communities and rainbow tourism, In AA. VV (ed.), *Gender-Based Violence: Homophobia and Transphobia* (pp.104–113), Milan: McGraw-Hill.

Corbisiero, F. (2016) *Sociologia del turismo LGBT*, Milan: FrancoAngeli.

Corbisiero, F. (2020) "Sostenere il turismo: come il Covid-19 influenzerà il viaggio del future," *Fuori Luogo. Rivista di Sociologia del Territorio, Turismo, Tecnologia*, 7 (1), 69–79.

Corbisiero, F. and Monaco, S. (2017) *Città arcobaleno. Una mappa della vita omosessuale in Italia*, Rome: Donzelli.

Corbisiero, F. and Ruspini, E. (eds.) (2018) "Millennials and generation Z: Challenges and future perspectives for international tourism," *The Journal of Tourism Futures-ETFI* (Special Issue) 4 (1), 3–6.

Corbisiero, F. and La Rocca, R. A. (2020) "Tourism on demand: A new form of urban and social demand of use after the pandemic event," *TeMA: Journal of Land Use, Mobility and Environment*, 1, 91–104.

Corbisiero, F. and Paura, R. (2020) *Turismo*, Naples: Italian Institute for the Future.

Corbisiero, F. and Monaco, S. (2021) "Post-pandemic tourism resilience: Changes in Italians' travel behavior and the possible responses of tourist cities," *Worldwide Hospitality and Tourism Themes*, 13 (3), 401–417. doi: 10.1108/WHATT-01-2021-0011.

Corbisiero, F. and Monaco, S. (2022) "Homosexual tourism: An ideal model of 'sustainable rainbow tourist destination,'" In M. Novelli, C. Milano and J. M. Cheer (eds.), *Handbook of Niche Tourism*, Cheltenham: Edward Elgar.

Cordeniz, J. A. (2002) "Recruitment, retention, and management of generation X: A focus on nursing professionals," *Journal of Healthcare Management*, 47 (4), 237–249.

Correia, A. and Dolnicar, S. (eds.) (2021) Women's Voices in Tourism Research – Contributions to Knowledge and Letters to Future Generations, Brisbane: The University of Queensland. See https://uq.pressbooks.pub/tourismknowledge (accessed 20 October 2021)

Costa, C., Gilliland, G., and McWatt, J. (2019) "'I want to keep up with the younger generation'– older adults and the web: A generational divide or generational collide?," *International Journal of Lifelong Education*, 38 (5), 566–578.

Costa, P. and Lopes, R. (2013) "Urban design, public space and creative milieus: An international comparative approach to informal dynamics in cultural districts," *Cidades, Comunidades e Territórios*, 26, 40–66.

Cotter, D., Hermsen, J. M., and Vanneman, R. (2011) "The end of the gender revolution? Gender role attitudes from 1977 to 2008," *American Journal of Sociology*, 117 (1), 259–289.

Couldry, N. and McCarthy, A. (2003) *MediaSpace: Place, Scale and Culture in a Media Age*, London: Routledge.

Coupland, D. (1991) *Generation X: Tales for an Accelerated Culture*, New York: St. Martin's Press.

Crespi, I. and Ruspini, E. (eds.) (2016) *Balancing Work and Family in a Changing Society: The Fathers' Perspective*, Basingstoke: Palgrave MacMillan.

Cross, G. (2018) *Machines of Youth: America's Car Obsession*, Chicago, IL: University of Chicago Press.

Crouch, D. and Lübbren, N. (2003) *Visual Culture and Tourism*, Berg Pub Ltd.

Crouch, D., Jackson, R. and Thompson, F. (eds.) (2005) *The Media and the Tourist Imagination: Converging Cultures*, London: Routledge.

CSIS-IYF (2017) 2016 global millennial viewpoints survey. See https://iyfglobal.org/sites/default/files/library/2016-Global-Millenial-Viewpoints-Survey.pdf (accessed 30 March 2020)

Cushman & Wakefield (2020) Demographic shift: The world in 2030. See https://www.cushmanwakefield.com/en/insights/demographic-shifts-the-world-in-2030 (accessed 20 October 2020)

Das, S. S. and Tiwari, A. K. (2020) "Understanding international and domestic travel intention of Indian travellers during Covid-19 using a Bayesian approach," *Tourism Recreation Research*, 1, 1–17.

Davis, J. B., Pawlowski, S. D., and Houston, A. (2006) "Work commitments of baby boomers and Gen-Xers in the IT profession: Generational differences or myth?,"

Journal of Computer Information Systems, 46 (3), 43–49.

De Seta, C. (1993) *L'Italia del Grand Tour: da Montaigne a Goethe*, Naples: Electra.

Deal, J. J., Stawiski, S., Graves, L. M., Gentry, W. A., Ruderman, M., and Weber, T. J. (2012) "Perceptions of authority and leadership: A cross-national, cross-generational investigation," In E. S. Ng, S. T. Lyons, and L. Schweitzer (eds.), *Managing the New Workforce: International Perspectives on the Millennial Generation* (pp. 281–306), Cheltenham: Edward Elgar.

Deem, R. (1982) "Women, leisure and inequality," *Leisure Studies*, 1 (1), 29–46.

Deep Focus (2018) *Pinterest Consumers Study*, New York: Deep Focus' Intelligence Group.

Dell Technologies (2018) Gen Z: The future has arrived. See https://www.delltechnologies.com/content/dam/digitalassets/active/en/unauth/sales-documents/solutions/gen-zthe-future-has-arrived-executive-summary.pdf (accessed 15 July 2020)

Deloitte (2015) Collaboration generation. See https://www2.deloitte.com/content/dam/Deloitte/lu/Documents /technology/luencollaboration-generation122015.pdf (accessed 15 July 2020)

Deloitte (2017) The 2017 Deloitte millennial survey. See https://www2.deloitte.com/content/dam/Deloitte/ru/Documents/about-deloitte/en/millennials-report-global-2017-en.pdf (accessed 15 July 2020)

Deloitte (2018) The 2018 Deloitte millennial survey. See https://www2.deloitte.com/content/dam/Deloitte/global/Documents/About-Deloitte/gx-2018-millennial-survey-report.pdf (accessed 15 July 2020)

Deloitte (2019) The 2019 Deloitte global millennial survey. See https://www2.deloitte.com/global/en/pages/about-deloitte/articles/millennialsurvey.html (accessed 15 July 2020)

Deloitte (2020) The 2020 Deloitte global millennial survey. See https://www2.deloitte.com/global/en/pages/about-deloitte/articles/millennialsurvey.html (accessed 15 July 2020)

Deloitte (2021) The 2021 Deloitte global millennial and Gen Z survey. See https://www2.deloitte.com/content/dam/Deloitte/global/Documents/2021-deloitte-global-millennial-survey-report.pdf (accessed 15 September 2021)

Demartini, J. R. (1985) "Change agents and generational relationships: A reevaluation of Mannheim's Problem of Generations," *Social Forces*, 64 (1), 1–16.

Dencker, J. C., Joshi, A. and Martocchio, J. J. (2008) "Towards a theoretical framework linking generational memories to workplace attitudes and behaviours," *Human Resource Management Review*, 18 (3), 180–187.

Derber, C. (2015) *Sociopathic Society: A People's Sociology of the United States*, London: Routledge.

Dermott, E. (2008) *Intimate Fatherhood: A Sociological Analysis*, London/New York: Routledge.

Desai, P. R., Desai, P. N., Ajmera, K. D., and Mehta, K. (2014) "A review paper on Oculus Rift: A virtual reality headset," *IJETT Journal*, 13 (4), 175–179.

Diepstraten, I., Ester, P. and Vinken, H. (1999) "Talkin' 'bout my generation: Ego and alter images of generations in the Netherlands," *The Netherlands' Journal of Social Sciences*, 35 (2), 91–109.

Dilthey, W. (1875) *Gesammelte Schriften, V, 37*, Berlin: Verlag der Königliche Akademie der Wissenschaften.

Dilthey, W. (1910) *Der Aufbau der geschichtlichen Welt in den Geisteswissenschaften Erstdruck* [The Formation of the Historical World in the Human Sciences], Berlin: Verlag der Königl. Akademie der Wissenschaften.

Dimitriou, C. K. and AbouElgheit, E. (2019) "Understanding generation Z's social decision making in travel," *Tourism and Hospitality Management*, 25 (2), 311–334.

Di Nicola, P. and Ruspini, E. (2020) "Family and family relations at the time of Covid-19: An introduction," *Italian Sociological Review*, 10 (3S), 679–685.

Dolan, B. (2001) *Ladies of the Grand Tour: British Women in Pursuit of Enlightenment and Adventure in Eighteenth-Century Europe*, New York: HarperCollins Publishers.

Donati, P. (1995) "Ripensare le generazioni e il loro intreccio," *Studi di Sociologia*, 33 (3), 203–223.

Donzelli, G., Cioni, L., Cancellieri, M. G., Llopis Morales, A. and Morales Suárez-Varela, M. M. (2020) "The effect of the Covid-19 lockdown on air quality in three Italian medium-sized cities," *Atmosphere*, 11 (10), 1118.

Doucet, A. (2006) *Do Men Mother? Fathering, Care and Domestic Responsibility*, Toronto: University of Toronto Press.

Drescher, J. (2015) "Out of DSM: Depathologizing homosexuality," *Behavioural Sciences*, 5 (4), 565–575.

Duffett, R. G. (2015) "Facebook advertising's influence on intention-to-purchase and purchase amongst millennials," *Internet Research*, 25 (4), 498–526.

Duffy, B., Shrimpton, H., and Clemence, M. (2017) *Millennial Myths and Realities*, London: IPSOS Mori.

Dunn, M. (2019) *Millennials for America*, New York: Lulu.com.

Durant, I. and Coke-Hamilton, P. (2020) Covid-19 requires gender-equal responses to save economies, UNCTAD 1 April. See https://unctad.org/en/pages/newsdetails.aspx?OriginalVersionID=2319 (accessed 6 April 2020)

Dutton, S. (2018) *The Post-Experience Economy: Travel in an Age of Sameness*, Düsseldorf: Euromonitor International.

Edmunds, J. and Turner, B. S. (2002) *Generations, Culture and Society*, Maidenhead: Open University Press.

Edmunds, J. and Turner, B. S. (2005) "Global generations: Social change in the twentieth century," *The British Journal of Sociology*, 56 (4), 559–577.

EEA (2021) *Urban Sustainability in Europe-Opportunities for Challenging Times*, Vienna: European Economic Association.

Eisenstadt, S. N. (1956) *From Generation to Generation*, New York: The Free Press of Glencoe.

Eisenstadt, S. N. (1963) *The Political Systems of Empires*, New York: The Free Press of Glencoe.

Eisner, S. P. (2005) "Managing Generation Y," *SAM Advanced Management Journal*, 70 (4), 4–15.

Elliott, C. and Reynolds, W. (2019) *Making it Millennial*, New York: Deloitte University Press.

Elwalda, A., Lü, K., and Ali, M. (2016) "Perceived derived attributes of online customer reviews," *Computer in Human Behaviour*, 56, 306–319.

ETC–European Travel Commission (2020) *Study on Generation Z Travellers*, Brussels: ETC Market Intelligence. See https://etc-corporate.org/reports/study-on-generation-z-travellers/ (accessed 10 November 2020)

Euromonitor International (2019) *Top 10 Global Consumer Trends*, Düsseldorf: Euromonitor International.

Euromonitor International (2020) *The Rise of Vegan and Vegetarian Food*, Düsseldorf: Euromonitor International.

European Commission (2017) *Reflection Paper on Harnessing Globalization*, Brussels: European Commission. See https://ec.europa.eu/commission/sites/beta-political/files/reflection-paper-globalisation_en.pdf (accessed 18 September 2020)

European Commission (2020) *The Digital Economy and Society Index (DESI)*, Brussels: European Commission.

European Parliament (2015) *Research for Tran Committee*, Tourism and the Sharing Economy: Challenges and Opportunities for the EU, Brussels: European Parliament, Policy Department for Structural and Cohesion Policies.

European Travel Commission (2020) Generation Z recognises its responsibility in shaping the future of travel in Europe. See https://etc-corporate.org/news/generation-z-recognises-its-responsibility-in-shaping-the-future-of-travel-in-europe/ (accessed 18 November 2022)

Eurosif (2019) *Eurosif 2018 SRI Study*, Brussels: Eurosif.

Eurostat (2020) Tourism in the EU: What a normal spring season looks like - before Covid-19. See https://ec.europa.eu/eurostat/statistics-explained/index.php?title =Tourism_in_the_EU_-_what_a_normal_spring_season_looks_like_-_before_ Covid-19&stable=1 (accessed 1 March 2021)

Expedia (2018) *A Look Ahead: How Younger Generations are Shaping the Future of Travel*, Seattle, WA: Expedia Group Media Solution.

Expedia Group Media Solutions (2019) Generation Alpha and family travel trends. See https://www.vatc.org/wp-content/uploads/2020/01/Generation-Alpha-and-Family-Trends-2019-by-Expedia-Group.pdf (accessed 18 September 2020)

Eyerman, R. and Turner, B. S. (1998) "Outline of a theory of generations," *European Journal of Social Theory*, 1 (1), 91–106.

Fagiani, M. L. (2010) "Turismo LGBT," In E. Marra and E. Ruspini (eds.), *Altri turismi: Viaggi, esperienze, emozioni* (pp. 85–100), Milan: FrancoAngeli.

Felson, M. and Spaeth, J. L. (1978) "Community structure and collaborative consumption: A routine activity approach," *American Behavioural Scientist*, 21 (4), 614–624.

Femenia-Serra, F., Neuhofer, B., and Baidal, J. (2019) "Towards a conceptualisation of smart tourists and their role within the smart destination scenario," *Service Industries Journal*, 39 (2), 109–133.

Fiani, C. N. and Han, H. J. (2019) "Navigating identity: Experiences of binary and non-binary transgender and gender non-conforming (TGNC) adults," *International Journal of Transgenderism*, 20 (2–3), 181–194.

Figueroa-Domecq, C. and Segovia-Pérez, M. (2020) "Application of a gender perspective in tourism research: A theoretical and practical approach," *Journal of Tourism Analysis: Revista de Análisis Turístico*, 27 (2), 251–270.

Figueroa-Domecq, C., Pritchard, A., Segovia-Pérez, M., Morgan, N., and Villace-Molinero, T. (2015) "Tourism gender research: A critical accounting," *Annals of Tourism Research*, 52, 87–103.

Finger, M., Bert, N., Kupfer, D., Montero, J. J., and Wolek, M. (2017) *Research for TRAN Committee: Infrastructure Funding Challenges in the Sharing Economy*, Brussels: European Parliament, Policy Department for Structural and Cohesion Policies.

Fiske, A. Page (1992) "The Four Elementary Forms of Sociality: Framework for a Unified Theory of Social Relations," *Psychological Review*, 99 (4), 689–723. https://web.archive.org/web/20170813083847id_/http://www2.psych.ubc. ca/~ara/Teaching%20407/psych407%20readings/Fiske1992.pdf

Fondevila-Gascón, J.-F., Berbel, G., and Muñoz-González, M. (2019) "Experimental study on the utility and future of collaborative consumption platforms offering tourism related services," *Future Internet*, 11 (80).

France, A. and Roberts, S. (2015) "The problem of social generations: A critique of the new emerging orthodoxy in youth studies," *Journal of Youth Studies*, 18 (2), 215–230.

Frändberg, L. and Vilhelmson, B. (2011) "More or less travel: Personal mobility trends in the Swedish population focusing gender and cohort," *Journal of Transport Geography*, 19 (6), 1235–1244.

Friedemann, M.-L. and Buckwalter, K. (2014) "Family caregiver role and burden related to gender and family relationships," *Journal of Family Nursing*, 20 (3), 313–336.

Friedman, A. T. (1985) "The influence of humanism on the education of girls and boys in Tudor England," *History of Education Quarterly*, 25 (1–2), 57–70. doi: 10.2307/368891.

Friskopp, A. and Silverstein, S. (1996) *Straight Jobs Gay Lives*, New York: Simon and Schuster.

Furr, H. L., Bonn, M. A. and Hausman, A. (2001) "A generational and geographical analysis of internet travel-services usage," *Tourism Analysis*, 6 (2), 139–147.

Furstenberg, F. (2017) The use & abuse of millennials as an analytic category. See https://contemporaryfamilies.org/8-furstenberg-millennials-analytic-category (accessed 18 March 2020)

Fuse (2020) How Gen Z is reacting to Covid-19 and 22 ways brands can take action right now. See https://www.fusemarketing.com/thought-leadership/genz-reaction-covid-19-ways-brands-can-act-now (accessed 16 April 2020)

Galland, D. (2009) "Interview with N. Howe," *Casey Research*, 36–47.

Gardiner, S., King, C., and Grace, D. (2013) "Travel decision making: An empirical examination of generational values, attitudes, and intentions," *Journal of Travel Research*, 52 (3), 310–324.

Gardiner, S., Grace, D., and King, C. (2014) "The generation effect: The future of domestic tourism in Australia," *Journal of Travel Research*, 53 (6), 705–720.

Gardiner, S., Grace, D., and King, C. (2015) "Is the Australian domestic holiday a thing of the past? Understanding baby boomer, Generation X and Generation Y perceptions and attitude to domestic and international holidays," *Journal of Vacation Marketing*, 21 (4), 336–350.

Garikapati, V., Pendyala, R., Morris, E., Mokhtarian, P., and McDonald, N. (2016) "Activity patterns, time use, and travel of millennials: A generation in transition?,"

Transport Reviews, 36 (5), 558–584.

GBD (2017) *Global Burden of Diseases*, Washington, DC: University of Washington.

GenForward (2018) *Millennials' View on LGBT Issues*, New York: GenForward Survey.

Gharzai, L. A., Beeler, W. H., and Jagsi, R. (2020) "Playing into stereotypes: Engaging millennials and Generation Z in the Covid-19 pandemic response," *Advances in Radiation Oncology*, 5 (4), 679–681.

Giddens, A. (1990) *The Consequences of Modernity*, Cambridge: Polity Press.

Giddens, A. (1993) *Sociology*, Cambridge: Polity Press.

Ginsberg, C. (2017) *The market for vegetarian foods*, Age 8, 18.

Gilleard, C. (2004) "Cohorts and generations in the study of social change," *Social Theory and Health*, 2 (1), 106–119.

Gillespie, N. (2014) *Millennials are selfish and entitled, and helicopter parents are to blame*, Time 21 August.

Gilli, M. (2009) *Autenticità e interpretazione nell'esperienza turistica*, Milan: FrancoAngeli.

Gilli, M. (2015) *Turismo e identità*, Naples: Liguori.

Gilli, M. and Ruspini, E. (2014) "What is old and what is new? Representations of masculinity in travel brochures," In T. Thurnell-Read and M. Casey (eds.), *Men, Masculinities, Travel and Tourism* (pp. 204–218), Basingstoke: Palgrave MacMillan.

Gillis, J. R. (1974) *Youth and History: Tradition and Change in European Age Relations, 1770–Present*, New York: Academic Press.

Gilovich, T. and Kumar, A. (2015) "We'll always have Paris: The hedonic payoff from experiential and material investments," *Advances in Experimental Social Psychology*, 51, 147–187.

Gilovich, T., Kumar, A., and Jampol, L. (2014) "A wonderful life: Experiential consumption and the pursuit of happiness," *Journal of Consumer Psychology*, 25 (1), 152–165.

Giorgetti Fumel, M. (2010) *Legami virtuali, Internet: dipendenza o soluzione?*, Trapani: Di Girolamo.

Gleadhill, E. (2017) "Performing travel: Lady Holland's grand tour souvenirs and the house of all Europe," In J. Milam (ed.), *Cosmopolitan Moments: Instances of Exchange in the Long Eighteenth Century*, emaj–Electronic Melbourne Art Journal (Special Issue) 9.1, December.

Global Web Index (2019) *2019 Social Media User Trends Report*, London: Global Web Index.

Global Web Index (2020) *Coronavirus: The Big Consumer Shift so Far*, London: Global

Web Index.

GlobalData (2020) *Global Data Survey*, London: GlobalData UK Ltd.

Glover, P. (2009) "Generation Y's future tourism demand: Some opportunities and challenges," In P. Benckendorff, G. Moscardo, and D. Pendergast (eds.), *Tourism and Generation Y* (pp. 155–164), Wallingford: CABI International.

Glover, P. and Prideaux, B. (2006) *The impact of demographic change on future tourism demand: A focus group study*, CAUTHE 2006 Conference. See https://www.researchgate.net/publication/43497749_The_impact_of_demographic_change_on_future_tourism_demand_a_focus_group_study (accessed 16 August 2020)

Godtman-Kling, K., Margaryan, L., and Fuchs, M. (2020) "(In) equality in the outdoors: Gender perspective on recreation and tourism media in the Swedish mountains," *Current Issues in Tourism*, 23 (2), 233–247.

Gössling, S., Scott, D., and Hall, C. M. (2020) "Pandemics, tourism and global change: A rapid assessment of Covid-19," *Journal of Sustainable Tourism*, 29 (1), 1–20.

Gouldner, A. W. (1960) *The Norm of Reciprocity: A Preliminary Statement*, Washington, DC: Washington University.

Green, E., Hebron, S., and Woodward, D. (1990) "A social history of women's leisure," In E. Green, S. Hebron, and D. Woodward (eds.), *Women's Leisure, What Leisure?* (pp. 38–56), London: Palgrave MacMillan.

Gretzel, U. (2006) "Consumer generated content: Trends and implications for branding," *e-Review of Tourism Research*, 4 (3), 9–11.

Gretzel, U., Sigala, M., Xiang, Z., and Koo, C. (2015) "Smart tourism: Foundations and developments," *Electronic Markets*, 25 (3), 179–188.

Guaracino, J. and Salvato, E. (2017) *Handbook of LGBT Tourism and Hospitality: A Guide for Business Practice*, New York: Columbia University Press.

Gyr, U. (2010) *The History of Tourism: Structures on the Path to Modernity*, European History Online (EGO), Mainz: Institute of European History (IEG).

Haddouche, H. and Salomone, C. (2018) "Generation Z and the tourist experience: Tourist stories and use of social networks," *The Journal of Tourism Futures*–ETFI (Special Issue) 4 (1), 69–79.

Hall, D., Swain, M., and Kinnaird, V. (2003) "Tourism and gender: An evolving agenda," *Tourism Recreation Research*, 28 (2), 7–11.

Hamari, J., Sjöklint, M., and Ukkonen, A. (2015) "The sharing economy: Why people participate in collaborative consumption," *Journal of the Association for Information Science and Technology*, 67 (9), 2047–2059.

Han, H., Xu, H., and Chen, H. (2018) "Social commerce: A systematic review and data synthesis," *Electronic Commerce Research Applications*, 30, 38–50.

Hansen, J.-I.C. and Leuty, M. E. (2012) "Work values across generations," *Journal of Career Assessment*, 20 (1), 34–52.

Hanson, S. (2010) "Gender and mobility: New approaches for informing sustainability," *Gender, Place and Culture*, 17 (1), 5–23.

Hantrais, L. (2004) *Family Policy Matters: Responding to Family Change in Europe*, Bristol: The Policy Press.

Hargreaves, J. (1989) "The promise and problems of women's leisure and sport," In C. Rojek (ed.), *Leisure for Leisure* (pp. 130–149), London: Palgrave MacMillan.

Harmony, M. (2020) 'Coronials' Urban Dictionary. See https://www.urbandictionary. com/define.php?term=coronnials (accessed 18 November 2022)

Harrington, L. M. B. (2016) "Sustainability Theory and Conceptual Considerations: A Review of Key Ideas for Sustainability, and the Rural Context," *Papers in Applied Geography*, 2, 365–382.

Hartal, G. (2020) "Touring and obscuring: How sensual, embodied and haptic gay touristic practices construct the geopolitics of pinkwashing," *Social and Cultural Geography*, 23 (6), 836–854.

Haydam, N., Purcărea, T., Edu, T., and Negricea, C. (2017) "Explaining satisfaction at a foreign tourism destination: An intra-generational approach. Evidence within Generation Y from South Africa and Romania," *Amfiteatru Economic*, 19 (45), 528–542.

Haynie, A. (2014) "Self-transformation through dangerous travel: Mary Morris's nothing to declare and Audrey Schulman's the cage," In G. R. Ricci (ed.), *Travel, Discovery, Transformation* (pp. 20–32), New Brunswick, NJ/London: Transaction Publishers.

Hayward, P. (2002) *GCSE Leisure and Tourism for OCR*, Oxford: Einemann.

Healy, S. (2009) "Alternative economies," In Kitchin, R. and Thrift, N. (eds.), *International Encyclopedia of Human Geography*, 3, 338–344, Oxford: Elsevier. https://www.researchgate.net/publication/292601783_Alternative_economies

Healy, S. (2020) *Alternative Economies, International Encyclopedia of Human Geography (Second Edition)*.

Heelas, P. and Woodhead, L. (2005) *The Spiritual Revolution: Why Religion is Giving Way to Spirituality*, Hoboken, NJ: Blackwell Publishing.

Henderson, K. A. (1991) "The contribution of feminism to an understanding of leisure constraints," *Journal of Leisure Research*, 23 (4), 363–377.

Hendl, T., Chung, R., and Wild, V. (2020) "Pandemic surveillance and racialized subpopulations: Mitigating *Vulnerabilities* in Covid-19 apps," *Journal of Bioethical Inquiry*, 17 (4), 829–834.

Herbig, P., Koehler, W., and Day, K. (1993) "Marketing to the baby bust generation," *Journal of Consumer Marketing*, 10 (1), 4–9.

Hersant, Y. (1988) *Italies: Anthologies des voyageurs français aux XVIIIe et XIXe siècles*, Paris: Robert Laffont.

Hicks, R. and Hicks, K. (1999) *Boomers, Xers and Other Strangers: Understanding the General Differences that Divide Us. Wheaton*, IL: Tyndale House.

Holcomb, B. and Luongo, M. (1996) "Gay tourism in the United States," *Annals of Tourism Research*, 23 (3), 711–713.

Horak, S. and Weber, S. (2000) "Youth tourism in Europe: Problems and prospects," *Tourism Recreation Research*, 25 (3), 37–44.

Horwath HTL (2015) Tourism megatrends: 10 things you need to know about the future of tourism. See http://corporate.cms-horwathhtl.com/wp-content/uploads/sites/2/2015/12/Tourism-Mega-Trends4.pdf (accessed 3 December 2020)

Hostels.com (2017a) *Mobile Travel Tracker*, Dublin: Hostelworld Group PLC.

Hostels.com (2017b) *Tourist Attraction for Millennials*, Dublin: Hostelworld Group PLC.

Hout, M. (2019) "Social mobility," Pathways, *State of The Union*, Millennial Dilemma (Special Issue), 29–32.

Howe, N. and Strauss, W. (1991) *Generations: The History of America's Future, 1584 to 2069*, New York: HarperCollins.

Howe, N. and Strauss, W. (2000) *Millennials Rising: The Next Great Generation*, New York: Vintage Books.

Howe, N. and Strauss, W. (2008) *Millennials Go to College: Strategies for a New Generation on Campus*, Great Falls, VA: LifeCourse Associates.

Huang, W. and Lu, Y. (2017) "Generational perspective on consumer behaviour: China's potential outbound tourist market," *Tourism Management Perspectives*, 24, 7–15.

Huang, Y.-C. and Petrick, J. F. (2010) "Generation Y's travel behaviours: A comparison with baby boomers and generation X," In P. Benckendorff, G. Moscardo, and D. Pendergast (eds.), *Tourism and Generation Y* (pp. 27–37), Cambridge: CABI International.

Hughes, H. L. (1997) "Holidays and homosexual identity," *Tourism Management*, 18 (1), 3–7.

Hughes, H. L. (2002) "Gay men's holiday destination choice: A case of risk and avoidance," *International Journal of Tourism Research*, 4 (4), 299–312.

Hughes, H. L. (2006) *Pink Tourism: Holidays of Gay Men and Lesbians*, Oxford: CABI.

Hughes, H. L. and Deutsch, R. (2010) "Holidays of older gay men: Age or sexual orientation as decisive factors?," *Tourism Management*, 31 (4), 454–463.

Hughes, H. L., Monterrubio, C., and Miller, A. (2010) "Gay tourists and host community attitudes," *International Journal of Tourism Research*, 12 (6), 774–786.

Hui-Chun, Y. and Miller, P. (2003) "The generation gap and cultural influence: A Taiwan empirical Investigation," *Cross-Cultural Management An International Journal*, 10 (3), 23–41.

Hui-Chun, Y. and Miller, P. (2005) "Leadership style: The X Generation and baby boomers compared in different cultural contexts," *Leadership and Organisation Development Journal*, 26 (1), 35–50.

Hunnicutt, B. and Pine, B. J. (2020) *The Age of Experiences: Harnessing Happiness to Build a New Economy*, Philadelphia, PA: Temple University Press.

Hussain, A. and Fusté-Forné, F. (2021) "Post-pandemic recovery: A case of domestic tourism in Akaroa (South Island, New Zealand)," *World*, 2 (1), 127–138.

Hynes, W., I. Linkov, and P. Love (eds.) (2022) *A Systemic Recovery*, New Approaches to Economic Challenges, OECD Publishing, Paris.

Ianole-Calin, R., Druica, E., Hubona, G., and Wu, B. (2020) *What drives Generations Y and Z towards collaborative consumption adoption? Evidence from a post-communist environment*, Kybernetes 2020.

IEEE (2019) Generation AI 2019 survey, *How millennial parents are embracing health and wellness Technologies for their generation alpha kids*. See https://transmitter. ieee.org/health-2019/?ga=2.153959800.1930124194.1604768984-482560373. 1604768984 (accessed 10 September 2020)

IGLTA (2020) *IGLTA Annual Guide 2020*, Fort Lauderdale, FL: International LGBTQ+ Travel Association.

ILGA (2019) *State-Sponsored Homophobia Report*, Geneva: The International Lesbian, Gay, Bisexual, Trans and Intersex Association.

Inglehart, R. (1977) *The Silent Revolution: Changing Values and Political Styles among Western Publics*, Princeton, NJ: Princeton University Press.

Insead, Head Foundation, and Universum (2014) Understanding a misunderstood generation: The first large-scale survey of how millennials attitudes and actions vary across the globe, and the implication for employers. See https://headfoundation.org/wp-content/uploads/2020/11/thf-papersUnderstanding-a-misunderstood-generation (accessed 18 March 2020)

Ioannides, Y. M. and Rosenthal, S. S. (1994) "Estimating the consumption and investment demands for housing and their effect on housing tenure status," *The Review of Economics and Statistics*, 76 (1), 127–141.

IOP (2019) *Harvard IOP Youth Poll 2019*, Harvard, MA: Harvard University Press.

Ipsos Mori (2018) Generation Z-Beyond binary. See https://thinks.ipsos-mori.com/category/gen-z-beyond-binary/ (accessed 16 April 2020)

iResearch (2020) *The Penetration Rate of China's Used Car E-Commerce*, Shanghai: iResearch.

Ivanov, S. (2017) "Robonomics: Principles, benefits, challenges, solutions," *Yearbook of Varna University of Management*, 10, 283–293.

Ivars-Baidal, J. A., Celdrán-Bernabeu, M. A., Mazón, J. N., and Perles-Ivars, Á. F. (2017) "Smart destinations and the evolution of ICTs: A new scenario for destination management?," *Current Issues in Tourism*, 22 (13), 1581–1600.

Jackson, E. L. and Henderson, K. A. (1995) "Gender-based analysis of leisure constraints," *Leisure Sciences*, 17 (1), 31–51.

Jackson, T. (2009) *Prosperity without Growth: Economics for a Finite Planet*, London: Earthscan.

Jacobsen, J. P., Khamis, M., and Yuksel, M. (2015) "Convergences in men's and women's life patterns: Lifetime work, lifetime earnings, and human capital investment," *Research in Labor Economics*, 41 (1), 1–33.

Jacobsen, M. H. and Tester, K. (2012) *Utopia: Social Theory and the Future*, Burlington, VT: Ashgate.

Jaeger, J. (1985) "Generations in history: Reflections on a controversial concept," *History and Theory*, 24 (3), 273–292 (originally published 1977 in Geschichte und Gesellschaft).

Jansen, N. (1974) "Definition of generation and sociological theory," *Social Science*, 49 (2), 90–98.

Jaskulsky, L. and Besel, R. (2013) "Words that (don't) matter: An exploratory study of four climate change names in environmental discourse," *Applied Environmental Education and Communication*, 12 (1), 38–45.

Javalgi, R. G., Thomas, E. G., and Rao, S. R. (1992) "Consumer behaviour in the U.S. pleasure travel marketplace: An analysis of senior and nonsenior travelers," *Journal of Travel Research*, 31 (2), 14–19.

Jenkins, F. and Smith, J. (2021) "Work-from-home during Covid-19: Accounting for the care economy to build back better," *The Economic and Labour Relations Review*, 32 (1), 22–38.

Jesus, T. S., Landry, M. D., and Jacobs, K. (2020) "A 'new normal' following COVID-19 and the economic crisis: Using systems thinking to identify challenges and opportunities in disability, telework, and rehabilitation," *Work*, 67 (1), 37–46.

Jordan, E. (1991) "'Making good wives and mothers'? The transformation of middle-class girls' education in nineteenth-century Britain," *History of Education*

Quarterly, 31 (4), 439–462.

Jordan, F. and Gibson, H. (2005) "'We're not stupid… but we'll not stay home either': Experiences of solo women travellers," *Tourism Review International*, 9 (2), 195–212.

Joshi, A., Dencker, J., Franz, G., and Martocchio, J. (2010) "Unpacking generational identities in organizations," *Academy of Management Review*, 35 (3), 392–414.

Judt, T. (2005) *Postwar: A History of Europe since 1945*, New York: The Penguin Press.

JWT-J. Walter Thompson Intelligence in partnership with Snap Inc (2019) Into Z future: Understanding Generation Z, the next generation of super creatives. See https://assets.ctfassets.net/inb32lme5009/5DFlqKVGIdmAu7X6btfGQt/44fdca09d7b630ee28f5951d54feed71/Into_Z_Future_Understanding_Gen_Z_The_Next_Generation_of_Super_Creatives_.pdf (accessed 28 October 2020)

Kardes, F., Cronley, M., and Cline, T. (2014) *Consumer Behaviour*, Mason, OH: Cengage Learning.

Kelly, P. F. (2012) "Labor, movement: Migration, mobilities and geographies of work," In T. J. Barnes, J. Peck and E. Sheppard (eds.), *The Wiley-Blackwell Companion to Economic Geography* (pp. 431–443), Hoboken, NJ: Wiley Blackwell.

Kenway, J. and Epstein, D. (2022) "The Covid-19 conjuncture: Rearticulating the school/home/work nexus," *International Studies in Sociology of Education*, 31 (4), 401–426.

Kertzer, D. I. (1983) "Generation as a sociological problem," *Annual Review of Sociology*, 9, 125–149.

Khan, S. (2011) "Gendered leisure: Are women more constrained in travel for leisure?," *Tourismos*, 6 (1), 105–121.

Khoo-Lattimore, C. and Wilson, E. (2017) *Women and Travel: Historical and Contemporary Perspectives*, Waretown, NJ: Apple Academic Press.

Khoshpakyants, A. and Vidischcheva, E. (2012) *Challenges of Youth Tourism*, Sochi: State University for Tourism and Recreation.

Kinnaird, V. and Hall, D. (2000) "Theorizing gender in tourism research," *Tourism Recreation Research*, 25 (1), 71–84. doi: 10.1080/02508281.2000.11014901

Kinnaird, V., Kothari, U., and Hall, D. (1994) "Tourism: Gender perspectives," In V. Kinnaird and D. Hall (eds.), *Tourism: A Gender Analysis* (pp. 1–34), Chichester: John Wiley and Sons.

Knight, Y. (2009) "Talkin' 'bout my generation: A brief introduction to generational theory," *Planet*, 21 (1), 13–15.

Knopp, L. (1992) "Sexuality and the spatial dynamics of capitalism," *Environment and Planning D: Society and Space*, 10 (6), 651–669.

Koczanski, P. and Rosen, H. S. (2019) *Are Millennials Really So Selfish? Preliminary Evidence from the Philanthropy Panel Study*, Princeton, NJ: Griswold Center for Economic Policy Studies.

Konrath, S., O'Brien, E., and Hsing, C. (2011) "Changes in Dispositional Empathy in American College Students Over Time: A Meta-Analysis," *Personality and social psychology review*: an official, *Journal of the Society for Personality and Social Psychology*, 15 (2), 180–198. doi: 10.1177/1088868310377395

Kortti, J. (2011) "Generations and media history," In L. Fortunati and F. Colombo (eds.), *Broadband Society and Generational Changes*, Series: *Participation in Broadband Society*, Vol. 5 (pp. 69–93), Frankfurt am Main: Peter Lang.

Kroløkke, C. and Sørenson, A. S. (2005) "Three waves of feminism: From suffragettes to Grrls," In C. Kroløkke and A. S. Sørenson (eds.), *Gender Communication Theories and Analyses: From Silence to Performance* (pp. 1–23), Thousand Oaks, CA: Sage.

Kupperschmidt, B. R. (2000) "Multigenerational employees: Strategies for effective management," *Health Care Manager*, 19 (1), 65–76.

Kurz, C., Li, G., and Vine, D. J. (2018) "Are millennials different?," *Finance and Economics Discussion Series*, 2018–080. doi: 10.17016/FEDS.2018.080

Lab42 (2019) *What's Mine is Yours··· and Yours··· and Yours*, Chicago, IL: Lab42 Research.

Lamanna, M. A. and Riedmann, A. (2009) *Marriages and Families: Making Choices in a Diverse Society*, Belmont, CA: Thomson Wadsworth.

Lamb, S. (2015) "Generation in anthropology," In J. D. Wright (ed.), *International Encyclopedia of the Social and Behavioural Sciences* (Vol. 9, 2nd edn., pp. 853–856), Oxford: Elsevier.

Lancaster, L. C. and Stillman, D. (2002) *When Generations Collide: Who They Are. Why They Clash. How to Solve the Generational Puzzle at Work*, New York: HarperCollins.

Lang, M., Aguinaga, M., Mokrani, D., and Santillana, A. (2013) "Critiques and alternatives to development: A feminist perspective," In M. Lang and D. Mokrani (eds.), *Beyond Development: Alternative Visions from Latin America* Publisher (pp. 41–60), Quito-Ecuador: Transnational Institute, Rosa Luxemburg Foundation.

Leach, R., Phillipson, C., Biggs, S., and Money, A. (2013) "Baby boomers, consumption and social change: The bridging generation?," *International Review of Sociology*, 23 (1), 104–122.

Lee, D. and Lee, J. (2020) "Testing on the move: South Korea's rapid response to the Covid-19 Pandemic," *Transportation Research Interdisciplinary Perspectives*, 5,

100–111.

Lehto, X., Jang, S., Achana, F., and O'Leary, J. (2008) "Exploring tourism experience sought: A cohort comparison of baby boomers and the silent generation," *Journal of Vacation Marketing*, 14 (3), 237–252.

Leung, D., Law, R., van Hoof, H., and Buhalis, D. (2013) "Social media in tourism and hospitality: A literature review," *Journal of Travel & Tourism Marketing*, 30 (1–2), 3–22.

Lewis, L. A. (ed.) (1992) *The Adoring Audience: Fan Culture and Popular Media*, New York/London: Routledge.

Li, X. and Wang, Y. (2011) "China in the eyes of western travelers as represented in travel blogs," *Journal of Travel and Tourism Marketing*, 28 (7), 689–719.

Li, X., Li, X. R., and Hudson, R. (2013) "The application of generational theory to tourism consumer behaviour: An American perspective," *Tourism Management*, 37, 147–164.

Li, Y. (2019) *Li Yinhe Talks About Love*, Beijing: Beijing October Literature and Arts Publishing House.

Lin, J. H., Lin, J.-H., Lee, S.-J., Yeh, C., Lee, W.-H. and Wong, J.-Y. (2014) "Identifying gender differences in destination decision making," *Journal of Tourism and Recreation*, 1 (1), 1–11. This PDF is for the sole use by Japan UNI Agency and those working on their behalf and is not for wider distribution or sale. 04/04/24

Lindeman, C. K. (2017) *Representing Duchess Anna Amalia's Bildung: A Visual Metamorphosis,* Abingdon/New York: Routledge.

Little, C., Patterson, D., Moyle, B., and Bec, A. (2018) "Every footprint tells a story: 3D scanning of heritage artifacts as an interactive experience," *Association for Computing Machinery, Proceedings of the Australasian Computer Science Week Multiconference,* 38, 1–8.

Littlewood, I. (2001) *Sultry Climates: Travel and Sex Since the Grand Tour*, London: John Murray.

Littré, É. (1866) "LA PHILOSOPHIE POSITIVE: M. AUGUSTE COMTE ET M. J. STUART MILL," *Revue des Deux Mondes (1829–1971), SECONDE PÉRIODE,* 64 (4) (15 AOUT 1866), pp. 829–866.

Liu, Y. (2019) *Millennials' Attitudes Towards Influencer Marketing and Purchase Intentions*, Los Angeles, CA: California State University.

Lorber, J. (1994) *Paradoxes of Gender*, New Haven, CT: Yale University Press.

Lord, T. (2021) *Covid-19 and Climate Change: How to Apply the Lessons of the Pandemic to the Climate Emergency*, London: Tony Blair Institute for Global Change.

Losyk, B. (1997) "How to manage an X'er," *The Futurist*, 31, 43.

Lu, J. L. (2009) "Effect of work intensification and work extensification on women's health in the globalised labour market," *Journal of International Women's Studies*, 10 (4), 111–126.

Lyons, M., Lavelle, K., and Smith, D. (2017) *Gen Z Rising*, New York: Accenture Strategy.

Lyons, S. and Kuron, L. (2014) "Generational differences in the workplace: A review of the evidence and directions for future research," *Journal of Organizational Behaviour*, 35 (S1), S139–S157.

Mackay, H. (1997) *Generations, Baby Boomers, their parents & their children*, Sydney: MacMillan.

Madgavkar, A., White, O., Krishnan, M., Mahajan, D., and Azcue, X. (2020) *Covid-19 and Gender Equality: Countering the Regressive Effects*, New York: McKinsey Global Institute.

Mandich, G. (1996) *Spazio-tempo: Prospettive sociologiche*, Milano: FrancoAngeli.

Mannheim, K. (1928) "Das problem der generationen," *Kölner Vierteljahres Hefte für Soziologie*, 157–184.

Mannheim, K. (1952 [1927]) "The Problem of Generations," In Kecskemeti, P. (ed.), *Essays on the Sociology of Knowledge* (pp. 276–322), London: Routledge and Kegan Paul.

Mannheim, K. (1952/1928) "The problem of generations," In Kecskemeti P. (Ed.), *Essays on the Sociology of Knowledge*, Collected works of Karl Mannheim (Vol. 5, pp. 276–322), London: Routledge and Kegan Paul.

Marías, J. (1970) *Generations: A Historical Method*, Alabama, MS: The University of Alabama Press.

Marra, E. and Ruspini, E. (eds.) (2010) *Altri turismi: Viaggi, esperienze, emozioni*, Milan: FrancoAngeli.

Martin, J. C. and Lewchuk, W. (2018) The Generation Effect: Millennials, Employment Precarity and the 21st Century Workplace, McMaster University and (PEPSO) – Project on Poverty and Employment Precarity in Southern Ontario. See https://pepso.ca/documents/the-generation-effect-full-report.pdf (accessed 18 November 2021)

Martínez-López, F. and D'Alessandro, S. (eds.) (2020) *Advances in Digital Marketing and eCommerce*, New York: Springer Proceedings in Business and Economics.

Matthews-Sawyer, M., McCullough, K., and Myers, P. (2002) "Maiden voyages: The rise of women-only travel," *PATA Compass Magazine July–August*, 36–40.

McCrindle, M. and Wolfinger, E. (2009) *The ABC of XYZ: Understanding the Global Generations*, Sydney: New South Wales.

McDonald, N. C. (2015) "Are millennials really the 'Go-Nowhere' generation?," *Journal of the American Planning Association*, 81 (2), 90–103.

McEwan, C. (2000) *Gender, Geography and Empire: Victorian Women Travellers in West Africa*, Aldershot: Ashgate Publishing.

McGinnis, L., Chun, S., and McQuillan, J. (2003) "A review of gendered consumption in sport and leisure," *Academy of Marketing Science Review*, 5, 1–24.

McKinsey (2018) *'True Gen': Generation Z and its Implications for Companies*, New York: McKensey and Company.

McNamara, K. E. and Prideaux, B. (2010) "A typology of solo independent women travelers," *International Journal of Tourism Research*, 12 (3), 253–264.

McQuaid, R. W. and Chen, T. (2012) "Commuting times: The role of gender, children and part-time work," *Research in Transportation Economics*, 34 (1), 66–73.

Melián-González, A., Moreno-Gil, S., and Araña, J. E. (2011) "Gay tourism in a sun and beach destination," *Tourism Management*, 32 (5), 1027–1037.

Metz, R. (2017) *Growing up with Alexa: What will it do to kids to have digital butlers they can boss around?*, MIT Technology Review 8.

Mentré, F. (1920) *Les générations sociales*, Paris: éd. Bossard.

Meredith, G. and Schewe, C. (1994) "The power of cohorts," *American Demographics*, 16 (12), 22–31.

Merico, M. (2012) "Giovani, generazioni e mutamento nella sociologia di Karl Mannheim," *Studi di Sociologia*, 50 (1), 109–129.

Migacz, S. N. D. and Petrick, J. (2018) "Millennials: America's cash cow is not necessarily a herd," *Journal of Tourism Futures*, 4 (1), 16–30.

Milano, C. and Koens, K. (2021) "The paradox of tourism extremes: Excesses and restraints in times of Covid-19," *Current Issues in Tourism*, 25 (2), 219–231.

Miller, D. S. (2021) "Abrupt new realities amid the disaster landscape as one crisis gives way to crises," *Worldwide Hospitality and Tourism Themes*, 13 (3), 304–311.

Millett, K. (1971) *Sexual Politics*, London: Granada Publishing.

Mitchell, R. (2002) *The Generation Game: Generation X and Baby Boomer Wine Tourism*, Paper presented at a meeting of the New Zealand Tourism and Hospitality Research, Rotorua, New Zealand.

Mobile Travel Tracker (2017) Hotels.com spots #TravelBrag trend among mobile millennials.

Monaco, S. (2018a) "Mobilità turistiche fuori dai luoghi. Forme e significati dei viaggi online per i giovani italiani, Fuori Luogo," *Journal of Sociology of Territory, Tourism, Technology*, 4 (2), 91–104.

Monaco, S. (2018b) "Tourism and the new generations: Emerging trends and social implications in Italy," *The Journal of Tourism Futures* – ETFI (Special Issue), 4 (1), 7–15.

Monaco, S. (2019a) "Mixed methods e e-research: frontiere possibili per lo studio delle hidden population," Sociologia Italiana – *AIS Journal of Sociology*, 14, 97–108.

Monaco, S. (2019b) *Sociologia del turismo accessibile: Il diritto alla mobilità e alla libertà di viaggio*, Velletri: PM Editore.

Monaco, S. (2021) *Tourism, Safety and Covid-19: Security, Digitization and Tourist Behavior*, London: Routledge.

Monaco, S. and Nothdurfter, U. (2021) "Stuck under the rainbow? Gay parents' experiences with transnational surrogacy and family formation in times of Covid-19 Lock down," *Italian Sociological Review*, 11 (2), 509–529.

Monterrubio, C. (2018) "Tourism and male homosexual identities: Directions for sociocultural research," *Tourism Review*, 74 (5), 1058–1069.

Monterrubio, C., Rodriguez-Madera, S., and Pérez Díaz, J. (2020) "Trans women in tourism: Motivations, constraints and experiences," *Journal of Hospitality and Tourism Management*, 43 (6), 169–178.

Moores, S. (2012) *Media, Place and Mobility*, New York: Palgrave MacMillan.

Morace, F. (2016) *ConsumAutori: I nuovi nuclei generazionali*, Milan: Egea.

Moreira, M. and Campos, L. (2019) "The ritual of ideological interpellation in LGBT tourism and the impossibility of the desire that moves," *Brazilian Magazine of Pesquisa em Turismo*, 13 (2), 54–68.

Morena, E., Krause, D., and Stevis, D. (2020) *Just Transitions: Social Justice in the Shift Towards a Low- Carbon World*, London: Pluto.

Moreno, A. and Urraco, M. (2018) "The generational dimension in transitions: A theoretical review," *Societies* MDPI, 8 (3), 1–12.

Morgan, B. (2019) *NOwnership, no problem: An updated look at why millennials value experiences over owning things*, Forbes 1.

Morris, M. and Western, B. (1999) "Inequality in earnings at the close of the twentieth century," *Annual Review of Sociology*, 25, 623–657. See http://www.jstor.org/stable/223519

MSCI (2020) Millennials: Demographic change and the impact of a generation, thematic insights. See https://www.msci.com/documents/1296102/17292317/ThematicIndex-Millennials-cbr-en.pdf/44668168-67fd88cd-c5f7-855993dce7c4?t=1587390986253 (accessed 20 October 2020)

Muchnick, M. (1996) *Naked Management: Bare Essentials for Motivating the X-Genera-*

tion at Work, Delray Beach, FL: St Lucie.

Munar, A. M. (2017) "To be a feminist in (tourism) academia," *Anatolia*, 28 (4), 514–529.

Murphy, E. F., Gordon, J. D., and Anderson, T. L. (2004) "Cross-cultural, cross-cultural age and cross-cultural generational differences in values between the United States and Japan," *Journal of Applied Management and Entrepreneurship*, 9, 21–47.

Murray, D. A. B. (2007) "The civilized homosexual: Travel talk and the project of gay identity," *Sexualities*, 10 (1), 49–60.

Nast, H. J. (2002) "Queer patriarchies, queer racism, international," *Antipode*, 35 (5), 874–909.

Neuhofer, B., Buhalis, D., and Ladkin, A. (2012) "Conceptualising technology enhanced destination experiences," *Journal of Destination Marketing & Management*, 1 (1–2), 36–46.

Nielsen (2017) Young and ready to travel (and shop): A look at millennial travellers. See https://v-i-r.de/wp-content/uploads/2017/02/nielsen-millennial-traveler-study-jan-2017-1.pdf (accessed 18 August 2020)

Nielsen (2019) *Nielsen Global Generational Lifestyles Survey*, New York: Nielsen.

Nigam, R., Pandya, K., Luis, A. J., Sengupta, R., and Kotha, M. (2020) *Positive effects of Covid-19 lockdown on air quality of industrial cities (Ankleshwar and Vapi) of Western India*, Scientific Reports 11, 4285.

Nocifora, E. (2008) *La società turistica*, Naples: Scriptaweb.

Novelli, M. (2005) *Niche Tourism: Contemporary Issues, Trends and Cases*, Oxford: Butterworth-Heinemann Ltd.

Nyìri, K. (2005) *A Sense of Place: The Global and the Local in Mobile Communication*, Vienna: Passagen Verlag.

OAS–CIM Organization of American States–The Inter-American Commission of Women (2020) *Covid-19 in Women's Lives: Reasons to Recognize the Differential Impacts*, General Secretariat of the Organization of the American States (GS/OAS).

Obenour, W., Patterson, M., and Pedersen, P. (2006) "Conceptualization of a meaning-based research approach for tourism service experiences," *Tourism Management*, 27 (1), 34–41.

OC&C (2019) *A Generation Without Borders: Embracing Generation Z*, New York: OC&C Strategy Consultants.

Ofcom (2016) *Children and Parents: Media Use and Attitudes Report 2016*, London: Ofcom.

Oláh, L. S., Kotowska, I. E., and Richter, R. (2018) "The new roles of men and women and implications for families and societies," In G. Doblhammer and J. Gumà (eds.), *A Demographic Perspective on Gender, Family and Health in Europe* (pp. 41–64), Cham: Springer.

Olcelli, L. (2015) "Lady Anna Riggs Miller: The 'modest' self-exposure of the female grand tourist," *Studies in Travel Writing*, 19 (4), 312–323.

Olson, E. and Reddy-Best, K. L. (2019) "Transgender and gender non-conforming individuals and the negotiation of identity development through embodied practices while traveling: Panopticism and gendered surveillance," *International Textile and Apparel Association Annual Conference Proceedings*, 76 (1).

ONSM (2019) *Rapporto Nazionale sulla Sharing Mobility*, Rome: Osservatorio nazionale sulla sharing mobility.

Oppenheim Mason, J. and Jensen, A.-M. (eds.) (1995) *Gender and Family Change in Industrialized Countries*, New York: Clarendon Press.

Oppermann, M. (1995) "Travel life cycle," *Annals of Tourism Research*, 22 (3), 535–552.

Ortega Y. Gasset, J. (1933) *The Modern Theme*, London: Harper and Row.

Osservatorio e-commerce B2C (2020) *Netcomm Forum Report*, Milan: Politecnico di Milano.

Oswick, C., Grant, D., and Oswick, R. (2020) "Categories, crossroads, control, connectedness, continuity, and change: A metaphorical exploration of Covid-19," *The Journal of Applied Behavioural Science*, 56 (3), 284–288.

Ottman, J. (2011) *The New Rules of Green Marketing: Strategies, Tools, and Inspiration for Sustainable Branding*, San Francisco, CA: Taylor & Francis Ltd.

Özkan, M. and Solmaz, B. (2015) "The changing face of the employees: Generation Z and their perceptions of work (a study applied to university students)," *Procedia Economics and Finance*, 26, 476–483.

Pai, M. (2020) "Covidization of research: What are the risks?," *Nature Medicine*, 26 (8), 1159.

Pan, B., MacLaurin, T., and Crotts, J. C. (2007) "Travel blogs and their implications for destination Marketing," *Journal of Travel Research*, 46 (1), 35–45.

Parker, K. and Livingston, G. (2018) *8 Facts about American dads*, Pew Research Center, Washington, DC. 13 June. See https://www.pewresearch.org/fact-tank/2018/06/13/fathers-day-facts/ (accessed 10 September 2020)

Parker, K. and Igielnik, R. (2020) On the cusp of adulthood and facing an uncertain future: What we know about Gen Z so far, Pew Research Center Social and DemographicTrends, 14 May. See https://www.pewsocialtrends.org/essay/on-the-cusp-of-adulthood-and-facing-an-uncertain-future-what-we-know-about-gen-zso-far/ (accessed 10 August 2020)

Parker, K., Graf, N., and Igielnik, R. (2019) Generation Z looks a lot like millennials on key social and political issues, Pew Research Center Social and Demographic Trends, 17 January. See https://www. pewresearch.org/2019/01/17/genera tion-z-looks-a-lot-like-millennials-on-key-social-and-political-issues/ (accessed 9 April 2020)

Parry, E. and Urwin, P. (2011) "Generational differences in work values: A review of theory and evidence," *International Journal of Management Reviews*, 13 (1), 79–96.

Patterson, K., Grenny, J., and Maxfield, D. (2013) *Influencer: The New Science of Leading Change*, New York: McGraw-Hill Education.

Pecorelli, V. (2016) "Padri Digitali: come gestire la gravidanza e la paternità online (Digital Fathers)," In E. Ruspini, M. Inghilleri, and V. Pecorelli (eds.), *Diventare padri nel Terzo Millennio* [Fathers in the Third Millennium] (pp. 97–109), Milan: FrancoAngeli.

Pederson, E. B. (1992) "Future seniors: Is the hospitality industry ready for them?," *FIU Hospitality Review*, 10 (2), 1–8.

Pemble, J. (1987) *The Mediterranean Passion: Victorians and Edwardians in the South*, Oxford: Clarendon Press.

Pendergast, D. (2010) "Getting to know the Y generation," In P. Benckendorff, G. Moscardo, and D. Pendergast (eds.), *Tourism and Generation Y* (pp. 1–15), Wallingford: CAB International.

Pennington-Gray, L. A. and Kerstetter, D. L. (2001) "What do university-educated women want from their pleasure travel experiences?," *Journal of Travel Research*, 40 (1), 49–56.

Pennington-Gray, L. and Lane, C. (2001) "Profiling the silent generation," *Journal of Hospitality and Leisure Marketing*, 9 (1–2), 73–95.

Pennington-Gray, L., Kerstetter, D. L., and Warnick, R. (2002) "Forecasting travel patterns using Palmore's cohort analysis," *Journal of Travel and Tourism Marketing*, 13 (1–2), 125–143.

Pennington-Gray, L., Fridgen, J. D., and Stynes, D. (2003) "Cohort segmentation: An application to tourism," *Leisure Sciences*, 25 (4), 341–361.

Pereira, A. and Silva, C. (2018) "Women solo travellers: Motivations and experiences," *Millennium – Journal of Education, Technologies, and Health*, 2 (6), 99–106.

Perkins, K. M., Munguia, N., Ellenbecker, M., Moure-Eraso, R., and Velazquez, L. (2021) "Covid-19 pandemic lessons to facilitate future engagement in the global climate crisis," *Journal of Cleaner Production*, 290, 125178.

Perra, M. S. and Ruspini, E. (eds.) (2013) "Men who work in 'non-traditional' occupations," *International Review of Sociology*–Revue Internationale de Sociologie, Themed Section/Section Thématique, 23 (2), 265–270. See https://www.tandfon line.com/toc/cirs20/23/2

Perzanowski, A. and Schultz, J. (2016) *The End of Ownership: Personal Property in the Digital Economy*, Cambridge: MIT Press.

Pew Research Center (2015) The whys and hows of generations research. 3 September. See https://www.pewresearch.org/politics/2015/09/03/the-whys-and-hows-of-generations-research/ (accessed 3 November 2020)

PhoCusWright (2020) *Europe Online 2020*, New York: Northstar Travel Media LLC.

Pilia, A. (2019) *Rapporto Aniasa 2019: numeri e trend del noleggio auto*, Rome: Associazione Nazionale Industria dell'Autonoleggio.

Pilcher, J. (1994) "Mannheim's sociology of generations: An undervalued legacy," *The British Journal of Sociology*, 45 (3), 481–495. https://doi.org/10.2307/591659

Pinder, W. (1926) *Das Problem der Generation in der Kunstgeschichte Europas*, Munich: Bruckmann.

Pine, B. J. and Gilmore, J. H. (2001) *The Experience Economy*, Cambridge, MA: Harvard Business School Press.

Pine, B. J. and Gilmore, J. H. (2019) *The Experience Economy: Competing for Customer Time, Attention, and Money*, Cambridge, MA: Harvard Business School Press.

Piotrowski, J. T. and Valkenburg, P. (2017) *Plugged In: How Media Attract and Affect Youth*, New Haven, CT: Yale University Press.

Plummer, K. (1981) *The Making of the Modern Homosexual*, Totowa, NJ: Barnes and Noble.

Pooley, C. G., Turnbull, J., and Adams, M. (2005) *A Mobile Century?: Changes in Everyday Mobility in Britain in the Twentieth Century*, Aldershot: Ashgate.

Poria, Y. (2006) "Assessing gay men and lesbian women's hotel experiences: An exploratory study of sexual orientation in the travel industry," *Journal of Travel Research*, 44 (3), 327–334.

Priporas, C.-V., Stylos, N., and Fotiadis, A. K. (2017) "Generation Z consumers' expectations of interactions in smart retailing: A future agenda," *Computers in Human Behaviour*, 77, 374–381.

Pritchard, A. (2018) "Predicting the next decade of tourism gender research," *Tourism Management Perspectives*, 25, 144–146.

Pritchard, A. and Morgan, N. J. (2000) "Privileging the male gaze: Gendered tourism landscapes," *Annals of Tourism Research*, 27 (4), 884–905.

Pritchard, A. and Morgan, N. J. (2017) "Tourism's lost leaders: Analysing gender and performance," *Annals of Tourism Research*, 63, 34–47.

Pritchard, A., Morgan, N. J., Sedgley, D., Khan, E., and Jenkins, A. (2000) "Sexuality and holiday choices: Conversations with gay and lesbian tourists," *Leisure Studies*, 19 (4), 267–282.

Pritchard A., Morgan, N., and Sedgley, D. (2002) "In search of lesbian space? The experience of Manchester's gay village," *Leisure Studies*, 21 (2), 105–123.

Pritchard, A., Morgan, N. J., Ateljevic, I., and Harris, C. (eds.) (2007) *Tourism and Gender: Embodiment, Sensuality and Experience*, Wallingford: CABI Publishing.

Puar, J. K. (2002) "Circuits of queer mobility: Tourism, travel and globalization," *GLQ: A Journal of Lesbian and Gay Studies*, 8 (1–2), 101–137.

Purhonen, S. (2016) "Generations on paper: Bourdieu and the critique of 'generationalism'," *Social Science Information*, 55 (1), 94–114.

PwC (2011) Millennials at work: Reshaping the workplace. See https://www.pwc.de/de/prozessoptimierung/assets/millennials-at-work-2011.pdf (accessed 18 March 2020)

PwC (2015) The female millennial: A new era of talent. See https://www.pwc.com/jg/en/publications/the-female-millennial-a-new-era-of-talent.html (accessed 18 March 2020)

Rainer, T. and Rainer, J. (2011) *The Millennials: Connecting to America's Largest Generation*, Nashville, TN: BandH Publishing Group.

Ram, Y., Kama, A., Mizrachi, I., and Hall, C. M. (2019) "The benefits of an LGBT-inclusive tourist destination," *Journal of Destination Marketing and Management*, 14 (3), 100374.

Ranzini, G., Newlands, G., Anselmi, G., Andreotti, A., Eichhorn, T., Etter, M., Hoffmann, C., Jürss, S., and Lutz, C. (2017) *Millennials and the Sharing Economy: European Perspectives*, Amsterdam: Free University of Amsterdam.

Resonance Consultancy (2018) *World's Best Cities. A Ranking of Global Place Equity*, New York: Resonance Consultancy.

Richards, G. (ed.) (2007) *Cultural Tourism: Global and Local Perspectives*, New York: Haworth.

Richards, G. and Morrill, W. (2020) "Motivations of global millennial travelers," *Revista Brasileira de Pesquisa em Turismo*, 14 (1), 126–139.

Richter, L. K. (1994) "Exploring the political role of gender in tourism research," In W. F. Theobald (ed.), *Global Tourism: The Next Decade* (pp. 391–404), Oxford: Butterworth Heinemann.

Ridgeway, C. L. and Smith-Lovin, L. (1999) "The gender system and interaction," *Annual Review of Sociology*, 25, 191–216.

Rifkin, J. (2011) *The Third Industrial Revolution: How Lateral Power is Transforming Energy, the Economy, and the World*, New York: Palgrave MacMillan.

Risman, B. J. (2004) "Gender as a social structure: Theory wrestling with activism," *Gender and Society*, 18 (4), 429–450.

Risman, B. J. (2018) *Where the Millennials Will Take Us: A New Generation Wrestles with the Gender Structure*, New York: Oxford University Press.

Robertson, R. (1992) *Globalization: Social Theory and Global Culture*, London: Sage.

Robinson, J. (1990) *Wayward Women: A Guide to Women Travellers*, London: Oxford University Press.

Robinson, J. (1994) *Unsuitable for Ladies: An Anthology of Women Travellers*, Oxford: Oxford University Press.

Robinson, V. M. and Schänzel, H. A. (2019) "A tourism inflex: Generation Z travel experiences," *Journal of Tourism Futures*, 5 (2), 127–141.

Rodríguez-Urrego, D. and Rodríguez-Urrego, L. (2020) "Air quality during the Covid-19: PM2.5 Analysis in the 50 most polluted capital cities in the world," *Environmental Pollution*, 266 (1), 115042.

Rogers, R. and Botsman, R. (2010) *What's Mine is Yours: The Rise of Collaborative Consumption*, New York: HarperCollins.

Rojek, C. and Urry, J. (eds.) (1997) *Touring Cultures: Transformations of Travel and Theory*, London: Routledge.

Rokka, J. (2010) "Netnographic inquiry and new translocal sites of the social," *International Journal of Consumer Studies*, 34 (4), 381–387.

Rosenbloom, S. (2006) "Understanding Women's and Men's Travel Patterns, Research on Women's Issues in Transportation: The Research Challenge, in Transportation Research Board, Research on Women's Issues in Transportation," *Report of a Conference*, Volume 1, The National Academies Press, Washington, DC, 7–28. See https://www.nap.edu/read/23274/chapter/4 (accessed 11 November 2021)

Rubin, G. (1975) "The traffic in women: Notes on the 'political economy' of sex," In R. R. Reiter (ed.), *Toward an Anthropology of Women* (pp. 157–210), New York: Monthly Review Press.

Ruspini, E. (2019) "Millennial men, gender equality and care: The dawn of a revolution?," *Teorija in Praksa* (Special Issue), 56 (4), 985–1000.

Ruspini, E., Hearn, J., Pease, B., and Pringle, K. (eds.) (2011) *Men and Masculinities Around the World: Transforming Men's Practices*, Basingstoke: Palgrave MacMillan.

Russell, G. and Bohan, J. (2005) "The gay generation gap: Communicating across the divide," *Angles*, 8 (1), 1–8.

Ruting, B. (2008) "Economic transformations of gay urban spaces: Revisiting Collins' evolutionary gay district model," *Australian Geographer*, 39 (3), 259–269.

Ryan, B. (1992) *Feminism and the Women's Movement: Dynamics of Change in Social Movement Ideology and Activism*, New York: Routledge.

Rybczynski, W. (1991) *Waiting for the Weekend*, London: Viking Penguin.

Sajjadi, A., Åkesson Castillo, L. C. F., and Sun, B. (2012) *Generational differences in work attitudes: A comparative analysis of Generation Y and preceding generations from companies in Sweden*, Thesis, Internationella Handelshögskolan, Högskolan i Jönköping, Sweden.

Sambuco, P. (ed.) (2015) *Italian Women Writers, 1800–2000: Boundaries, Borders, and Transgression*, Madison, WI: Fairleigh Dickinson University Press.

Schewe, C. D. and Noble S. M. (2000) "Market segmentation by cohorts: The value and validity of cohorts in America and abroad," *Journal of Marketing Management*, 16 (1–3), 129–142.

Schewe, C. D. and Meredith, G. (2004) "Segmenting global markets by generational cohorts: Determining motivations by age," *Journal of Consumer Behaviour*, 4 (1), 51–63.

Schiffman, L., Bednall, D., O'Cass, A., Paladino, A., Ward, S., and Kanuk, L. (2008) *Consumer Behaviour*, Frenchs Forest: Pearson Education Australia.

Schofields Insurance (2017) *Holiday Destination Chosen Based on How 'Instagrammable' the Holiday Pics Will Be*, Bolton: Schofields Ltd.

Schor, J. B. and Fitzmaurice, C. J. (2015) "Collaborating and connecting: The emergence of the sharing Economy," In L. Reisch and J. Thogersen (eds.), *Handbook of Research on Sustainable Consumption* (pp. 410–425), Cheltenham: Edward Elgar.

Schulz, K. (2008) "The women's movement," In M. Klimke and J. Scharloth (eds.), *1968 in Europe* (pp. 281–293), New York: Palgrave MacMillan.

Schuman, H. and Scott, J. (1989) "Generations and collective memories," *American Sociological Review*, 54 (3), 359–381.

Scott, J. (1986) "Gender: A useful category of historical analysis," *American Historical Review*, 91 (5), 1053–1075.

Seemiller, C. and Grace, M. (2016) *Generation Z Goes to College*, San Francisco, CA: Jossey-Bass.

Segovia-Pérez, M., Figueroa-Domecq, C., Fuentes-Moraleda, L., and Muñoz-Mazón, A. (2019) "Incorporating a gender approach in the hospitality industry: Female executives' perceptions," *International Journal of Hospitality Management*, 76 (A), 184–193.

Sengupta, D. (2017) *The Life of Y: Engaging Millennials as Employees and Consumers*, New Delhi: Sage Publications India.

Sezgin, E. and Yolal, M. (2012) "Golden age of mass Tourism: Its history and development," In Murat Kasimoglu (ed.), *Visions for global tourism industry–Creating and Sustaining Competitive Strategies*, IntechOpen. See https://www.intechopen.com/books/visions-for-global-tourism-industry-creating-and-sustaining-competitive-strategies/mass-tourism-its-history-and-development-in-the-golden-age (accessed 31 March 2020)

Sfodera, F. (2011) *Turismi, Destinazioni ed Internet. La rilevazione della consumer experience nei portali turistici*, Milan: FrancoAngeli.

Shaheen, S. A., Chan, N. D., Bansal, A., and Cohen, A. (2015) "Shared mobility: Definitions, industry developments, and early understanding," *Innovative Mobility Research*, 11, 1–27.

Shaw, S. M. (1994) "Gender, leisure, and constraint: Toward a framework for analysis of women's leisure," *Journal of Leisure Research*, 26 (1), 8–22.

Shaw, S. M. (2001) "Conceptualizing resistance: Women's leisure as political practice," *Journal of Leisure Research*, 33 (2), 186–201.

Shores, K., Scott, D., and Floyd, M. F. (2007) "Constraints to outdoor recreation: A multiple hierarchy stratification perspective," *Leisure Sciences*, 29 (3), 227–246.

Shridhar, A. (2019) *Millennial Parents: Transforming Family Life*, London: Euromonitor International.

Siegel, L. (2011) *Homo interneticus. Restare umani nell'era dell'ossessione digitale*, Prato: Piano B.

Simirenko, A. (1966) "Mannheim's generational analysis and acculturation source," *The British Journal of Sociology*, 17 (3), 292–299.

Simmel, G. (1950) *The Sociology of Georg Simmel*, Glencoe: Free Press.

Singer, P. and Prideaux, B. (2006) "The impact of demographic change on future tourism demand: A focus group study," In P. A. Whitelaw and G. B. O'Mahony (eds.), *CAUTHE 2006: To the City and Beyond* (pp. 336–345), Footscray, Vic.: Victoria University, School of Hospitality, Tourism and Marketing.

Sivak, M. and Schoettle, B. (2016) *Recent Decreases in the Proportion of Persons with a Driver's License across All Age Groups*, Ann Arbor, MI: University of Michigan Transportation Research Institute.

Skinner, H., Sarpong, D., and White, G. R. (2018) "Meeting the needs of the millennials and Generation Z: Gamification in tourism through geocaching," *Journal of Tourism Futures*, 4 (1), 93–104.

Smith, A. (2016) *Shared, Collaborative and On Demand: The New Digital Economy*,

Washington, DC: Pew Research Center. Internet and Technology.

Smith, A. G. (2020) *Marketing to the New Generations of LGBTQ+ Tourists*, Hattiesburg, MS: University of Southern Mississippi.

Sofronov, B. (2018) "Millennials: A new trend for the tourism industry," *Annals of Spiru Haret University* 18 (3), 109–122.

Sorokin, P. A. (1947) *Society, Culture, and Personality*, New York: Harper.

Sosa, K. (2019) *The Damron address book, a green book for gays, kept a generation of men in the know*, Los Angeles Magazine 6, 25.

Southan, J. (2017) *From Boomers to Gen Z: Travel trends across the generations*, Globetrender Magazine, 19 May. See https://globetrender.com/2017/05/19/travel-trends-across-generations/ (accessed 8 August 2020)

Sparks and Honey (2019) *Generation Z 2025: The Final Generation*, New York: Sparks and Honey.

Spitzer, A. B. (1973) "The historical problem of generations," *The American Historical Review*, 78 (5), 1353–1385.

Staffieri, S. (2016) *L'esperienza turistica dei giovani italiani*, Rome: Sapienza Università Editrice

Statnickė, G. (2019) "An expression of different generations in an organization: A systematic literature review," *Society. Integration. Education, Proceedings of the International Scientific Conference*, 5, 273–291.

Strauss, W. and Howe, N. (1991) "The cycle of generations," *American Demographics*, 13 (4), 24–33.

Strauss, W. and Howe, N. (1992) *Generations: The History of America's Future, 1584 to 2069*, New York: Harper.

Strauss, W. and Howe, N. (1997) *The Fourth Turning: An American Prophecy — What Cycles of History Tell Us about America's Next Rendezvous with Destiny*, New York: Broadway Books.

Stuart Mill, J. (1865) *A System of Logic*, London: Longmans.

Stuber, M. (2002) "Tourism marketing aimed at gay men and lesbians: A business perspective," In S. Clift, M. Luongo, and C. Callister (eds.), *Gay Tourism: Culture, Identity and Sex* (pp. 88–124), New York: Continuum.

Swain, M. (1995) "Gender in tourism," *Annals of Tourism Research*, 22 (2), 247–266.

Swain, M. and Henshall Momsen, J. (eds.) (2002) *Gender/Tourism/Fun*, Elmsford, NY: Cognizant Communication Corp.

Swan, M. (2012) "Sensor mania! The internet of things, wearable computing, objective metrics, and the quantified self 2.0," *Journal of Sensor and Actuator Networks*, 1 (3), 217–253.

Swan, M. (2013) "The quantified self: Fundamental disruption in big data science and biological discovery," *Big Data*, 1 (2), 85–99.

SWG (2019) *Lotta contro i cambiamenti climatici*, Trieste: SWG Spa.

Syngellakis, S., Probstl-Haider, U., and Pineda, F. (2018) *Sustainable Tourism*, Southampton: WIT.

Szarycz, G. S. (2008) "Cruising, freighter-style: A phenomenological exploration of tourist recollections of a passenger freighter travel experience," *International Journal of Tourism Research*, 10 (3), 259–269.

Tannenbaum, E. R. (1976) *1900: The Generation before the Great War*, Garden City, NY: Anchor Press.

Tapscott, D. (2008) *Grown Up Digital: How the Net Generation is Changing Your World*, New York: McGraw-Hill.

Tavares, J., Sawant, M., and Ban, O. (2018) "A study of the travel preferences of generation Z located in Belo Horizonte (Minas Gerais–Brazil)," *e-Review of Tourism Research (eRTR)*, 15 (2–3), 223–241.

Taylor, P. and Keeter, S. (eds.) (2010) *Millennials: A portrait of generation next: Confident, connected, open to change*, PewResearchCenter, Washington DC, February. See http://www.pewresearch.org/wp-content/uploads/sites/3/2010/10/millennials-confident-connected-open-to-change.pdf (accessed 23 March 2020)

Telefónica (2013) Global Millennial Survey-Global Results. See https://milunesco.una oc.org/mil-resources/telefonica-global-millennial-survey-global-results/ (accessed 18 March 2020)

The Council of Economic Advisers (2014) 15 Economic Facts about Millennials. See https://obamawhitehouse.archives.gov/sites/default/files/docs/millennials_report.pdf (accessed 18 March 2020)

The Economist (2017) Sustainable investment joins the mainstream: Millennials are coming into money and want to invest it responsibly. See https://www.econo mist.com/finance-and-economics/2017/11/25/sustainable-investment-joins-the-mainstream (accessed 2 February 2022)

Therkelsen, A., Blichfeldt, B. S., Chor, J., and Ballegaard, N. (2013) "'I am very straight in my gay life': Approaching an understanding of lesbian tourists' identity construction," *Journal of Vacation Marketing*, 19 (4), 317–327.

Thevenot, G. (2007) "Blogging as a social media," *Tourism and Hospitality Research*, 7 (3–4), 287–289.

Thiefoldt, D. and Scheef, D. (2004) Generation X and the millennials: What you need to know about mentoring the new generations, Law Practice Today. See http://www.abanet.org/lpm/lpt/articles/nosearch/mgt08044print.html (accessed 23

March 2020)

Thijs, P., Te Grotenhuis, M., Scheepers, P., and van den Brink, M. (2019) The rise in support for gender egalitarianism in the Netherlands, 1979–2006: The roles of educational expansion, secularization, and female labor force participation, *Sex Roles*, 81 (9–10), 594–609.

Thompson, M. E. and Armato, M. (2012) *Investigating Gender*, Cambridge: Polity Press.

Tilley, S. and Houston, D. (2016) "The gender turnaround: Young women now travelling more than young men," *Journal of Transport Geography*, 54, 349–358.

Topdeck Travel (2020) *Topdeck Travel Survey 2020*, London: Topdeck Travel.

Towner, J. (1994) "Tourism history: Past, present and future," In A.V. Seaton (ed.), *Tourism: The State of the Art* (pp. 721–728), Chichester: John Wiley and Sons.

Transportation Research Board (2006) Research on Women's Issues in Transportation, Report of a Conference, Volume 1, The National Academies Press, Washington, DC. See https://www.nap.edu/read/23274/chapter/4 (accessed 18 November 2021)

Tribe, J. (2006) "The truth about tourism," *Annals of Tourism Research*, 33 (2), 360–381.

Trinidad, J. E. (2021) "Equity, engagement, and health: School organisational issues and priorities during Covid-19," *Journal of Educational Administration and History*, 53 (1), 67–80.

TripAdvisor (2015) *TripBarometer Connected Traveler*, New York: TripAdvisor, Inc.

Trua, T. (2016) Sharing economy: L'economia della condivisione, Bologna: Bitbiblos.

Tussyadiah, I. (2020) "A review of research into automation in tourism," *Annals of Tourism Research*, 81, 102883.

Tussyadiah, I. and Fesenmaier, D. R. (2009) "Mediating tourist experiences: Access to places via shared videos," *Annals of Tourism Research*, 36 (1), 24–40.

Tussyadiah, I. and Inversini, A. (2015) *Information and Communication Technologies in Tourism*, London: Springer.

Tuttle, B. (2014) "Can we stop pretending the sharing economy is all about sharing?," *Money*, 1, 14–30.

Twenge, J. M. (2013) "The evidence for Generation me and against Generation we," *Emerging Adulthood*, 1 (1), 11–16.

Tzuo, T. and Weisert, G. (2018) *Subscribed: Why the Subscription Model Will Be Your Company's Future — and What to Do About It*, New York: The Penguin Press.

UN Women (2020) Covid-19: Emerging gender data and why it matters. See https:// data.unwomen.org /resources/covid-19-emerging-gender-data-and-why-itmatters (accessed 6 April 2020)

UNFPA–United Nations Population Fund (2020) Coronavirus Disease (Covid-19) Gender Equality and Addressing Gender-based Violence (GBV) and Coronavirus Disease (Covid-19) Prevention, Protection and Response. UNFPA Interim Technical Brief. See https://www.unfpa.org/resources/gender-equality-and-addressing-gender-based-violence-gbv-and-coronavirus-disease-covid-19 (accessed 6 April 2020)

UN–United Nations (2020a) Covid-19 and Transforming Tourism, Policy Brief August. See https://reliefweb.int/sites/reliefweb.int/files/resources/policy-brief-the-impact-of-covid-19-on-women-en.pdf (accessed 15 September 2020)

UN–United Nations (2020b) The Impact of Covid-19 on Women, Policy Brief April. See https://reliefweb.int/sites/reliefweb.int/files/resources/policy-brief-the-impact-of-covid-19-on-women-en.pdf (accessed 28 April 2020)

UNWTO–UN World Tourism Organization (2011a) Global Report on Women in Tourism 2010, Madrid: WTO. See https://www.e-unwto.org/doi/pdf/10.18111/9789284413737 (accessed 6 April 2020)

UNWTO–UN World Tourism Organization (2011b) *Tourism Highlights 2011 edition,* Madrid: WTO.

UNWTO–UN World Tourism Organization (2017) *Second Global Report on LGBT Tourism,* Madrid: WTO.

UNWTO–UN World Tourism Organization (2019) *Global Report on Women in Tourism-Second edition,* Madrid: WTO. See https://www.e-unwto.org/doi/book/10.18111/9789284420384 (accessed 6 April 2020)

UNWTO–UN World Tourism Organization (2020a) Covid-19, Putting people first. See https://www.unwto.org/tourism-covid-19 (accessed 20 April 2020)

UNWTO–UN World Tourism Organization (2020b) Impact assessment of the Covid-19 outbreak on international tourism. See https://www.unwto.org/impact-assessment-of-the-covid-19-outbreak-on-international-tourism (accessed 15 December 2020)

UNWTO–UN World Tourism Organization (2020c) World Tourism Baromete, 18 (5), August–September. See https://www.e-unwto.org/doi/epdf/10.18111/wtobarometereng.2020.18.1.5 (accessed 15 October 2020)

UNWTO–UN World Tourism Organization (2020d) Covid-19 and vulnerable groups. See https://www.unwto.org/covid-19-inclusive-response-vulnerable-groups (accessed 5 August 2020)

Urry, J. (2003) "Social networks, travel and talk," *British Journal of Sociology,* 54 (2), 155–175.

Urry, J. and Sheller, M. (2004) *Tourism Mobilities: Places to Play, Places in Play*, London: Routledge.

Urry, J. and Larsen, J. (2011) *The Tourist Gaze 3.0*, London: Sage.

Valentine, G. (1989) "The geography of women's fear," Area, 21 (4), 385–390.

Valentine, G. and Skelton, T. (2003) "Finding oneself, losing oneself: The lesbian and gay 'scene' as a paradoxical space," *International Journal of Urban and Regional Research*, 27 (4), 849–866.

van Dijk, J. (1991) *De Netwerk Maatschappij: Sociale Aspecten van Nieuwe Media*, Alphen aan den Rijn: Samsom.

van Gils, W. and Kraaykamp, G. (2008) "The emergence of dual-earner couples: A longitudinal study of the Netherlands," *International Sociology*, 23 (3), 345–366.

Varkey Foundation (2019) *Generation Z: Global Citizenship Survey*, New York: Varkey Foundation.

Veiga, C., Custódio Santos, M., Águas, P., and Santos, J. A. C. (2017) "Are millennials transforming global tourism? Challenges for destinations and companies," *Worldwide Hospitality and Tourism Themes*, 9 (6), 603–616.

Verboven, H. and Vanherck, L. (2016) "The sustainability paradox of the sharing economy," *UWF*, 24, 303–314.

Veríssimo, M. and Costa, C. (2018) "Do hostels play a role in pleasing millennial travellers? The Portuguese case," *Journal of Tourism Futures*, 4 (1), 57–68.

Vincent, J. A. (2005) "Understanding generations: Political economy and culture in an aging society," *The British Journal of Sociology*, 56 (4), 579–599.

Virtuoso (2015) Best of the best award nominees. See https://www.virtuoso.com/getmedia/9ec307b0-acb8-4059-bb49-0e058ba52d6a/Best-of-the-Best-Nominees-FINALaspx (accessed 18 November 2021)

Vizcaino-Suárez, P., Jeffrey, H., and Eger, C. (eds.) (2020) *Tourism and Gender-based Violence: Challenging Inequalities*, Wallingford: CABI Publishing.

Vogt, W. P. (1997) *Tolerance & Education: Learning to Live with Diversity and Difference*, Thousand Oaks, CA: Sage Publications.

Vorobjovas-Pinta, O. (ed.) (2021) *Gay Tourism: New Perspectives*, Bristol: Channel View Publications.

Vukonić, B. (2012) "An outline of the history of tourism theory," In C. H. C. Hsu and W. C. Gartner (eds.), *The Routledge Handbook of Tourism Research* (pp. 3–27), Abingdon/New York: Routledge.

Wagar, W. W. (1983) "H. G. Wells and the genesis of future studies," *WNRF*, 1, 25–29.

Waitt, G. (2003) "Gay games: Performing 'community' out from the closet of the locker room," *Society and Cultural Geography*, 4 (2), 167–183.

Waitt, G. and Markwell, K. (2006) *Gay Tourism: Culture and Context*, London: Routledge.

Walrave, M., Waeterloos, C., and Ponnet, K. (2020) "Adoption of a contact tracing app for containing Covid-19: A health belief model approach," *JMIR Public Health and Surveillance*, 6 (3), e20572.

Wang, C. J., Ng, C. Y., and Brook, R. H. (2020) "Response to Covid-19 in Taiwan: Big data analytics, new technology, and proactive testing," *Journal of the American Medical Association*, 323 (14), 1341–1342.

Wang, D. (2016) *Renfang Research on Urban Housing Lease-Purchase Choose Factors*, Nanjing: Nanjing Tech University.

Wang, D., Xiang, Z., and Fesenmaier, D. R. (2014) "Adapting to the mobile world: A model of smartphone use," *Annals of Tourism Research*, 48, 11–26.

Wang, D., Xiang, Z., Law, R., and Ki, T. P. (2016) "Assessing hotel-related smartphone apps using online Reviews," *Journal of Hospitality Marketing & Management*, 25 (3), 291–313.

Wang, N. (2000) *Tourism and Modernity: A Sociological Analysis*, Oxford: Pergamon Press. This PDF is for the sole use by Japan UNI Agency and those working on their behalf and is not for wider distribution or sale. 04/04/

Watanabe, T. and Omori, Y. (2020) *Online Consumption During and After the Covid-19 Pandemic: Evidence from Japan*, Tokyo: CREPE.

Wattpad (2019) The joy of missing out: How Gen Z is finding balance in an upside-down world. See https://brands.wattpad.com/gen-z-report-jomo (accessed 3 September 2020)

Watts, R. (2008) "A gendered journey: Travel of ideas in England c. 1750–1800," *History of Education*, 37 (4), 513–530.

Wearing, B. (1990) "Beyond the ideology of motherhood: Leisure as resistance," *Australian and New Zealand Journal of Sociology*, 26 (1), 36–58.

Wearing, B. (1998) *Leisure and Feminist Theory*, London: Sage.

Wearing, B. and Wearing, S. (1988) "'All in a day's leisure': Gender and the concept of leisure," *Leisure Studies*, 7 (2), 111–123.

Weaver, A. (2011) "The fragmentation of markets, neo-tribes, nostalgia, and the culture of celebrity: The rise of themed cruises," *Journal of Hospitality and Tourism Management*, 18 (1), 54–60.

Wee, D. (2019) "Generation Z talking: Transformative experience in educational travel," *Journal of Tourism Futures*, 5 (2), 157–167.

Weeden, C., Lester, J.-A., and Thyne, M. (2011) "Cruise tourism: Emerging issues and implications for a maturing industry," *Journal of Hospitality and Tourism Manage-*

ment, 18 (1), 26–29.

West, C. and Zimmerman, D. H. (1987) "Doing gender," *Gender and Society*, 1 (2), 125–151.

Westermarck, E. (1908) *The Origin and Development of the Moral Ideas*, London: Palgrave MacMillan.

Westwood, S., Pritchard, A., and Morgan, N. J. (2000) "Gender-blind marketing: Businesswomen's perceptions of airline services," *Tourism Management*, 21 (4), 353–362.

White, R. (2005) *On Holidays: A History of Getting Away in Australia*, North Melbourne: Pluto Press.

Whitmore, A., Agarwal, A., and Xu, L. D. (2015) "The internet of things: A survey of topics and trends," *Information Systems Frontiers*, 17, 261–274.

Whyte, L. B. and Shaw, S. M. (1994) "Women's leisure: An exploratory study of fear of violence as a leisure constraint," *Journal of Applied Recreation Research*, 19 (1), 5–21

Williams, K. C. and Page, R. A. (2011) "Marketing to the generations," *Journal of Behavioural Studies in Business*, 3 (3), 1–17.

Wilson, E. and Little, D. E. (2005) "A 'relative escape'? The impact of constraints on women who travel Solo," *Tourism Review International*, 9 (2), 155–175.

Wilson, E. and Harris, C. (2006) "Meaningful travel: Women, independent travel and the search for self and meaning," *Tourism*, 54 (2), 161–172.

Wilson, E. and Little, D. E. (2008) "The solo female travel experience: Exploring the 'geography of women's fear'," *Current Issues in Tourism*, 11 (2), 167–186.

Wohl, R. (1979) *The Generation of 1914*, Cambridge: Harvard University Press.

Wood, S. (2013) Generation Z as consumers: Trends and innovation. See https://archive.iei.ncsu.edu/wp-content/uploads/2013/01/GenZConsumers.pdf (accessed 18 March 2020)

Woodman, D. (2016) "The sociology of generations and youth studies," In A. Furlong (ed.), *Routledge Handbook of Youth and Young Adulthood* (pp. 36–42), Routledge Handbook Online.

Woodman, D. (2018) "Using the concept of generation in youth sociology," In A. Lange, H. Reiter, S. Schutter, and C. Steiner (eds.), *Handbuch Kindheits- und Jugendsoziologie* (pp. 97–107), Springer Reference Sozialwissenschaften, Wiesbaden: Springer VS.

Woyo, E. (2021) "The sustainability of using domestic tourism as a post-Covid-19 recovery strategy in a distressed destination," *Information and Communication Technologies in Tourism*, 1, 476–489.

Wu, S. I., Wei, P. L., and Chen, J. H. (2008) "Influential factors and relational structure of internet banner advertising in the tourism industry," *Tourism Management*, 29 (2), 221–236.

Wuest, B., Welkey, S., Mogab, J., and Nicols, K. (2008) "Exploring consumer shopping preferences: Three generations," *Journal of Family and Consumer Sciences*, 100 (1), 31–37.

Wunderman Thompson Commerce (2019) Generation alpha: Preparing for the future consumer 2019. See https://gertkoot.wordpress.com/wp-content/up loads/2019/10/wtc-generation-alpha-2019.pdf (accessed 1 September 2020)

Wyn, J. and Woodman, D. (2006) "Generation, youth and social change in Australia," *Journal of Youth Studies*, 9 (5), 37–41.

Wyse Travel Confederation (2018) New horizons survey IV: A global study of the youth and student traveller. See https://www.wysetc.org/wp-content/uploads/sites/19/2018/06/New-Horizons-IV_Preview.pdf (accessed 18 March 2020)

Xiang, Z. and Fesenmaier, D. R. (2017) *Analytics in Smart Tourism Design: Concepts and Methods*, Berlin: Springer.

Xiang, Z., Wang, D., O'Leary, J. T., and Fesenmaier, D. R. (2015) "Adapting to the internet: Trends in travellers' Use of the web for trip planning," *Journal of Travel Research*, 54 (4), 511–527.

Yang, S.-B. and Guy, M. E. (2006) "Genxers versus boomers: Work motivators and management Implications," *Public Performance and Management Review*, 29 (3), 267–284.

Yates, A., Starkey, L., Egerton, B., and Flueggen, F. (2020) "High school students' experience of online learning during Covid-19: The influence of technology and pedagogy," *Technology, Pedagogy and Education*, 30 (1), 59–73.

Yelkur, R. (2003) "A comparison of buyer behaviour characteristics of U. S. and French generation X," *Journal of Euromarketing*, 12 (1), 5–17.

Yeoman, I. (2008) *Tomorrow's Tourist: Scenarios & Trends*, Oxford: Butterworth Heinemann.

Yeoman, I. (2012) *2050 – Tomorrow's Tourism*, Bristol: Channel View Publications.

Yeoman, I. and McMahon-Beattie, U. (eds.) (2020) *The Future Past of Tourism: Historical Perspectives and Future Evolutions*, Bristol: Channel View Publications.

Zimdars, M. and McLeod, K. (2020) *Fake News: Understanding Media and Misinformation in the Digital Age*, Cambridge, MA: MIT Press.

Zinola, A. (2018) *La rivoluzione nel carrello*, Milan: Guerini Next.

Žižek, S. (2020) *Pandemic!: Covid-19 Shakes the World*, New York: OR Books.

Zukin, S. (1995) *The Cultures of Cities*, Cambridge: Blackwell.

主要索引

【A 〜 Z】

AI　73, 138
Airbnb　113
Alexa for Hospitality　73
AR　73
DMO　75
European Travel Commission：ETC
　86
ICT　72
　──によるインパクト　76
IoT　29, 73
LGBTQ＋　147
NTO　86
SNS　163
tourist communitycation　58
Uber　114
VR　73

【ア行】

i ジェネレーション　29
iGen 世代　167
アイデンティティ理論　38
あらゆる形態のベジタリアン食の発展
　43
アルファ世代　22
安全な理想郷　151
e コマースの普及　44
インスタ映え　50
インターネットプロトコル　26
インテリジェント・サービス・ロボット
　73
インテリジェント・モバイル・ロボット
　73

インフルエンサー　46
エコ不安　54
エコロジカル・フットプリント　87
X 世代　19, 22, 133
欧州旅行委員会（ETC）　86
オーバーツーリズム　85
「オムニチャネル」マーケティング・オー
　トメーション　74
オンデマンド型観光　79
オンライン消費の傾向　45

【カ行】

カーシェアリング　100
顔認証システム　73
拡張現実（AR）　73
仮想現実（VR）　73
仮想世界　41
環境に配慮した旅行者　56
観光システム　163
観光体験を共有するオンラインプラット
　フォーム　52
観光のまなざし　89
教育経験　112
共同購入　95
共同消費　94
クィア　147
グランドツアー　128, 151
グリーン旅行　56
ゲイ　28, 147
ゲイケーション　155
経験　111
　──消費　106
現実世界　41
公民権運動　135
互酬性　94

コダック化　89
娯楽経験　111
コンシャス・ツーリズム　88

【サ行】

サイレント世代　133
ザナルデリ法典　153
サブカルチャー　20
サブスクリプション　95
サプライチェーン　170
シェアリングエコノミー　41, 94, 138
ジェネレーションY　22
ジェンダーアイデンティティ　147
ジェンダーニュートラル　141
持続可能性　107
持続可能な観光形態　88
社会的責任投資　107
社会の同一性　38
受容性　164
情報通信技術（ICT）　72
所有　94
　──するための消費　41
人工知能（AI）　73, 138
真正性　89
審美経験　112
スマート技術　77
スマート・ツーリズム　78
性格的特徴　37
性的マイノリティ（LGBTQ＋）　147
政府観光局（NTO）　86
セクシュアリティ　147
世代　9
　──間分析　9
　──状態　13
　──統一　13
　──の対角線　17
　──のペルソナ　17
　──別研究　87
　──理論　9
　──連関　13

Z世代　22, 85, 123
ゼロインパクト旅行　53
ゼロ・キロメートル商品　55
ソーシャルディスタンス　140
ソーシャルメディア　29, 46
即時性の文化　89

【夕行】

体験するための消費　41
「体力的にきつい」観光体験　55
脱日常経験　112
団塊の世代　24
沈黙の世代　22
ツーリスト・コミュニティケーション
　58
ティーンエイジャー　24
デスティネーション・マーケティング組織
　（DMO）　75
データ主導のセンサー社会　77
テクノロジー　29
デジタルネイティブ　85
デジタルフットプリント　79
同性愛嫌悪　166
トラウマ体験　13
トランスジェンダー　28, 147
トランスフォビア　166

【ナ行】

ニッチ　148
ネチズン（コンピュータネットワーク上に
　存在する人々）　49
ネットジェネレーション　29
ノンバイナリー　156

【ハ行】

バイセクシュアル　28, 147
ハイパーコネクション　30
博愛主義的な意志　55

バタフライエフェクト　153
ハビトゥス　19
パラダイム　170
パンデミック　75
ピア・エクスチェンジ　94
ピアパーソナリティ　17
ヒッピー文化　131
ピンク観光マーケティング戦略　155
ピンクツーリズム　164
ピンクドル　155
節目　18
ブラックパワー運動　135
プラットフォーム　94
ベビーブーマー世代　19, 80, 133
包括性　148, 164
ポップカルチャー　25

【マ行】

マスツーリズム　88, 130, 173
ミレニアル世代　19, 80, 123
「みんなが私を見ている」症候群　89
民泊　99
メディア　163
最も偉大な世代　22

モノのインターネット（IoT）　29, 73

【ヤ行】

ユース・ツーリズム　80

【ラ行】

ライドシェアリング　100
ライフコース　125
ラグジュアリー・トラベル　84
利用　94
レインボーシティ　153
レインボーツーリズム化　150
レインボー・デスティネーション　166
レインボー旅行者　167
レズビアン　28, 147
レンタル　95
　——エコノミー　105
ロックダウン　126
ロボノミック社会　73

【ワ行】

ワークライフバランス　29, 137

■翻訳者紹介

国枝　よしみ（くにえだ　よしみ）　　**翻訳・監修担当／はじめに、第1・6章・まとめ**
大阪成蹊大学副学長・国際観光学部長・教授　博士（先端マネジメント）
　　慶應義塾大学文学部卒業。関西学院大学大学院経営戦略研究科博士課程先端マネジメント専攻修了。日本航空、ホテル日航大阪を経て、公募により奈良県知事公室広報広聴課参事、観光交流局参与。その後大阪成蹊短期大学教授、副学長を経て2018年4月より現職。
　　著書に『地域創造のための観光マネジメント講座』（共著，学芸出版社，2016）、『サービスと消費者行動』（編著，千倉書房，2020）、『経営の視点から考える「新しい観光学」』（国枝・岡田編著，千倉書房，2023）（第17回日本観光研究学会賞観光著作賞（一般）受賞）、『図解　知っておきたい観光学』（国枝監修，千倉書房，2025）
　　論文にSustainable Development and Tourist Perception: An Empirical Study of A World Natural Heritage Site in Japan. Proceedings of the 2015 ICBTS International Academic Research Conference in Europe & America, 165-172 (2015)、「消費者の観光行動に及ぼすCOVID-19の影響」（サービソロジー，7 (2)，サービス学会，2021）等。

デイヴィス　恵美（デイヴィス　えみ）　　**翻訳担当／第2章**
大阪成蹊大学国際観光学部・准教授
　　関西学院大学言語コミュニケーション文化研究科博士課程後期課程満期退学、博士（言語コミュニケーション文化）専門は応用言語学、英語授業学研究。
　　英国Nottingham Trent University, Business School, Business Management修了、修士（経営）。同志社大学文学部文化学科卒業、学士（文学）。
　　Sanyo Industries（UK）Ltd.にてEU圏内販社営業を5年間勤める。英国在住は12年。日本へ帰国後は関西学院大学等にて非常勤講師を務めた後、追手門学院大学常勤講師を経て2020年4月より現職。現在大阪大学非常勤講師も務める。
　　論文に「実践コミュニティにおける活動と学び合いの推進に向けて―パターン・ランゲージを用いた事例検討とワークショップ―」，92-97頁（共著，「大学教育学会誌」，2024）、「オンライン留学プログラムの意義と今後の展望―コロナ禍における短期海外留学プログラムの比較考察を通して―」，52-65頁（単著，「JACET関西紀要」，2024）などがある。

坂井　純子（さかい　すみこ）　　**翻訳担当／第3章**
大阪成蹊大学国際観光学部・教授　修士（文学）
　　奈良女子大学文学部卒業。奈良女子大学文学研究科英語英米文学専攻終了。神戸夙川学院大学観光文化学部、神戸山手大学現代社会学部での勤務を経て2017年4月より現職。
　　翻訳書に『アメラジアンの子供たち―知られざるマイノリティ問題』（集英社新書，2002）、『スタンフォード大学マインドフルネス教室』（講談社，2016）など。

尾崎 文則（おざき　ふみのり）　　**翻訳担当／第4章**

大阪成蹊大学　国際観光学部　准教授

　経営管理修士（専門職）（早稲田大学）

　早稲田大学政治経済学部経済学科卒業。電通、ボストン・コンサルティング・グループなどを経て現職。専門はマーケティング、消費者行動。早稲田大学ビジネススクール修了（MBA）、慶應義塾大学大学院経営管理研究科後期博士課程在籍。

樫本 英之（かしもと　ひでゆき）　　**翻訳担当／第5章**

大阪成蹊短期大学観光学科・教授　修士（TESOL）（Warner Graduate School of Education, University of Rochester, NY, USA）

　京都外国語大学外国語学部英米語学科卒業。米国ニューヨーク州ロチェスター大学・教育学部TESOL専攻修了。卒業後帰国し、アステラス製薬株式会社経理部決算税務、ダイキン・ザウアーダンフォス株式会社企画部グローバル戦略チームでの製品開発等のマーケティング業務に従事。2社計15年間の企業経験を経て2015年、大阪府公募の特別教員制度に応募しSET（Super English Teacher）となり、大阪府立四條畷高校で教鞭をとる。3年間のプロジェクトを終え2018年4月より現職。オックスフォード大学出版局主催「TOEFL iBT指導を見据えた4技能養成授業の実践例」などの講演多数。論文にThe Effect of Extensive Reading Activities in Class on English Proficiency（Reading ／ Listening）「授業内多読活動の有無により英語を理解すること（聞く・読む）に影響があるのか」（共著,「大阪成蹊短期大学研究紀要第19号」, 2022）などがある。

Ｚ世代が変える観光の未来

2025 年 4 月 30 日　　初版第 1 刷発行

監　訳　国枝よしみ
翻　訳　坂井純子／樫本英之／デイヴィス恵美／尾崎文則
発行者　千倉成示
発行所　株式会社 千倉書房
　　　　〒 104-0031　東京都中央区京橋 3-7-1
　　　　TEL 03-3528-6901 ／ FAX 03-3528-6905
　　　　https://www.chikura.co.jp/

印刷・製本　藤原印刷株式会社
装丁デザイン　冨澤崇

ISBN 978-4-8051-1336-3　C3063

JCOPY 〈（一社）出版者著作権管理機構 委託出版物〉
本書のコピー、スキャン、デジタル化など無断複写は著作権法上での例外を除き禁じられていま
す。複写される場合は、そのつど事前に、（一社）出版者著作権管理機構（電話 03-5244-5088、
FAX 03-5244-5089、e-mail：info@jcopy.or.jp）の許諾を得てください。また、本書を代行業者など
の第三者に依頼してスキャンやデジタル化することは、たとえ個人や家庭内での利用であっても
一切認められておりません。